U0805446

民航特色专业系列教材

飞行性能与飞行计划

丁松滨　编著

科学出版社
北　京

内 容 简 介

本书结合民用大型运输机在实际飞行中的使用需要和规章要求，较系统地介绍了有关飞行性能的理论分析方法和实际应用知识。内容包括：相关的基础知识；按飞行剖面介绍起飞、爬升和下降、巡航、进近和着陆各阶段性能；飞机的载重与平衡计算的基本原理和方法，以及制定飞行计划的相关要求。在介绍有关基础理论知识和分析解决问题的方法时，较充分地考虑到了相关规章的要求和实际中的应用。

本书可供民航飞行技术、签派和空管等专业的高年级学生或研究生学习使用，也可供民航运输中从事飞行、签派和空管等相关工作的读者参考。

图书在版编目(CIP)数据

飞行性能与飞行计划/丁松滨编著．—北京：科学出版社，2013.6
民航特色专业系列教材
ISBN 978-7-03-037871-2

Ⅰ.①飞… Ⅱ.①丁… Ⅲ.①民用飞机-飞行性能-高等学校-教材②民用飞机-飞行计划-高等学校-教材 Ⅳ.①V271

中国版本图书馆 CIP 数据核字（2013）第 130345 号

责任编辑：余 江/责任校对：陈玉凤
责任印制：张 伟/封面设计：迷底书装

科学出版社出版
北京东黄城根北街 16 号
邮政编码：100717
http://www.sciencep.com
北京中科印刷有限公司印刷
科学出版社发行 各地新华书店经销
*
2013 年 6 月第 一 版 开本：720×1000 B5
2022 年12月第八次印刷 印张：14 3/4
字数：281 000

定价：55.00 元

（如有印装质量问题，我社负责调换）

丛 书 序

改革开放以来，我国民航事业获得了持续、快速、健康的发展。2010 年，我国民用航空发展的主要预期指标是：航空运输总周转量 493 亿吨千米、旅客运输量 2.6 亿人次、货邮运输量 498 万吨。30 年来上述指标年均增速均达到两位数字，大约是中国国民经济发展速度的两倍，是世界民航业发展速度的四倍。从 2005 年至今，中国民航没有发生运输飞行事故，创造了中国民航历史上安全运营时间最长的记录，安全、生产、效益形势喜人。按照我国国民经济发展中长期规划和国际通用方法预测，中国民航的持续快速增长还会有较长一段时间。

近年来，中国民航总局党组提出了全面推进建设民航强国的战略构想，因此，对民航各层次管理和专业技术人才的培养提出了更高的要求。民用航空教育必须把培养知识面广、专业素质高、动手能力强、责任心强的专业人才作为自己的奋斗目标，以适应整个行业发展的需要。但是目前民航专业教材体系建设相对滞后，长期以来多数教材源于国外，不能完全符合中国实际；教材出版时间较早，知识相对陈旧，学生难以据此掌握当前民航的高新科学技术。教材问题已经客观地影响到教学效果和质量。

南京航空航天大学民航学院成立于 1993 年，由原中国民用航空总局和中国航空工业总公司正式联合创办，已形成具有培养本科、硕士、博士、博士后多层次人才的办学格局。目前设有交通管理与签派、民航运输管理、民航机务工程、民航电子电气工程、机场运行与管理、飞行技术 6 个专业。依托国家级、江苏省特色专业建设点，依靠国防科工委重点学科建设，以及承担国家级、省部级科研项目等多方雄厚的科研实力，形成了集市场营销、运营管理和维修保障为一体的全方位的人才培养体系，成为我国民用航空领域的重要教学和科研基地。

通过对近 17 年教学与科研成果的凝练与总结，为适应教学改革和民航发展的需要，及时反映现代民航科技领域的研究成果，保证教材建设与教学改革同步进行，我们出版了《民航特色专业系列教材》丛书。本套丛书在组织编写中，重点体现了以下几个方面的特色：

1. 突出民航和航空制造专业特色。教材编写过程中充分考虑到专业的交叉性、综合性和国际性强的特点，在要求学生掌握知识的同时，以培养技术与管理结合、适应性强、综合素质高、能在航空制造企业和民航企事业单位服务的复合型人才为目标，丰富和完善教材内容。

2. 面向民航应用，注重实践能力的培养。适当拓宽专业基础知识的范围，以增强学生的适应性；面向民航工程实际，注重实践环节，强化在民航系统就业所必需的职业技能培养内容，以促进对学生的实际动手能力和创新能力的培养。

3. 强化专业素质教育。在专业所应具备的基本知识基础上，拓宽和延伸专业课内容，及时反映民航科技的最新成果，提升学生的专业素质和学习能力。

4. 兼顾学历教育和执照教育。由于民航专业的特殊性，获取专业执照是从业的必要条件，本套教材在编写过程中，注重学历教育和执照教育的有机结合，为学生顺利走上工作岗位创造条件。

5. 满足多层面的需求。针对同一类课程，根据不同的教学层次和学时要求，编写适合不同层次需求的教材，涵盖不同范围的拓展知识单元，注重与先修课程、后续课程的有机衔接，每本教材在重视系统性和完整性的基础上，尽量减少内容重复。

本套教材注重知识的系统性与全面性，突出民航专业特色；兼顾学生专业能力和综合素养的全面培养，力图提高民航专业人才的培养质量和完善人才培养的模式；着力推广民航专业教学经验和教学成果，推进民航专业教学改革。本套教材的编写出版为提高民航专业教学的整体水平做了有益的探索。

温家宝总理指出："教育寄托着亿万家庭对美好生活的期盼，关系着民族素质和国家未来。不普及和提高教育，国家不可能强盛"。为了不断促进民航院校学生素质的提高以适应我国民航事业的持续、快速、健康发展，我们在教材编辑与创新上做了一些尝试，迈出了可喜的一步。作为一名老航空工作者，我为此鼓与呼。在丛书编写过程中，南京航空航天大学民航学院还得到众多相关学校与学院各方教授、专家、学者的帮助与指正，在此一并感谢。

王　知

2010 年 7 月

前　　言

飞机的飞行性能与飞行计划，是民航飞行技术专业的核心专业课程。本书主要依据民航对航线运输驾驶员的培养目标和要求，参照国内外相关课程，并兼顾考虑民航运输其他相关专业的要求而编写，主要供飞行技术、空管和签派等民航专业的学生使用。

本书结合民用大型运输机在实际飞行中的使用需要和规章要求，较系统地介绍了有关飞行性能的理论分析方法和实际应用知识。目的在于不断提高学生的基础理论素养，培养学生分析问题和解决问题的能力，锻炼学生理论联系实际、运用所学知识解决实际问题的能力。

本书主要内容：第 1 章是对标准大气、飞行高度和速度等基本概念、基础知识的复习；第 2 章介绍现代民航运输机飞行性能的主要理论方法；第 3～6 章结合有关的飞行运行规章要求，介绍飞机的起飞、爬升与下降、巡航、进近着陆等阶段的飞行性能；第 7 章介绍关于飞机载重与平衡的相关理论知识；第 8 章讲述飞行计划的有关知识。

本书是在作者多年教学实践的基础上编写完成的。教材编写的过程更是不断向前辈、向兄弟院校的同行、向民航企事业单位的专家等不断学习的过程。本书力求学科知识体系完整，重点加强基本概念、基础理论知识讲解，并着重锻炼学生应用所学理论知识解决实际问题的能力，培养学生遵守规章、执行标准程序的意识。

在教材的编写过程中，作者也深深体会到了自身学识及实践经验的不足与匮乏，书中的疏漏和错误在所难免，敬请读者批评指正，欢迎志同道合者共同探讨相关问题。

作　者

2013 年 6 月于南京航空航天大学

dingzhili@nuaa. edu. cn

目录

第1章 预备知识

1.1 国际标准大气

大气（atmosphere）是指由地球引力场和磁场所束缚的包裹着固体地球表面的空气，是地球的组成部分之一，随着地球一起运动。大气成分按体积分数计算是：氮（N_2）约占78%，氧（O_2）约占21%，其他气体约占1%。大气的成分、温度、密度、压强及其他物理属性在垂直方向上随高度而变化，在水平方向上是比较均匀的。

大气是民用飞机的飞行环境，飞机的空气动力和发动机推力等与大气的物理特性密切相关。大气的压强、密度、温度等参数都是随着地理位置、季节、昼夜和高度等条件而变化的。因此，对于同一架飞机，在不同的大气条件中飞行的性能是不一样的。为了满足飞机的设计与计算，处理和分析飞机的飞行试验数据，进行飞行性能参数计算等方面的需求，国际民航组织（International Civil Aviation Organization，ICAO）制定了国际标准大气（International standard atmosphere，ISA），作为衡量、比较飞机性能的公共的标准。国际标准大气（ISA）模型是以北半球中纬度年平均大气物理属性测量的数据为依据，建立起来的大气标准模型。

1.1.1 大气的性质

在分析大气对飞机性能的影响时，通常可以被看作是连续介质（continuous medium），即大气是由无数流体质点无间隙地、连续地分布在整个空间，大气的物理参数如温度、压强、密度等都是空间位置和时间的连续函数。同时把大气看作是完全气体，即忽略大气的分子体积及分子间的相互作用，并认为大气的比热比（ratio of specific heats）或绝热指数（adiabatic exponent）（大气的定压比热 C_P 与定容比热 C_V 之比）为常数，即有：$k=C_P/C_V=1.4$。

1）大气的状态方程

大气的基本状态参量温度 T、压强 P、密度 ρ 满足如下方程

$$P=\rho RT \tag{1.1}$$

式中，P 是大气的压强（N/m^2）；ρ 是大气的密度（kg/m^3）；T 是大气的温度（K）；R 是大气的气体常数（$R=287.06\ (N\cdot m)/(kg\cdot K)$）。

2）大气中的声速

声速是指声波在空气中传播的速度。声波是一种微弱的扰动波，在传递过程中只有压力波（压强）的变化而引起传递介质疏密程度的变化产生的振动，并没有物质的交换。在飞机的飞行性能分析中大气的声速是用来表征空气压缩性的参量或尺度。大气中声速取决于大气的温度，声速 c（m/s）的计算公式为

$$c=\sqrt{kRT} \tag{1.2}$$

3）大气的静力学方程

平静大气的压强 P 随高度 h 的变化规律满足如下流体静力学方程（图1.1）：

$$\mathrm{d}P=-\rho g\,\mathrm{d}h \tag{1.3}$$

式中，g 是重力加速度（$\mathrm{m/s^2}$）；h 是高度（m）。

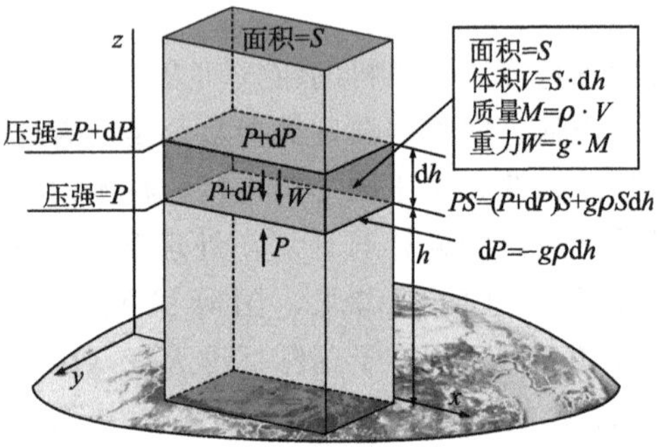

图1.1 大气静力学方程

1.1.2 标准大气

国际标准大气对在20km高度范围内的大气参数变化规律如下。

1）海平面的相关大气参数

（1）大气温度

$$T_0=15°\mathrm{C}(288.15\mathrm{K})=59°\mathrm{F}(518.67°\mathrm{R})$$ ①

（2）大气压强

$$P_0=1013.25\mathrm{hPa(mbar)}=760\mathrm{mmHg}=2116.2\mathrm{lbf/ft^2}=29.92\mathrm{inHg}$$ ②

（3）大气密度：

$$\rho_0=1.225\mathrm{kg/m^3}=0.002377\mathrm{slug}^{③}/\mathrm{ft^3}(\mathrm{lbf\cdot s^2/ft^4})$$

① °F为华氏度，°R为兰氏度。

② 1hPa(百帕) = 100Pa = 1mbar(巴)，1lbf(磅力) = 4.44822N，1ft = 0.3048m。

③ 1slug(斯勒格) = 14.594kg。

（4）声速：

$c_0=340.294\text{m/s}=1116.4\text{ft/s}=1225\text{km/h}=661.475\text{n mile}$①$/\text{h}$。

（5）重力加速度：

$$g_0=9.80665\text{m/s}^2=32.17405\text{ft/s}^2$$

2）标准大气的温度模型

标准大气的温度模型如图 1.2 所示。

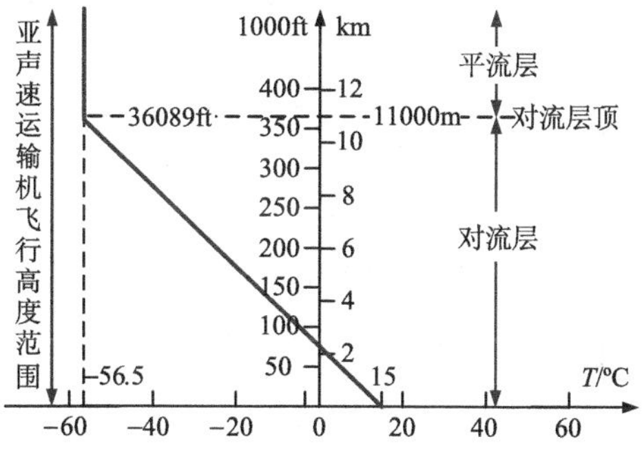

图 1.2 标准大气温度随高度变化率

（1）对流层内（≤11km（36089ft））。

对流层内标准大气的温度随高度的递减率为 $\lambda=6.5°\text{C/km}=1.98°\text{C/(1000ft)}\approx2°\text{C/(1000ft)}$。因此任一高度 h（km，1000ft）上的大气温度记作 T_h，则

$$T_h=T_0-\lambda h(°\text{C})=288.15-\lambda h(\text{K})$$

（2）在平流层内（11～20km 或 36089～65574ft）。

任一高度 h（$11000\text{m}\leqslant h\leqslant20000\text{m}$）上的大气温度记作 T_h，则

$$T_h=-56.5°\text{C}=216.65\text{K}=-69.7°\text{F}=390°\text{R}(11000\text{m}\leqslant h\leqslant20000\text{m})$$

飞机的飞行性能，通常是以 ISA 模型作为基准进行比较和分析的。在给定的高度飞行时，实际大气条件一般表达为 ISA±Δ℃。例如，飞机在 35000ft 的高度上飞行，实际温度−45℃。而在 35000ft 高度的标准温度为 ISA=15−2×35=−55℃。实际温度比标准温度高 10℃，则认为飞行高度上的温度条件为 ISA+10℃。

3）标准大气的压强模型

标准大气压强的模型如图 1.3 所示。

（1）在对流层内。

由式（1.1）可得

① 1n mile(海里) = 1.852km。

$$\rho = P/(RT)$$

已知对流层内温度随高度的分布规律为 $T_h = T_0 - \lambda h$，把 ρ 和 T_h 的表达式带入式（1.3），并考虑到在标准大气海平面上的温度和压强分别为 T_0 和 P_0，因此对流层内任意高度上的压强记作 P_h，则有

$$P_h = P_0\left(\frac{T_h}{T_0}\right)^{\frac{g}{R\lambda}} = P_0\left(1 - \frac{\lambda h}{T_0}\right)^{\frac{g_0}{R\lambda}} \tag{1.4}$$

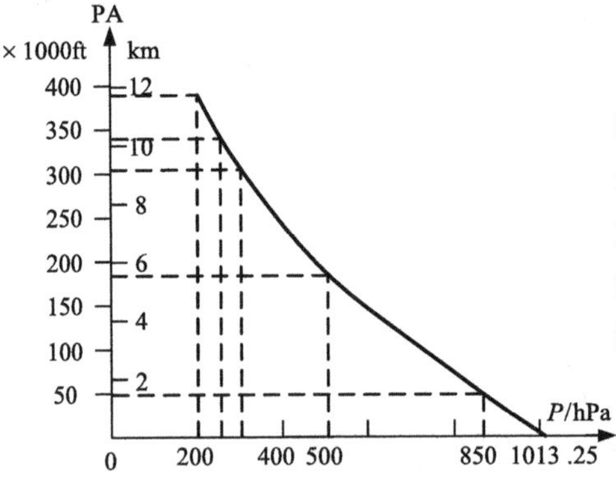

图 1.3　标准大气压强随高度变化率

把相关常数代入上式，可得对流层内标准大气压强 P_h 随高度变化规律为

$$\begin{aligned} P_h &= 101325 \times \left(\frac{288.15 - 0.0065h}{288.15}\right)^{5.25588} \\ &= 101325 \times (1 - 2.25577 \times 10^{-5} h)^{5.25588} (\text{N/m}^2) \end{aligned}$$

或

$$P_h = 2116.2 \times (1 - 6.87488 \times 10^{-6} \times h)^{5.25588} (\text{lb}^{①}/\text{ft}^2)$$

（2）平流层内（11～20km 或 36089～65574ft）。

与对流层内大气压强随高度变化率的推导过程类似，可得

$$P_h = P_{11} e^{-\frac{g_0(h-h_{11})}{RT_{11}}} \tag{1.5}$$

式中，$P_{11} = 226.32$hPa（在 11000m 或 36089ft 高度的标准气压）；$T_{11} = 216.65$K（在 11000m 或 36089ft 高度的标准温度）；$h_{11} = 11000$m。

把相关常数代入式（1.5），可得平流层内标准大气压强 P_h 随高度变化规律为

$$P_h = 22631.8 e^{1.734 - 0.000157h} (\text{N/m}^2)$$

$$P_h = 472.759 e^{1.734 - 0.00048h} (\text{lb/ft}^2)$$

通常把与标准大气压对应的高度称为气压高度（pressure altitude，PA）。

4）标准大气的密度模型

根据 $P = \rho RT$ 可得标准大气密度在对流层和平流层内的模型。

（1）在对流层内（$0 \leqslant h \leqslant 11000$m）。

对流层内任一高度 h 的大气密度记作 ρ_h，则有

$$\rho_h = \rho_0\left(\frac{T_h}{T_0}\right)^{\frac{g}{R\lambda}-1} = \rho_0\left(1 - \frac{\lambda}{T_0}\right)^{\frac{g}{R\lambda}-1} \tag{1.6}$$

带入相关已知量可得

① 1lb（磅）= 0.4536kg。

$$\rho_h = 1.225 \times \left(\frac{288.15 - 0.0065h}{288.15}\right)^{4.25588} (\mathrm{kg/m^3})$$

或

$$\rho_h = 0.002377 \times (1 - 6.87488 \times 10^{-6} \times h)^{4.25588} (\mathrm{slug/ft^3},\ \mathrm{lbf \cdot s^2/ft^4})$$

(2) 平流层内（11～20km 或 36089～65574ft）。

同样可推得平流层内大气密度与高度的关系式为

$$\rho_h = \rho_{11} e^{-\frac{g_0(h-h_{11})}{RT_{11}}} \tag{1.7}$$

式中，ρ_{11} 为 11km 高度的密度。相关参数带入式（1.7）可得

$$\rho_h = 0.036392 e^{1.734 - 0.000157h} (\mathrm{kg/m^3})$$

或

$$\rho_h = 0.00070616 e^{1.734 - 0.00048h} (\mathrm{slug/ft^3},\ \mathrm{lbf \cdot s^2/ft^4})$$

5）无量纲形式的大气参数

在飞机的性能分析与计算中，经常使用飞行高度 h 上的大气温度 T、压强 P、密度 ρ 与标准大气海平面的相应参数的比值，分别记为

温度比（temperature ratio）　$\theta = T/T_0$

压强比（pressure ratio）　$\delta = P/P_0$

密度比（density ratio）　$\sigma = \rho/\rho_0$

式中，下标“0”表示标准大气海平面上的值。温度比 θ、压强比 δ、密度比 σ 均是无量纲参数，本质上是飞行高度的函数，其关系满足

$$\delta = \theta \cdot \sigma \tag{1.8}$$

1.1.3 标准大气表

为了方便使用，根据标准大气的温度模型、压强模型和密度模型，编制如表 1.1所示的标准大气表。

表 1.1　标准大气表

高度 /ft	温度 /°C	压强			压力比	密度比	音速 /kn①	高度 /m
		hPa	PSI（lbf/in²）	inHg	$\delta = P/P_0$	$\sigma = \rho/\rho_0$		
40 000	−56.5	188	2.72	5.54	0.1851	0.2462	573	12 192
39 000	−56.5	197	2.58	5.81	0.1942	0.2583	573	11 887
38 000	−56.5	206	2.99	6.10	0.2038	0.2710	573	11 582
37 000	−56.5	217	3.14	6.40	0.2138	0.2844	573	11 278
36 000	−56.3	227	3.30	6.71	0.2243	0.2981	573	10 973
35 000	−54.3	238	3.46	7.04	0.2353	0.3099	576	10 668
34 000	−52.4	250	3.63	7.38	0.2467	0.3220	579	10 363
33 000	−50.4	262	3.80	7.74	0.2586	0.3345	581	10 058
32 000	−48.4	274	3.98	8.11	0.2709	0.3473	584	9 754
31 000	−46.4	287	4.17	8.49	0.2837	0.3605	586	9 449

① 1kn（节）＝1n mile/h＝1.852km/h，也有文献写作 kt。

续表

高度/ft	温度/°C	压强			压力比	密度比	音速/kn	高度/m
		hPa	PSI（lbf/in²）	inHg	$\delta=P/P_0$	$\sigma=\rho/\rho_0$		
30 000	−44.4	301	4.36	8.89	0.2970	0.3741	589	9 144
29 000	−42.5	315	4.57	9.30	0.3107	0.3881	591	8 839
28 000	−40.5	329	4.78	9.73	0.3250	0.4025	594	8 534
27 000	−38.5	344	4.99	10.17	0.3398	0.4173	597	8 230
26 000	−36.5	360	5.22	10.63	0.3552	0.4325	599	7 925
25 000	−34.5	376	5.45	11.10	0.3711	0.4481	602	7 620
24 000	−32.5	393	5.70	11.60	0.3876	0.4642	604	7 315
23 000	−30.6	410	5.95	12.11	0.4046	0.4806	607	7 010
22 000	−28.6	428	6.21	12.64	0.4223	0.4976	609	6 706
21 000	−26.6	446	6.47	13.18	0.4406	0.5150	611	6 401
20 000	−24.6	466	6.75	13.75	0.4595	0.5328	614	6 096
19 000	−22.6	485	7.04	14.34	0.4791	0.5511	616	5 791
18 000	−20.7	506	7.34	14.94	0.4994	0.5699	619	5 406
17 000	−18.7	527	7.65	15.57	0.5203	0.5892	621	5 182
16 000	−16.7	549	7.97	16.22	0.5420	0.6090	624	4 877
15 000	−14.7	572	8.29	16.89	0.5643	0.6292	626	4 572
14 000	−12.7	595	8.63	17.58	0.5875	0.6500	628	4 267
13 000	−10.8	619	8.99	18.29	0.6113	0.6713	631	3 962
12 000	−8.8	644	9.35	19.03	0.6360	0.6932	633	3 658
11 000	−6.8	670	9.72	19.79	0.6614	0.7156	636	3 353
10 000	−4.8	697	10.10	20.58	0.6877	0.7385	638	3 048
9 000	−2.8	724	10.51	21.39	0.7148	0.7620	640	2 743
8 000	−0.8	753	10.92	22.22	0.7428	0.7860	643	2 438
7 000	+1.1	782	11.34	23.09	0.7716	0.8106	645	2 134
6 000	+3.1	812	11.78	23.90	0.8014	0.8359	647	1 829
5 000	+5.1	843	12.23	24.90	0.8320	0.8617	650	1 524
4 000	+7.1	875	12.69	25.84	0.8637	0.8881	652	1 219
3 000	+9.1	908	13.17	26.82	0.8962	0.9151	654	914
2 000	+11.0	942	13.67	27.82	0.9298	0.9428	656	610
1 000	+13.0	977	14.17	28.86	0.9644	0.9711	659	305
0	+15.0	1013	14.70	29.92	1.0000	1.0000	661	0
−1 000	+17.0	1050	15.23	31.02	1.0366	1.0295	664	−305

1.2 高　　度

1.2.1 高度的相关概念

分析飞机性能的时候，离不开高度的概念。按照ICAO的定义，把通常所说的高度，即所谓某点或可以视为一个点的物体的高度（height），定义为从某一个指定的基准点到该点或该物体之间所测得的垂直距离；而飞机的飞行高度（flight altitude）中的高度（altitude）是指自平均海平面（mean sea level，MSL）量至一个平面、一个点或者可以视为一个点的物体的垂直距离。飞机实际的飞行高度常用以百英尺为单位的飞行高度层（flight level，FL）来表示，如当飞机飞行在高度 33000ft 时表示为 FL330，飞行高度层是指以标准气压 1013.25hPa（hectopascals）为基准面所测定的等压面，飞行垂直距离上各等压面之间具有规定的气压差。

确定飞机在空间的垂直位置一方面需要选定基准面，另一方面要选定测量的物理量，根据选定的物理量不同，高度分为几何高度、位势高度、气压高度和密度高度等。

1）几何高度

几何高度（geometrical height）是指用标准长度单位相对基准面测量出来的垂直距离。例如，机场标高（airport elevation 或 aerodrome elevation）就是以平均海平面为基准，测量至机场跑道最高点的垂直距离，常以 m 或 ft 为度量单位，机场标高即为一个几何高度。

2）位势高度

位势或称重力势是指单位质量的物体相对于海平面所具有的势能，数值上等于将单位质量的物体运到该高度上所做的功。

记质量为 m 的物体距地表面高度为 h（图 1.4），根据万有引力定理，该物体受到的地球吸引力 f 为

$$f = G\frac{mM}{(R+h)^2}$$

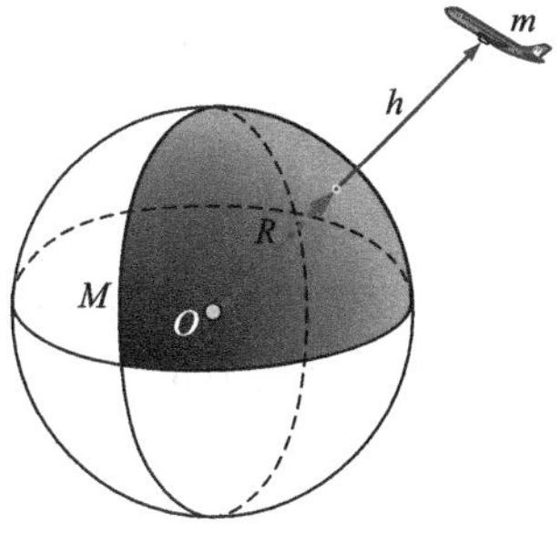

图 1.4 地球万有引力

式中，M 是地球的质量；R 为地球的半径；G 为万有引力常数。由此可解得物体所受的重力加速度为

$$g(h) = G\frac{M}{(R+h)^2}$$

在高度 h 上物体的势能为

$$E_{\mathrm{GPh}} = \int_0^h mg(z)\,\mathrm{d}z$$

位势高度（geopotential height）也称为重力势高度，是指一个假想的均匀引力场的高度（记作 H_{GH}），在该高度 H_{GH} 上一个物体所具有的势能等于在实际地球引力场中几何高度（记作 h）具有的势能，通常该均匀引力场指重力加速度不随高度变化，且恒等于地球表面的重力加速度，即 $g_{\mathrm{GH}} = 9.80665\mathrm{m/s^2}$。位势

高度是忽略高度对重力加速度的影响，则质量为 m 的物体在均匀引力场中的势能为 $E_{GPH}=\mathrm{m}g_{GH}H_{GH}$，根据定义可得几何高度与位势高度的关系为

$$mg_{GH}H_{GH}=\int_0^h mg(z)\mathrm{d}z \tag{1.9}$$

由式（1.9）可解得

$$H_{GH}=\frac{Rh}{R+h}=\frac{h}{1+h/R} \tag{1.10}$$

或

$$h=\frac{H_{GH}}{1-H_{GH}/R} \tag{1.11}$$

几何高度与位势高度的对照如表 1.2 所示。

表 1.2　位势高度与几何高度对照表

H_{GH}/ft	0	1000	2000	5000	10000	15000	20000	25000	30000	35000	40000	45000
h/ft	0	1000	2000	5001	10005	15011	20019	25030	30043	35059	40077	45097
$(H_{GH}-h)$/ft	0	−0.0479	−0.1915	−1.1970	−4.7891	−10.778	−19.166	−29.953	−43.143	−58.737	−76.736	−97.142
$[(H_{GH}-h)/H_{GH}]$/(%)	0	0.0048	0.0096	0.0239	0.0479	0.0719	0.0958	0.1198	0.1438	0.1678	0.1918	0.2159

从表 1.2 可见，一般民航运输机通常飞行在 45000ft 之下，而在 45000ft 高度上，位势高度与几何高度的相对误差不足 0.22%，因此在通常的性能分析与计算中，可以认为位势高度等于几何高度，重力加速度也认为是常数，不随高度变化。但是在进行飞机性能监控的计算时，为更准确地确定飞机性能的变化，一般要计入该变化。

3）气压高度

气压高度（pressure altitude，PA）是指根据气压式高度表实际测得的飞行高度上的大气压强，按照与标准大气压强相等的原则确定的高度。例如，当飞机测得的实际飞行高度上的大气压强为 238hPa，而该值等于标准大气 35000ft 高度的压强，则说该飞行高度的气压高度为 35000ft。

气压高度的获得是依据标准大气条件时压强与高度变化的模型，即对流层和平流层的气压高度是根据式（1.4）和式（1.5）得到的。

（1）对流层内气压高度与压强的关系。

当压强大于对流层顶（11000m）的压强时（即 $P_h\geqslant 226.3$hPa），表明高度位于对流层内，根据式（1.4）可得

$$H_{PA}=\frac{T_0}{\lambda}\left[1-\left(\frac{P_h}{P_0}\right)^{\frac{R\lambda}{g_0}}\right] \tag{1.12}$$

即

$$H_{PA}=44330.8\times\left[1-\left(\frac{P_h}{P_0}\right)^{0.1902631}\right]\quad(m)$$

$$H_{PA}=145442\times\left[1-\left(\frac{P_h}{P_0}\right)^{0.1902631}\right]\quad(ft)$$

（2）平流层内气压高度与压强的关系。

当压强小于对流层顶（11000m）的压强时（即 $P_h<226.3hPa$），表明气压高度在平流层内，因此根据式（1.5）可得

$$H_{PA}=h_{11}-\frac{RT_{11}}{g_0}\ln\frac{P_h}{P_{11}}\tag{1.13}$$

即

$$H_{PA}=11000-6341.62\ln\frac{P_h}{P_{11}}=11000-6341.62\ln\frac{\delta}{0.2233609}\quad(m)$$

$$H_{PA}=36089-20805.8\ln\frac{P_h}{P_{11}}=36089-20805.8\ln\frac{\delta}{0.2233609}\quad(ft)$$

很显然，当实际的大气为标准大气时，气压高度就是几何高度，二者相等。但是从气压高度的定义上可以看到，气压高度仅仅考虑大气压强的因素，没有考虑温度的影响。而实际飞行中标准大气往往是不存在的，因此气压高度与几何高度一般并不相等。

为了得到气压高度与几何高度的关系（图1.1），假设几何高度 h 上测得的实际大气压强为 P_h，实际的温度和密度分别为 T_h 和 ρ_h，则有 $P_h=\rho_h\cdot R\cdot T_h$，因此 $\rho_h=P_h/(R\cdot T_h)$，将其带入大气静力学方程（1.3）可得

$$dh=-\frac{RT_h}{g}\cdot\frac{dP_h}{P_h}\tag{1.14}$$

记所假设的几何高度 h 对应的气压高度为 H_{PA}，该气压高度上的标准大气的温度和密度分别是 T_S 和 ρ_S，则大气静力学方程可写作

$$dP_h=-\rho_S g\,dH_{PA}\tag{1.15}$$

同样由 $P_h=\rho_S\cdot R\cdot T_S$，可得 $\rho_S=P_h/(R\cdot T_S)$，并将其带入式（1.15）中可得

$$\frac{dP_h}{P_h}=-\frac{g}{RT_S}\cdot dH_{PA}\tag{1.16}$$

将式（1.16）带入式（1.14）中可得

$$dh=\frac{T_h}{T_S}\cdot dH_{PA}\tag{1.17}$$

式（1.17）即为气压高度增量与几何高度增量之间的关系式。

（3）对流层内气压高度与几何高度的关系式。

对流层内气压高度为 H_{PA} 处的标准大气的温度 $T_S = T_0 - \lambda H_{PA}$，实际温度与标准温度的偏差量记作 ΔT，则 H_{PA} 与对应的几何高度 h 上的温度为 $T_h = T_S \pm \Delta T$，将 T_S 和 T_h 的表达式带入式（1.17）积分可得

$$h = H_{PA} - \frac{\Delta T}{\lambda}\ln\left(1 - \frac{\lambda}{T_0}H_{PA}\right) \tag{1.18}$$

即

$$h = H_{PA} - 153.866 \times \Delta T \cdot \ln(1 - 2.2577 \times 10^{-5} \cdot H_{PA}) \quad (\text{m})$$

$$h = H_{PA} - 504.745 \times \Delta T \cdot \ln(1 - 6.87559 \times 10^{-6} \cdot H_{PA}) \quad (\text{ft})$$

（4）平流层内气压高度与几何高度的关系式。

在平流层内气压高度为 H_{PA} 处的标准大气的温度 $T_S = T_{11} = -56.5°\text{C} = 216.65\text{K}$，实际温度与标准温度的偏差量记作 ΔT，则 H_{PA} 与对应的几何高度 h 上的温度为 $T_h = T_{11} \pm \Delta T$，将 T_S 和 T_h 的表达式带入式（1.17）积分可得

$$h - h_{11} = \frac{T_{11} + \Delta T}{T_{11}}(H_{PA} - H_{PA11}) \tag{1.19}$$

即

$$h = \left(1 + \frac{\Delta T}{216.65} \cdot H_{PA}\right) - 6.8971 \times \Delta T \quad (\text{m})$$

$$h = \left(1 + \frac{\Delta T}{216.65} \cdot H_{PA}\right) - 22.628 \times \Delta T \quad (\text{ft})$$

（5）大气温度对实际飞行高度（几何高度）的影响。

飞机的飞行通常是按气压高度飞行的，实际上是按等压面飞行的。由上面的分析可见，实际温度与标准大气温度偏差越大，则实际的飞行高度（几何高度）与气压表指示的高度（气压高度）的偏差也越大。高度表指示相同的气压高度，当实际温度高于该气压高度的标准大气温度时，则实际的飞行高度（几何高度）大于气压高度，反之则相反。气压高度与几何高度的转换关系如表 1.3 和表 1.4 所示。

表 1.3 气压高度与几何高度的关系

气压高度/ft	几何高度/ft											
	ISA−30	ISA−25	ISA−20	ISA−15	ISA−10	ISA−5	ISA+0	ISA+5	ISA+10	ISA+15	ISA+20	ISA+25
1000.	896.	913.	930.	948.	965.	983.	1000.	1017.	1035.	1052.	1070.	1087.
5000.	4470.	4559.	4647.	4735.	4823.	4912.	5000.	5088.	5177.	5265.	5353.	5441.
10000.	8921.	9101.	9281.	9461.	9640.	9820.	10000.	10180.	10360.	10539.	10719.	10899.

续表

气压高度/ft	几何高度/ft											
	ISA−30	ISA−25	ISA−20	ISA−15	ISA−10	ISA−5	ISA+0	ISA+5	ISA+10	ISA+15	ISA+20	ISA+25
15000.	13352.	13626.	13901.	14176.	14451.	14725.	15000.	15275.	15549.	15824.	16099.	16374.
20000.	17760.	18133.	18507.	18880.	19253.	19627.	20000.	20373.	20747.	21120.	21493.	21867.
25000.	22144.	22620.	23096.	23572.	24048.	24524.	25000.	25476.	25952.	26428.	26904.	27380.
30000.	26502.	27085.	27668.	28251.	28834.	29417.	30000.	30583.	31166.	31749.	32332.	32915.
35000.	30831.	31526.	32221.	32916.	33610.	34305.	35000.	35695.	36390.	37084.	37779.	38474.
40000.	35140.	35950.	36760.	37570.	38380.	39190.	40000.	40810.	41620.	42430.	43240.	44050.
45000.	39448.	40373.	41298.	42224.	43149.	44075.	45000.	45925.	46851.	47776.	48702.	49627.

注：表中数据不是精确数据，小数点后数据省略。

表 1.4 几何高度与气压高度的关系

几何高度/ft	气压高度/ft											
	ISA−30	ISA−25	ISA−20	ISA−15	ISA−10	ISA−5	ISA+0	ISA+5	ISA+10	ISA+15	ISA+20	ISA+25
1000.	1117.	1095.	1075.	1055.	1036.	1018.	1000.	983.	966.	950.	935.	920.
5000.	5594.	5485.	5380.	5280.	5183.	5090.	5000.	4913.	4830.	4749.	4670.	4595.
10000.	11215.	10992.	10777.	10571.	10373.	10183.	10000.	9824.	9653.	9489.	9331.	9178.
15000.	16866.	16521.	16191.	15875.	15572.	15280.	15000.	14730.	14471.	14221.	13980.	13747.
20000.	22551.	22077.	21625.	21192.	20778.	20381.	20000.	19634.	19282.	18943.	18617.	18303.
25000.	28273.	27662.	27080.	26524.	25994.	25486.	25000.	24534.	24086.	23656.	23242.	22844.
30000.	34037.	33279.	32558.	31873.	31220.	30596.	30000.	29429.	28882.	28358.	27854.	27369.
35000.	39837.	38926.	38061.	37239.	36456.	35711.	35000.	34321.	33671.	33048.	32451.	31878.
40000.	45641.	44578.	43569.	42611.	41698.	40829.	40000.	39208.	38452.	37727.	37034.	36369.
45000.	51445.	50230.	49078.	47983.	46940.	45947.	45000.	44095.	43231.	42404.	41611.	40852.

注：表中数据不是精确数据，小数点后数据省略。

4） 密度高度

密度高度（density altitude，DA）是指当已知飞机飞行高度的大气密度时，用与该密度值对应的标准大气的高度来表示飞行高度，称之为密度高度。在标准大气条件下，每个高度都对应唯一的一个密度，因此密度高度等于标准大气条件下给定密度值相对于海平面的高度。一般密度高度是通过相应的气压高度经温度修正得到的，主要用来计算飞机和发动机的性能。

当相同的气压高度时，如果温度增加则该高度的密度将减小。而大气的密度也是随着高度的增加而减小的，因此在气压高度相同而温度较高时，大气的密度将与更高的气压高度上的密度相同，故将具有较高的密度高度，通常称温度高于标准大气温度时的密度高度为高密度高度（high density altitude）；反之当温度低于相同气压高度上的标准大气温度时，大气密度将与标准大气的较低层的密度相等，此高度具有较低的密度高度，称之为低密度高度（low density altitude）。一般高密度高度既不利于飞机操控，也会使飞机性能下降。

1.2.2 使用中的高度

根据气压表测高的原理可知，气压高度 PA 是大气压强 P 的函数：$\mathrm{PA}=f(P)$，高度表（altimeter）的指示高度（indicated altitude，IA）实质上是两个气压面之间的垂直距离（图 1.5），即飞行环境气压面的压强 P_{amb}（气压高度 PA_{amb}）与调定的基准高度气压面 P_{set}（气压高度 $\mathrm{PA_{set}}$）之差对应的高度差，即

$$\text{指示高度 IA}=f(P_{\mathrm{amb}})-f(P_{\mathrm{set}})$$

$$=\text{飞行环境气压高度 PA}_{\mathrm{amb}}-\text{调定的基准面气压高度 PA}_{\mathrm{set}}$$

式中，飞机位置上环境的大气压强 P_{amb} 是实际测得的；基准气压面的压强由飞行员通过高度表的压力调定旋钮进行具体的选择和设定。

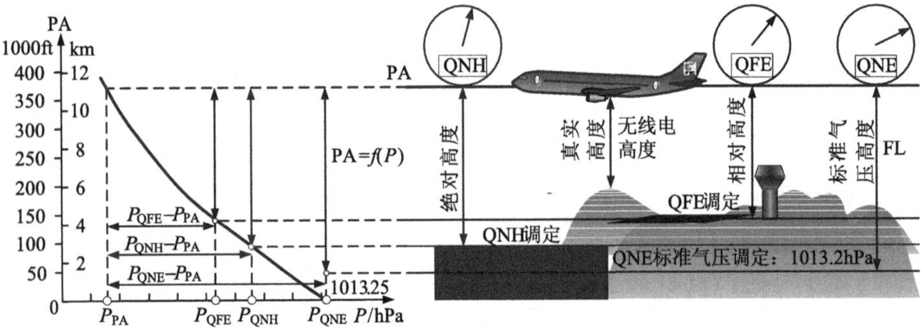

图 1.5 高度及其基准

1）QFE、QNH、QNE 基准面

（1）QFE。

QFE 是指场面气压（station pressure），即机场道面基准点的大气压强。特别如飞机停在机场跑道的道面上，把高度表的零点调到 1013.3hPa（或 29.92inHg），则高度表的读数即机场气压高度；若调整高度表小窗中的刻度数为 QFE，则高度表指零（或更准确地说是座舱距道面的高度）。

（2）QNH。

QNH 是平均海平面（MSL）的压强，在使用 QNH 为基准面的调定值时，高度表指示高度即是距离平均海平面的高度。当飞机停在机场跑道道面上时，若

高度表的基准调定为 QNH，则高度表指示的高度就是机场的标高。

QFE 和 QNH 都是发报用的代号，这两种气压高度常用于飞机的起飞和着陆过程。

（3）QNE。

QNE 是标准大气海平面的压强即 1013.2hPa（mbar）或 29.92inHg。当高度表基准设定为 QNE 时，高度表指示的值即为标准气压高度，亦即飞机距 ISA 海平面的垂直距离。性能图表上的高度通常为标准气压高度。

（4）飞行高度层、过渡高度和过渡高度层。

选定以标准气压 101.32kPa 为基准面所测定的飞行垂直距离上的恒定气压间隔层。

飞行高度层（flight level）是以标准大气海平面 1013.2hPa 为基准面，在飞行的垂直距离上保持恒定气压值的间隔层，通常用 m 或 ft 表示的指示高度再除以 100 后得到的数值。

过渡高度（transition altitude）是规定的一个指示高度，超过该高度飞行员必须将气压高度表的基准调定值改为标准大气海平面压强。

过渡高度层（transition level）是指高于过渡高度的第一层飞行高度层。当飞机进近阶段，经过过渡高度层时，必须将高度表基准调定值改为 QNH 或 QFE，过渡高度层由空中交通管制部门指定。在爬升时经过过渡高度层时，通常将高度表基准调定值改为 QNE。

2）几何高度与气压高度

在飞机飞行过程中，测量高度的目的在于确保飞机相对地面及飞机之间保持足够的安全裕度。为此，通过高度表基准值的调定，可以得到气压高度。气压高度与几何高度的关系参见图 1.6。

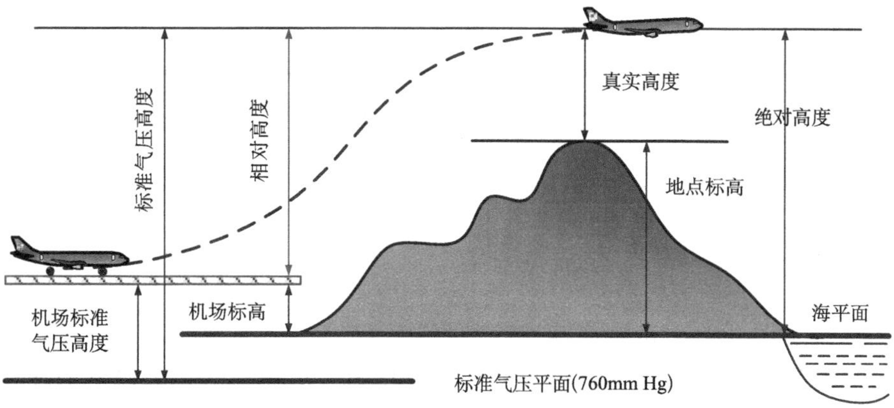

图 1.6　气压高度与几何高度的关系

(1) 相对高度 (relative altitude/height) 通常指飞机相对某一指定场面的垂直距离，如与机场跑道的距离。

(2) 绝对高度 (absolute altitude/height) 通常指飞机到海平面的垂直距离。

(3) 真实高度 (true altitude) 是指飞机与其正下方地面的垂直距离。

1.3 飞行速度

1.3.1 空速表的测速原理

1) 空速表的测速原理

飞机相对大气的飞行速度，是根据飞机的全压、静压系统测得的，图1.7是空速表的基本工作原理示意图。空速表的指针是通过压差膜盒带动齿轮机构来转动的，由于通常模盒的伸缩量很小，因此齿轮机构起放大的作用。膜盒的伸缩量取决于总、静压之差，总、静压之差越大，则其变形越大，带动的指针转动角度也越大，表明速度也越大。因此空速表指示的速度仅与压差膜盒的伸缩有关，当测得的总、静压之差相同时，则指针转动角度相同，指示的速度也相同。

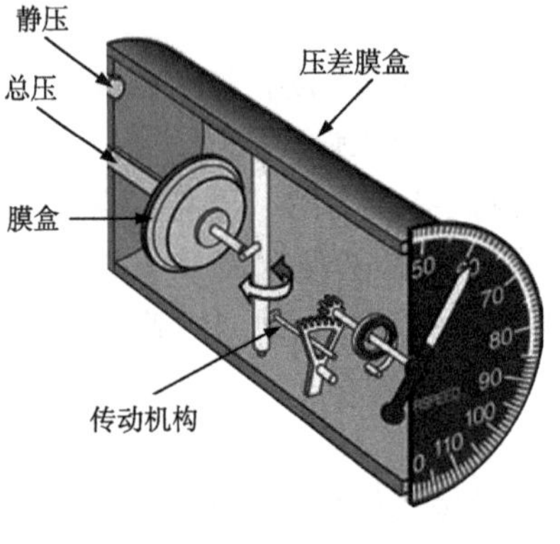

图1.7 测速原理示意图

根据总压、静压、动压的关系，即伯努利方程 (Bernoulli’s equation)，可求得真实空速为

$$V_{\mathrm{TAS}}=\sqrt{\frac{2(P_{\mathrm{t}}-P_{\mathrm{s}})}{\rho}} \tag{1.20}$$

式中，P_{t} 为测得的总压；P_{s} 为静压；ρ 为飞行高度的大气密度。

考虑到高度飞行时空气压缩性的影响，根据可压缩伯努利方程，求得的真实空速为

$$V_{\mathrm{TAS}}=\sqrt{\frac{2k}{k-1}\frac{P_{\mathrm{s}}}{\rho}\left[\left(\frac{P_{\mathrm{t}}}{P_{\mathrm{s}}}\right)^{\frac{(k-1)}{k}}-1\right]}=\sqrt{\frac{2k}{k-1}\frac{P_{\mathrm{s}}}{\rho}\left[\left(\frac{P_{\mathrm{t}}-P_{\mathrm{s}}}{P_{\mathrm{s}}}+1\right)^{\frac{(k-1)}{k}}-1\right]} \tag{1.21}$$

2) 空速表的刻度方法

空速表根据伯努利方程，当测得总、静压差 ($P_{\mathrm{t}}-P_{\mathrm{s}}$) 后，膜盒的伸缩与表速的指针是一一对应的，即可求得速度。但是从式 (1.20) 或式 (1.21) 可以看出，由于不同的飞行高度上的压强 P_{s} 和密度 ρ 不同，当总、静压差 ($P_{\mathrm{t}}-$

P_s）相同时，速度表指针偏转角度相同，指示的速度将一样，然而对应的飞机真实空速 V_{TAS} 却是不同的。

例 1-1 假设大气条件是标准的，飞机在高度分别为 0ft、5000ft、10000ft 和 35000ft 上，测得相同的总、静压差为 $(P_t - P_s) = 170\text{hPa}$。试根据伯努利方程计算，飞机在不同高度上飞行时对应的真实速度 V_{TAS} 是多少？

解 根据标准大气条件，计算结果如表 1.5 所示。

表 1.5 相同的总静压差在不同高度上对应的真实空速

高度/ft		0	5000	10000	35000
压强/hPa		1013.2	842.9	696.6	238.3
密度/(kg/m³)		1.225	1.0555	0.9046	0.3796
V_{TAS} /(m/s)	不考虑压缩性影响，用式（1.20）计算	166.6	179.5	193.9	299.3
	考虑压缩性影响，用式（1.21）计算	162.0	173.6	186.3	270.3

因此不可能把速度表刻度成对应所有高度上的真实空速。为此在速度表上刻度指针对应的速度时，通常选取标准大气条件海平面的压强和密度来刻度，这样可以保障每个总、静压差 $(P_t - P_s)$ 仅有唯一的一个速度与之对应，刻度时都考虑了空气压缩性影响，但是这时速度表上指示的速度不是真实速度，即不是飞机在该高度上飞行时所具有的总、静压差 $(P_t - P_s)$ 对应的真实空速。即使没有制造、测量等任何误差，也只有在标准大气海平面条件下空速表指示的才是真实空速。

1.3.2 空速的定义与修正

为了根据空速表的读数得到真空速，一般要经过仪表误差、位置误差（压强测量误差）及压缩性等修正。

1）指示空速（indicated air speed）

指示空速也称表速，记作 V_{IAS} 或 IAS，是经过了仪表误差修正后，空速表指示的速度。现在的空速表都已经修正过仪表误差，所以空速表的读数即指示空速。飞行员在飞行中主要使用指示空速，在飞机飞行手册、飞机使用手册及性能图表中，给出的速度多数都用指示空速表示。

2）校正空速（calibrated air speed）

空速表的指示速度取决于测得的总、静压值，飞机的总、静压是靠安装在飞机上的总、静压管测得的。由于飞机在飞行过程中构型、姿态等的改变，会影响与总、静压管之间的相对位置，进而影响总静压测量的准确性，导致总、静压管测得的数据产生误差。这种与总、静压管的安装位置有关的误差一般称为位置误差。校正空速是对指示空速经过位置误差修正后的空速表读数，记作 V_{CAS} 或 CAS。校正空速与指示空速的关系为

$$V_{\mathrm{CAS}} = V_{\mathrm{IAS}} + \Delta V_{\mathrm{P}} \tag{1.22}$$

式中，ΔV_{P} 是位置误差修正值，一般通过试飞得到，并在飞行手册中给出。ΔV_{P} 的值与飞机的迎角、襟翼位置、地面效应、风等因素有关。一般 ΔV_{P} 是通过试飞实际测得的，在各机型的飞行手册上会给出有关的修正曲线。理论上，在标准大气条件海平面高度飞行，经过位置修正之后得到的校正空速就是真实空速。校正空速多用于表示飞行试验的速度，如失速速度和起飞速度等。

3）当量空速（equivalent air speed）

根据空速表的测速原理，真实空速不仅与总、静压差有关，还与飞行高度的压强有关。把校正空速经过具体高度的绝热压缩流修正后得到的速度，称为当量空速，记作 V_{EAS} 或 EAS。当量空速以海平面标准大气状态为基准，是校正空速经过绝热压缩流修正后得到的。因此有

$$V_{\mathrm{EAS}} = V_{\mathrm{CAS}} + \Delta V_{\mathrm{C}} \tag{1.23}$$

式中，ΔV_{C} 为绝热压缩修正值，可以计算或查飞机飞行手册中的图表得到，该修正值与具体机型无关，只与飞行高度和校正空速有关。当量速度通常用于飞机强度计算及所受载荷限制计算。例如，在 CCAR-25 部中，关于飞行机动和突风情况中，飞行包线、机动包线和突风包线中的空速就是用当量空速表示的，另外各种飞行限制的设计空速也是用当量空速表示的。

4）真实空速（true air speed）

真实空速是飞机飞行时相对于周围空气的真实速度，记作 V_{TAS} 或 TAS。由于空速表上刻度盘指针指示的速度是按照海平面标准大气状态标定的，实际上随着飞行高度的变化，大气密度也相应改变，速度表的指示速度是按标准大气海平面的密度计算的，但是当量空速与真实空速对应的总、静压差相等，即动压相等，因此有

$$P_{\mathrm{t}} - P_{\mathrm{s}} = \frac{1}{2}\rho_0 V_{\mathrm{EAS}}^2 = \frac{1}{2}\rho V_{\mathrm{TAS}}^2 \tag{1.24}$$

式中，ρ 为飞行高度上的大气密度，由此可得真实空速与当量空速的关系

$$V_{\mathrm{TAS}} = V_{\mathrm{EAS}}\sqrt{\frac{\rho_0}{\rho}} = \frac{V_{\mathrm{EAS}}}{\sqrt{\sigma}}$$

或

$$V_{EAS}=V_{TAS}\sqrt{\frac{\rho}{\rho_0}}=V_{TAS}\sqrt{\sigma}$$

通常在飞机的空气动力分析和性能计算中需要使用真实空速。但在飞机飞行手册或性能手册中使用更多的是指示空速和当量空速，这主要是由于利用V_{IAS}和V_{EAS}制成的相关图表，通常比较简单；用V_{IAS}和V_{EAS}表示的操纵规律和限制的数据基本上为常数，因此便于飞行员掌握和使用。

1.4 发动机的性能

1.4.1 活塞式航空动力装置

1) 活塞式航空动力装置做功的能力

(1) 功率：单位时间内的做功量，国际单位制是千瓦（kW），英美常用单位是马力（hp），1hp=550（ft·lbf/s）=0.746kW。

(2) 指示功率：单位时间内整个发动机所做的指示功。

(3) 摩擦功率与机械损失：对于吸气式发动机，摩擦功率是指包括摩擦损失、进（排）气损失及附属工作系统的耗功在内的功率损失之和，也是其机械损失。对于增压式发动机，其机械损失等于摩擦功率与增压器的耗功之和。

(4) 有效功率N_E：是指发动机输送给螺旋桨的功率，通常所说的发动机功率大多是指有效功率。对于吸气式发动机：有效功率=指示功率－摩擦功率；对于增压式发动机：有效功率=指示功率－摩擦功率－增压器功率。通常影响发动机有效功率的因素有：

① 发动机转速：在使用的转速范围内，有效功率随发动机转速的增加而增加。

② 进气压力和温度：进气压力增加或进气温度降低则有效功率增加，进气压力降低或进气温度升高则有效功率减少。

③ 大气压力和温度：大气压力和温度的影响特性是，随飞行高度的增加，发动机的有效功率逐渐减小。增压式发动机的有效功率随高度增加而减小的速度要比吸气式发动机的更大。

④ 余气系数：通常余气系数在0.8～0.9时有效功率最大，偏离此范围时有效功率减小。

⑤ 滑油温度：保持在要求的温度范围内，有效功率高，否则有效功率降低。

⑥ 飞行速度：速度高，气缸充填量大，有效功率大，否则有效功率小。

2) 活塞式航空动力装置的经济性

(1) 机械效率：发动机的有效功率与指示功率之比。

(2) 有效效率：发动机在每一个工作循环中所做的有效功和该循环中所加燃料的理论发热量之比。

(3) 单位燃料消耗率：每产生单位功率在单位时间（小时）内所消耗的燃料质量。该值越小则发动机的经济性越好。

3) 发动机的主要工作状态

(1) 起飞工作状态：是指发动机使用全油门和最大转速（一般比额定转速大100～200r/min）时的工作状态，是发动机功率最大的工作状态，特点是全油门、最大转速工作，发动机温度高，各机件承受负荷大，所以通常规定其持续工作时间不得超过5min。起飞工作状态是飞机在短跑道起飞、高温高原机场起飞、紧急起飞、复飞或快速爬升时使用起飞工作状态。

(2) 额定工作状态：是指发动机设计时所规定的基准工作状态，该状态下的物理参数称为额定参数。例如，此状态下的功率和转速称为额定功率和额定转速。其功率值一般比起飞状态低10%～15%；转速小于最大转速100～200r/min；连续使用时间不超过1h。额定工作状态是正常起飞、大功率爬升、大速度飞行时使用的功率状态。

(3) 最大连续工作状态：是指发动机不受连续工作时间限制时能够输出最大功率的工作状态。该工作状态下的功率称为最大连续功率，通常约为额定功率的90%；该工作状态下的转速称为最大连续转速，一般约为额定转速的96.6%，连续使用时间不受限制。最大连续工作状态一般用于飞机爬升阶段和高速度平飞。

(4) 巡航工作状态：指通常情况下，飞机巡航飞行时发动机的工作状态。分别称该工作状态下的发动机功率和转速为巡航功率和巡航转速。由于飞机巡航飞行时间长，因此通常该状态下工作时的单位油耗最小。对大多数发动机其巡航功率约为额定功率的30%～75%。在实际飞行时，驾驶员一般根据飞行任务的需要，通过混合比操纵杆设置最佳功率工作状态或最经济工作状态。

(5) 慢车工作状态：是指发动机维持稳定连续工作的最小转速工作状态，此时发动机的功率一般约为额定功率的7%，油门位于最后，转速为最小转速。慢车工作状态常用于飞机着陆、快速下降、地面滑行等阶段。在慢车工作状态下，油气混合物较为富油，发动机的温度又低，电嘴易积炭，发动机工作的稳定性差，一般不要长时间处在慢车工作状态。

4) 高度对发动机性能的影响

(1) 绝对升限：当在某一高度飞行时，发动机可能输出的最大功率仅能维持飞机平飞，即爬升率为零时对应的高度。

(2) 使用升限：为了保障飞机具有足够的机动能力实现安全飞行，通常规定飞机当最大爬升率为某一值（如100ft/min）时的高度，称之为使用升限或有效升限。

(3) 发动机功率随高度变化的特点：当飞行速度一定时，活塞式发动机的功率将随飞行高度的增加而减小，变化特性如图 1.8 所示。当飞行速度一定时，活塞式发动机的有效功率随着高度的增加而减小。

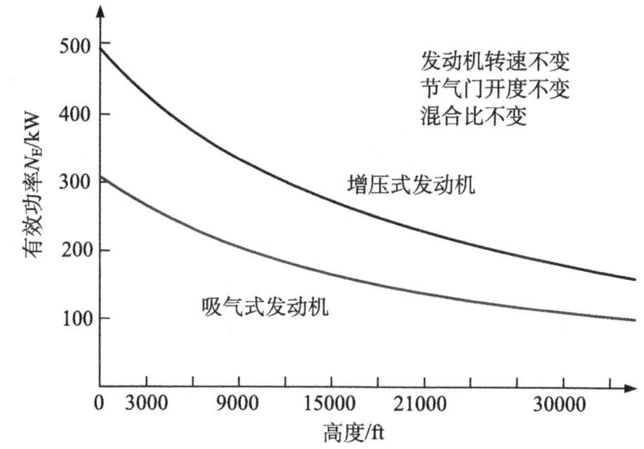

图 1.8　有效功率随高度变化特性

5) 活塞式发动机的综合性能曲线

(1) 吸气式发动机综合特性曲线。

从图 1.9 可以看出，在转速相同时，随着高度的增加，吸气式发动机的有效功率减小；在相同高度上，有限功率随转速的增加而增加。

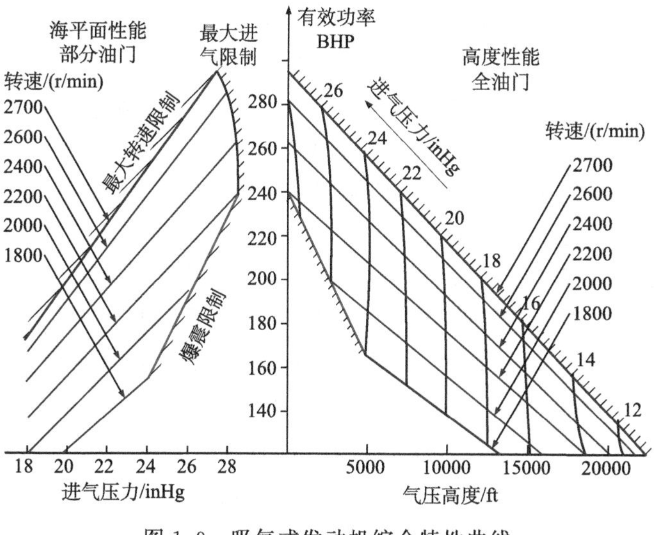

图 1.9　吸气式发动机综合特性曲线

(2) 增压式发动机综合特性曲线。

根据图 1.10 可知，增压式发动机的有效功率随进气压力的增大而增大。

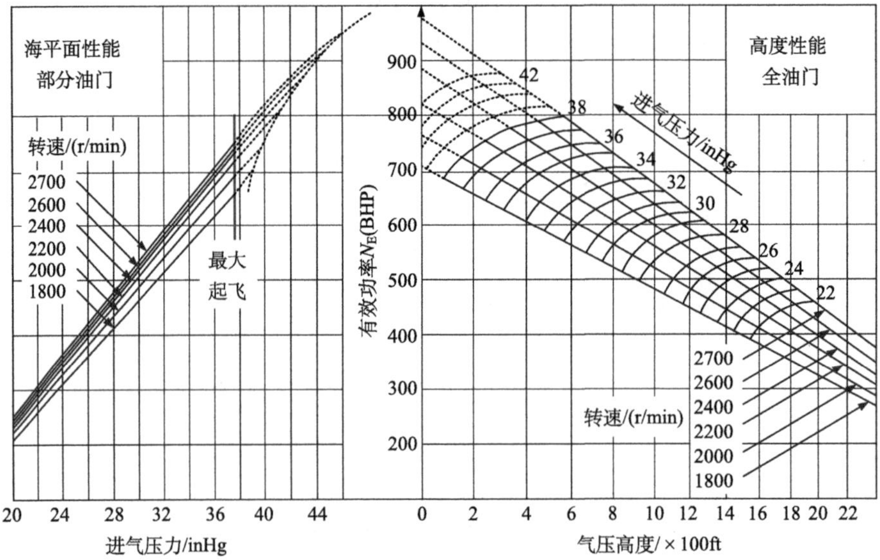

图 1.10 增压式发动机综合特性曲线

1.4.2 涡轮喷气发动机

1) 喷气发动机概述

民用客机使用的空气喷气发动机，通常是带有压气机的涡轮喷气发动机，其主要组成部分包括进气道、压气机、燃烧室、涡轮、尾喷管等（图 1.11）。其产生推力的工作原理依据牛顿第三定律。进入进气道的气流速度是 V_1（通常等于飞机的飞行速度）；空气流经压气机时，高速旋转的叶片对空气做功，使空气压缩、压强增大、流速增大；燃烧室把从压气机流入的高速高压空气与燃料混合并进行燃烧，燃料的化学能转变为热能。在燃烧室内，从燃烧室流出的具有很高能量的高温、高压燃气膨胀做功，将燃气的能量转变为机械功，使涡轮高速旋转并产生较大的功率，涡轮输出的机械能可以用来驱动压气机、风扇、螺旋桨等其他附件。尾喷管也称为排气喷管，主要作用是将从涡轮流出的高能量的燃气以较大的速度 V_2 排出发动机并产生推力，推力 T 的大小为

$$T = A(V_2 - V_1) \tag{1.25}$$

式中，A 为单位时间流过发动机的气流的质量（kg/s）；V_2 是气流流出发动机尾喷管的速度；V_1 是气流流入发动机进气道的速度。

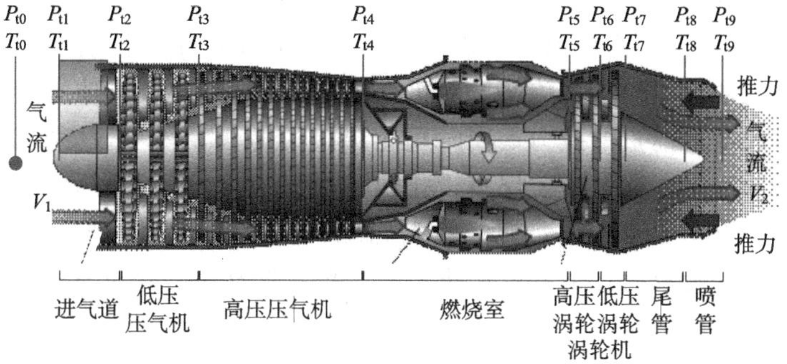

图 1.11　典型涡轮喷气发动机的组成

为了充分利用涡轮喷气发动机排出尾喷管的高温燃气带有的热能和动能，克服其耗油率高、经济性差的缺点，在其涡轮后再加装一套低压涡轮，使燃气在其中膨胀驱动此低压涡轮高速旋转并发出一定的功率，并将此涡轮的前轴从原来的高压涡轮、压气机转子的轴中穿过，带动一个直径比压气机大的风扇，这就构成了涡轮风扇发动机（图 1.12）。气流被风扇增压后由风扇出口分成两部分：一部分流入内涵道，燃烧后膨胀做功并带动涡轮和风扇，从尾喷管流出，称之为内涵气流；一部分流入外涵道从喷管排出，称之为外涵气流。内涵气流和外涵气流可以混合后排出也可以分别平行排出。外涵道气流被风扇增压后，在尾喷管膨胀加速被排出时，也会产生推力。因此内、外涵气流产生的推力之和是涡轮风扇发动机的总推力。其能量得到了充分的利用，推进效率更高、经济性更好，适用于大型旅客运输机。

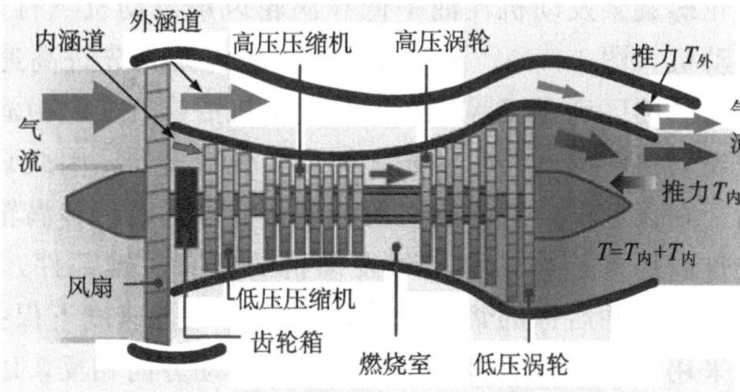

图 1.12　涡轮风扇发动机原理示意图

为了发挥涡轮喷气发动机体积小、功率大的优点，在涡轮喷气发动机的基础结构之上，再加装一套涡轮（通常称之为动力涡轮或低压涡轮），燃气通过时膨胀对其做功，驱动其高速旋转使动力涡轮发出一定的功率，其前轴穿过核心机（由压气机、燃烧室、高压涡轮组成）的转子，并通过压气机前端的减速器带动螺旋桨，这就构成了涡轮螺旋桨发动机（图 1.13）。高速旋转的螺旋桨把空气向后排，并由此产生前进的拉力；同时涡轮出口的燃气在尾喷管膨胀加速被排出，也产生前进的推力，通常由于尾喷管排出的燃气速度较低，因此反作用力较小，转化的有效推进功率也较小，通常占涡轮螺旋桨发动机总功率的 10%左右。涡轮螺旋桨飞机的特点是比活塞发动机构造简单、振动小，单位重量的功率大，体积小，具有较好的经济性。受螺旋桨动力的限制，适用于飞行速度较低、飞行高度较低的飞机。

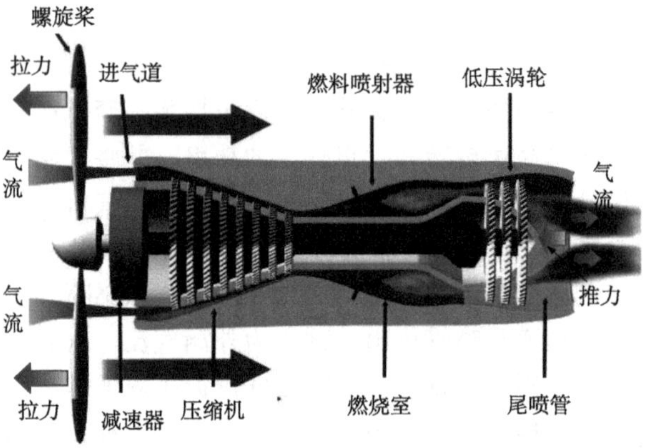

图 1.13　涡轮螺旋桨发动机原理示意图

为了结合涡轮螺旋桨发动机耗油率低和涡轮风扇发动机飞行速度高的优点，设计出了桨扇发动机（图 1.14）。桨扇发动机可看作是带先进高速螺旋桨的涡轮螺旋桨发动机。两者的区别在于涡轮螺旋桨发动机的螺旋桨是由涡轮通过减速器带动的，而桨扇发动机的螺旋桨和涡轮之间多数无减速器，因此桨扇发动机的螺旋桨转速非常高。在设计中，其螺旋桨的叶型和叶片翼型都和涡轮螺旋桨发动机螺旋桨不同。先进高速螺旋桨是该类型发动机的特有关键部件，它带有多个宽弦、薄叶型、前缘尖锐并后掠的桨叶，能在较高的飞行速度下保持较高的效率。有的桨扇发动机采用双涡轮双层桨结构，两层桨转动方向相反，以提高效率。同时桨扇发动机又可看作是除去外涵道的超高涵道比涡轮风扇发动机，风扇置于发动机短舱之外并直接由涡轮带动。因此桨扇发动机经常被称做无限高涵道比的涡扇发动机。桨扇发动机有着涡扇发动机类似的速度和性能，但在经济性上接近涡桨发动机。

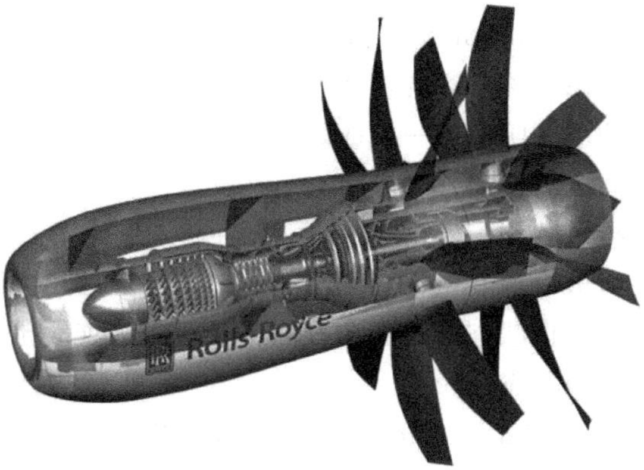

图 1.14 桨扇发动机原理示意图

2）表征发动机的推力 T 的参数

（1）发动机的压力比 EPR（engine pressure ratio），是指低压涡轮后的总压（P_{t7}）与低压压气机进口处的总压（P_{t2}）之比（图 1.11），即

$$\mathrm{EPR}=\frac{P_{t7}}{P_{t2}}$$

对同一类型的发动机来说，EPR 越大则表明发动机的推力越大。EPR 是用来反映推力大小的相对程度的参数。

（2）低压转子转速 N1 和高压转子转速 N2

涡扇发动机通常有两个转轴，低压涡轮带动风扇和低压压气机，组成低压转子，其转速表示为 N1；高压涡轮带动高压压气机，组成高压转子，其转速为 N2。转速 N1 和 N2 用与额定转速的百分比来表示。由于涡轮发动机中风扇产生的推力常占总推力的 80%左右，是发动机的重要参数，因此通常用风扇转速 N1 表示发动机推力的大小程度。

3）发动机的基本工作状态

为合理使用发动机，在发动机从最大工作状态到最小的允许连续工作状态之间，规定了几种常用的基本工作状态。

（1）起飞（复飞）推力状态。

起飞（take-off power，TO）/复飞（go-around thrust，GA）推力状态是发动机可以使用的最大推力，是发动机压力比 EPR 达到最大值对应的推力。这时发动机转速 N1、N2 及涡轮前燃气温度都达到相应的最大值，发动机各部件都承受着最大的机械负荷和热负荷。因此要严格限制最大推力状态的连续工作时间，一般不超过 5～10min，通常只用于飞机的起飞或复飞。

(2) 最大连续推力状态。

最大连续推力（maximum continue thrust，MCT）是可以不受时间限制连续使用的最大推力状态。该状态的转速和推力都小于起飞状态，常用于最后爬升阶段、一发故障后的飘降阶段或一发故障继续起飞时，在工作的发动机达到起飞推力限制的使用时间之后使用。

(3) 最大爬升推力状态。

最大爬升推力（maximum climb thrust，MCLT）是飞机爬升期间所能用的最大发动机推力状态，该状态的转速和推力都小于最大连续推力状态。

(4) 最大巡航推力状态。

最大巡航推力（maximum cruise thrust，MCRT）是巡航飞行时使用的最大推力，小于最大爬升推力。连续使用时间不受限制，因此适宜于长时间的远程航行或用于进场前的等待飞行。

(5) 慢车推力状态。

慢车推力状态（idle power rating，IDLE）是发动机能稳定工作的最小转速的工作状态。一般只有最大转速的20%～40%，推力约为最大推力的3%～5%。由于在这一状态下涡轮前燃气温度很高，所以慢车转速要严格控制。有的客机的发动机有两种慢车状态，一种是用于地面滑行时的慢车推力状态，此时转速、推力最小，最省油；一种是在进近着陆期间使用的空中慢车状态，转速稍高，稍费油一点，确保需要复飞时，能以最短的时间让发动机达到最大推力状态。

(6) 反推力工作状态。

反推力（reverse thrust）是通过发动机的反推力装置，使发动机的推力方向改变，从而起缩短地面滑跑距离的作用。在着陆或一发失效中断起飞时使用。

4) 推力特性

通常称发动机的推力随高度和速度变化而改变的特性为发动机的推力特性。一般发动机的推力随高度的增加而减小，随速度的增加而减小。以起飞推力、最大爬升推力和最大连续推力为例的推力特性如图1.15所示。

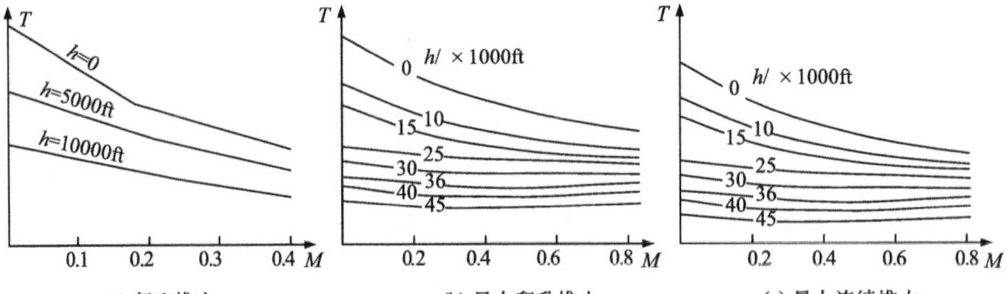

图1.15 发动机的推力特性

第2章　飞机飞行性能分析的常用方法

飞机在完成一次航班飞行任务的过程中，通常是由飞机的构型、推力状态迥异的起飞、爬升、巡航、下降、进近着陆等不同阶段构成，且每个阶段的飞行符合相关规章程序和管制要求，因此若仅仅依靠完整的飞机运动方程通过解析或数值方法进行分析与计算，往往是难以满足需要的。而在一定的假设条件下，把飞机视为“准定常”直线运动，常用推力法、功率法、能量法等进行分析，能得出直观的、易于理解的结果，更便于掌握相关概念和分析主要问题。

2.1 推力法

推力法作为解析研究飞机基本飞行性能的主要方法之一，其核心是计算和分析飞行性能关键的中间数据——平飞需用推力，通常是按定常条件（高度一定、重量一定），把定常平飞时的需用推力随速度变化的规律绘制出来。对于确定的飞行条件，当其发动机推力特性确定之后，其飞行性能主要取决于平飞需用推力特性，即取决于平飞需用推力随飞行速度（或马赫数）和飞行高度（密度）的变化规律。

2.1.1 飞机定常飞行状态方程

在分析飞机定常飞行时通常作如下假设：飞机的运动轨迹在铅垂面内，即飞机做无侧滑飞行；地球表面为平面，重力加速度为常量，无风；发动机推力作用线沿飞行速度方向线；燃油消耗较少，即飞机的质量近似为常量。飞机作定常平飞时的运动方程（图2.1）一般可以写为

$$\begin{cases} T - D - W\sin\gamma = 0 \\ L - W\cos\gamma = 0 \\ \dfrac{\mathrm{d}X}{\mathrm{d}t} = V\cos\gamma \\ \dfrac{\mathrm{d}h}{\mathrm{d}t} = V\sin\gamma \end{cases} \tag{2.1}$$

式中，推力 T 通常是指飞机发动机的推力。记 $\Delta T = T - D$，称之为剩余推力。由方程（2.1）的第一个方程（阻力方程）可得

$$\Delta T = T - D = W\sin\gamma \tag{2.2}$$

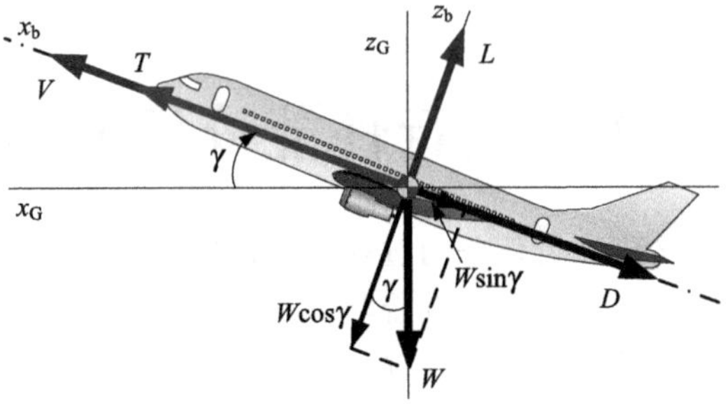

图 2.1 定常飞行时飞机受力分析

由式（2.2）知，飞机作定常飞行的航迹特性将取决于剩余推力 ΔT 的特性：

当 $\Delta T>0$（即 $T>D$），则 $\gamma>0$：飞机将作定常直线上升飞行；

当 $\Delta T=0$（即 $T=D$），则 $\gamma=0$：飞机将作定常水平直线飞行；

当 $\Delta T<0$（即 $T<D$），则 $\gamma<0$：飞机将作定常下滑飞行。

当飞机作水平飞行时（即 $\gamma=0$），由方程（2.1）可得

$$\begin{cases} T=D \\ W=L \end{cases} \tag{2.3}$$

2.1.2 飞机平飞需用推力曲线

1）平飞需用推力 T_{RE} 曲线绘制方法

在给定高度（$H=\text{const}$）和重量（$W=\text{const}$）时，根据式（2.3）可以绘制出飞机的平飞需用推力 T_{RE} 随速度变化规律的曲线。首先由式（2.3）中的第二式（升力方程）可得

$$C_L=\frac{2L}{\rho V^2 S}\overset{L=W}{=}\frac{2W}{\rho V^2 S}\overset{V=aM}{=}\frac{2W}{\rho a^2 S M^2} \tag{2.4}$$

式（2.3）中两式相除可得

$$\frac{T}{W}=\frac{D}{L}\Rightarrow T=\frac{W}{L/D}=\frac{W}{K} \tag{2.5}$$

式中，a 为飞行高度上的声速；M 为飞行马赫数；S 为机翼的参考面积。

平飞需用推力 T_{RE} 曲线绘制方法步骤如下：

（1）确定给定高度 H 上飞机的重量 W。

（2）按给定高度 H，查出该高度的大气密度 ρ 和声速 a，计算参数（翼载荷）：$\omega=\dfrac{2W}{\rho a^2 S}$。

（3）取一定的步长 ΔM，给定 n 个马赫数 $M_k = M_0 + k \cdot \Delta M$（$k=1$，2，…，$n$），由式（2.4）可以求出以不同马赫数 M_k（$k=1$，2，…，n）飞行时所需的升力系数 C_{Lk}，即

$$C_{Lk} = \frac{2W}{\rho a^2 S M^2} = \frac{\omega}{M_k^2} \tag{2.6}$$

（4）根据升力系数 C_{Lk} 和对应的马赫数 M_k（$k=1$，2，…，n），可以从飞机的极曲线中查出所对应的阻力系数 C_{Dk}（$k=1$，2，…，n）。

（5）根据（3）和（4）步的计算结果，可以求出对应于各马赫数 M_k（$k=1$，2，…，n）下飞机的升阻比 K_k，即 $K_k = C_{Lk}/C_{Dk}$（$k=1$，2，…，n）。

（6）利用式（2.5），计算出各马赫数 M_k（$k=1$，2，…，n）下飞机的需用推力 T_{REk}，即 $T_{REk} = \dfrac{W}{K_k}$。

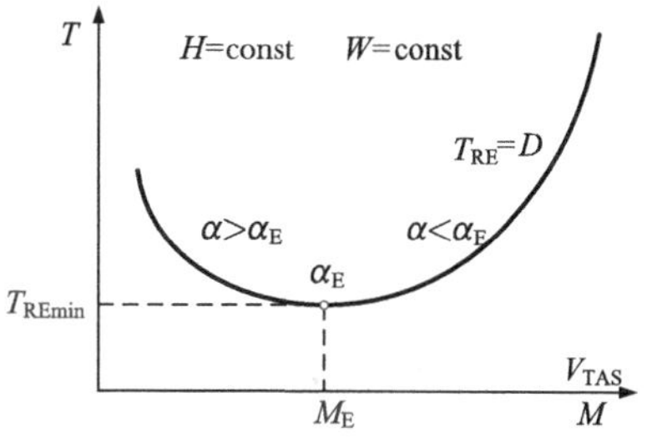

图 2.2　飞机的平飞需用推力 T_{RE} 曲线

（7）以 T_{REk} 为纵坐标，为 M_k 为横坐标，将计算出的 n 个对应点连成曲线即得到给定高度上、重量一定时飞机的平飞需用推力 T_{RE} 曲线 T_{RE}-M（V_{TAS}），如图 2.2 所示。

2）平飞需用推力随马赫数的变化特点

由式（2.5）即 $T=W/K$ 可见，定常平飞所需推力与飞机的重量成正比，与升阻比成反比，当重量一定时，以有利迎角 α_E 飞行时其升阻比最大，故对应的需用推力最小（参见图 2.2 中的最低点），一般称此飞行速度为平飞有利速度（马赫数）记作 V_E（M_E）。由式（2.6）即 $C_L=\omega/M^2$ 可知，升力系数与马赫数 M（真实速度）的平方成反比，因此：

当 $M>M_E$ 时，平飞迎角小于有利迎角，此时升阻比随速度（马赫数 M）的增加（即迎角减小）而减小（图 2.2），故定常平飞所需推力随速度（马赫数 M）的增加而增大。

当 $M<M_E$ 时，平飞迎角大于有利迎角，此时升阻比随速度（马赫数 M）的减小（即迎角增加）而减小（图 2.2），故定常平飞所需推力随速度（马赫数 M）的减小而增大。

3）平飞需用推力（阻力）的分析

由式（2.3）知，飞机定常平飞的需用推力即等于阻力，因此

$$T_{RE} = D = D_0 + D_i = \frac{1}{2}\rho V^2 S C_{D_0} + \frac{1}{2}\rho V^2 SAC_L^2 \tag{2.7}$$

将式（2.4）代入式（2.7）可得

$$T_{RE}=D=D_0+D_i=\frac{1}{2}\rho V^2SC_{D_0}+\frac{2AW^2}{\rho V^2S} \tag{2.8}$$

式中，$D_0=\frac{1}{2}\rho V^2SC_{D_0}$为零升阻力（废阻力）；$D_i=\frac{2AW^2}{\rho V^2S}$为升致阻力（诱导阻力）。

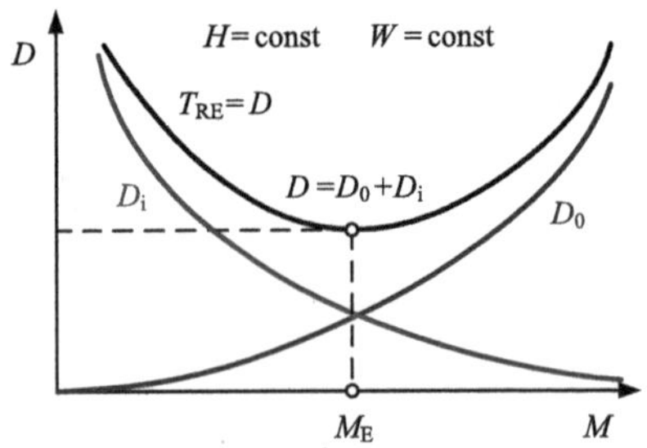

图 2.3 飞机定常平飞的需用推力的分解

飞机定常平飞的需用推力的分解特点如图 2.3 所示。在低速飞行时，因迎角较大，飞机阻力的主要成分是升致阻力；在大速度飞行时，零升阻力随速度的平方增大，因此成为阻力的主要成分。

2.1.3 影响平飞需用推力的主要因素

1）飞机重量对平飞需用推力的影响

当高度和飞行迎角不变时，飞机的升力系数和升阻比亦将保持不变（$C_L=\text{const}$，$K=\text{const}$）。由式（2.5）即 $T=W/K$ 可知在相同飞行迎角下，需用推力随重量的增大而增加；又由式（2.3）的第二式可得定常平飞速度为 $V=\sqrt{\frac{2W}{\rho SC_L}}$，因此在相同飞行迎角下，平飞有利速度（最小阻力）随重量的增大而增加，变化特点如图 2.4 所示。

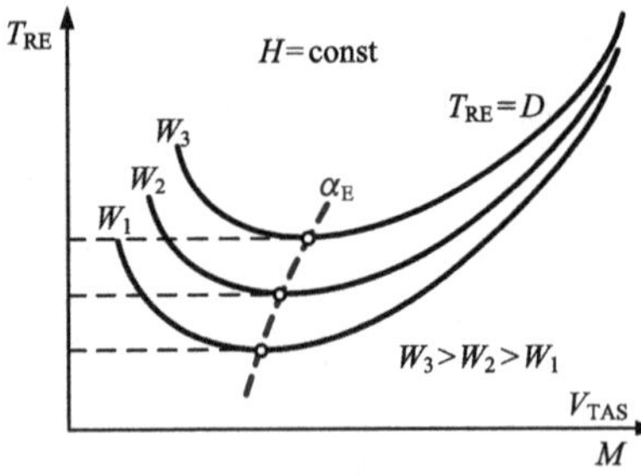

图 2.4 重量对平飞需用推力的影响

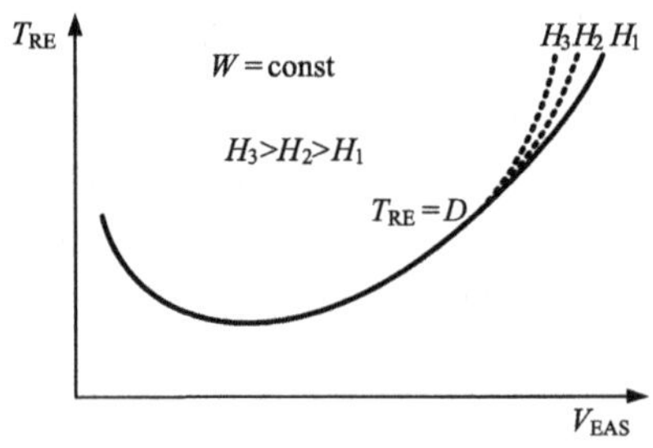

图 2.5 高度对 T_{RE}-V_{EAS}变化规律的影响

2）平飞高度对平飞需用推力 T_{RE}的影响

（1）高度变化时平飞需用推力随当量空速 V_{EAS}的变化规律。

当飞机的重量不变时，飞行高度增加后，在低速飞行时可以忽略压缩性的影响，则飞机在保持同样的当量空速 V_{EAS}时，其飞行迎角将保持改变，因此其阻力（等于需用推力）也不会改变，即不同高度上的 T_{RE}-V_{EAS} 曲线相同，参见图 2.5中的实线。当飞机高速飞行时，空气的压缩性逐渐显现，因此高亚声速飞行时必须计及压缩性的影响，其影响特性是当动压相同时，随着高度的增加所对应的真空速 V_{TAS}将增大；同时随高度的增加空气温度降低，声速 a 亦将减小，因此马赫数（$M=V_{TAS}/a$）将增大。所以在高亚声速飞行时，计及空气压缩性的影响，将导致阻力系数增加，故需用推力将增大，如图 2.5 中的虚线部分所示。

（2）高度变化时平飞需用推力随真实空速的变化规律。

当飞机重量和飞行迎角不变时，飞机的当量空速（V_{EAS}）保持不变即动压不变，因此真空速随飞行高度而增大。故若将不同高度上的需用推力随真空速的变化 T_{RE}-V_{TAS}曲线绘在一起，需用推力曲线将随飞行高度的增加而向右移动，最小阻力真实速度（有利真实速度）将随高度增加而增大（图 2.6）。

3）飞机构型对需用推力的影响

当飞机的起落架、襟翼、缝翼、扰流板或减速板等任意一个部件放下，都将改变飞机的气动外形，会导致飞机的升阻力特性发生变化。对于阻力通常是使其增大，尤其是放下起落架会明显增加飞机的废阻力。但对升力的影响是不同的，如襟副翼放下会使升力增大进而增大升阻比，飞机构型对需用推力的影响特性如图 2.7 所示。

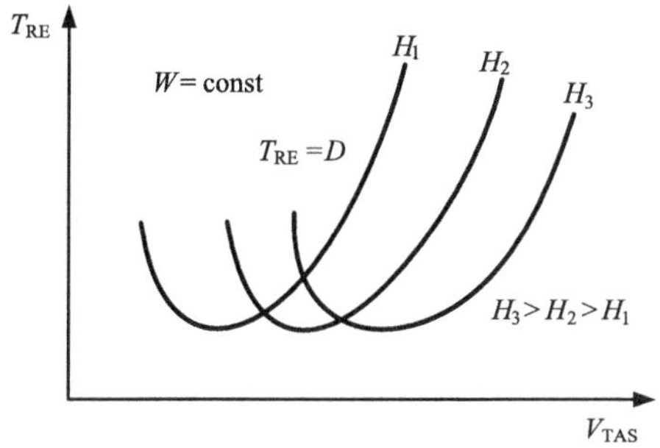

图 2.6　高度对 T_{RE}-V_{TAS}变化规律的影响

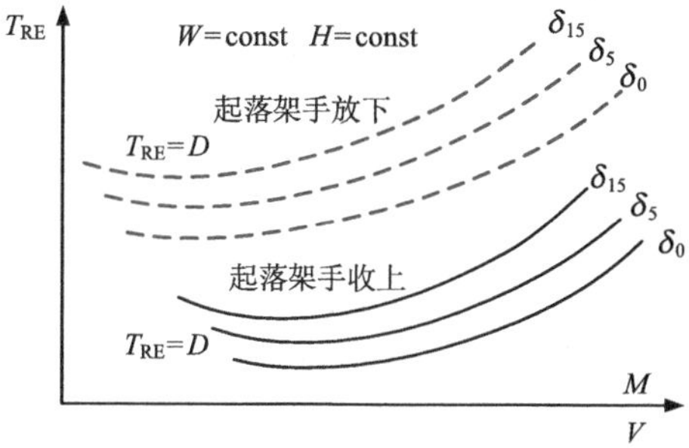

图 2.7　不同构型时需用推力随速度变化

2.1.4　利用推力曲线确定定常飞行状态的特性速度

在飞机的需用推力曲线图上，再绘出同一高度上发动机的可用推力曲线 T_{AV}，便得到该高度飞机的推力曲线图，如图 2.8 所示。

1）推力曲线上的平飞特征点

（1）最大平飞速度 V_{max}。

飞机在一定高度和重量下，发动机在最大连续推力状态工作时，飞机作定常直线飞行所能达到的最大的稳定平飞速度，就是飞机在该高度上的最大平飞速

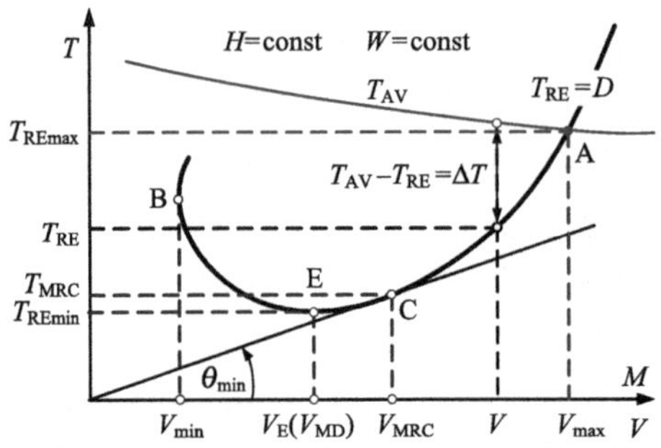

图 2.8 飞机的推力曲线图

度。最大平飞速度是理论上飞机平飞所能达到的最大速度，而并不是飞机实际的最大使用速度，由于飞机强度等限制，最大使用速度往往比最大平飞速度要小。它对应于可用推力曲线 T_{AV} 与需用推力曲线 T_{RE} 右侧交点 A 所对应的速度（马赫数），如图 2.8 所示。

(2) 最小平飞速度（平飞失速速度）V_{min}。

最小平飞速度（V_{min}）是指达到临界迎角时，飞机能保持平飞的最小速度(即平飞失速速度)，如图 2.8 中 B 点所对应的速度（马赫数），此时的迎角为临界迎角，升力系数最大。

(3) 平飞有利速度（最小阻力速度）V_E。

平飞有利速度（V_E）是指当飞机保持平飞的需用推力取最小值 T_{REmin} 时对应的速度（即最小阻力速度），如图 2.8 中 E 点所对应的速度（马赫数）。此时飞机以有利迎角、升阻比取最大值的姿态飞行。根据燃油流量的定义（等于燃油消耗率与需用推力的乘积）可知，在燃油消耗率近似视为常值时，以最小需用推力飞行时，消耗同样的燃油 W_F 飞行时间最长，因此该速度亦称作久航速度。

(4) 最大航程速度 V_{MRC}。

参见图 2.8，过原点作需用推力曲线切线，则切点 C 所对应的速度（马赫数）即为理论上的最大航程速度 V_{MRC}。图 2.8 中 C 点对应的 θ 角最小，而 $\tan\theta = (T_{RE}/V)$，即在 C 点对应着最小的 $\tan\theta_{min} = (T_{MRC}/V_{MRC})_{min}$。把飞机发动机消耗燃油 W_F（kg）飞过的航程记作 R，根据里程耗油量 C_k（飞行单位距离所消耗的燃油 kg/NM）的定义可得 $C_k = C_{TSFC} \cdot (T_{RE}/V)$，其中 C_{TSFC} 为燃油消耗率。航程 R 等于与里程耗油量成反比，因此当 T_{RE}/V 取最小值时 $(T_{MRC}/V_{MRC})_{min}$ 时，消耗同样的燃油 W_F 所飞过的航程最大。但是由于发动机的燃油消耗率 C_{TSFC} 会随飞行速度略有变化，因此实际的最大航程速度与该速度可能会略有差别。

2) 定常平飞速度性能范围的划分

根据飞机的定常需用推力曲线可以将飞机的飞行速度分为稳定飞行速度区域(操纵正区或称速度 I 区）和不稳定飞行速度区域（操纵反区或称速度 II 区）。

(1) 稳定飞行速度区域。

当飞机在速度区域 $[V_E, V_{max}]$ 范围内时（图 2.8），需用推力随速度的增大而增加，因此称作操纵正区。同时以该区域内的速度作稳定平飞时，当受到瞬时小扰动后，在驾驶员不施加任何操纵的情况下，速度具有自动恢复到原来的稳定飞行速度的特性，因此称作稳定的速度区。该区域稳定的平飞速度对应于小于有利迎角的飞行姿态。

（2）不稳定飞行速度区域。

如果飞机的飞行速度选择在 $[V_{\min}, V_E]$ 范围内（图 2.8），则飞行时的需用推力随速度的增大而减小，因此称该速度区域为操纵反区。并且以该区域内的速度作稳定平飞时，如果受到瞬时小扰动后，速度将沿着被扰动的趋势变化，即偏离原来的稳定飞行速度越来越大，因此称之为不稳定的飞行速度区。该区域的平飞速度对应于大于有利迎角的飞行姿态。

2.2 功　率　法

功率法的思想与推力法类似，或视为推力法的一种变形，它适合于分析发动机的特性以功率表示的飞机性能，对于用推力表示的喷气发动机的一些特性分析也是方便的。其实质是通过功率曲线图同样可以做性能分析。

2.2.1 功率曲线及其特征速度

根据功率的定义，可用功率 $N_{AV}=T_{AV}\cdot V$，需用功率 $N_{RE}=T_{RE}\cdot V$，剩余功率记作 $\Delta N=N_{AV}-N_{RE}$。在式（2.2）两端同时乘以速度 V 可得

$$\Delta N=N_{AV}-N_{RE}=WV\sin\gamma \tag{2.9}$$

由式（2.9）可知，剩余功率 ΔN 决定的飞机做定常飞行的航迹特性是：

若 $\Delta N>0$（即 $N_{AV}>N_{RE}$），则 $\gamma>0$：飞机将做定常直线上升飞行；

若 $\Delta N=0$（即 $N_{AV}=N_{RE}$），则 $\gamma=0$：飞机将做定常水平直线飞行；

若 $\Delta N<0$（即 $N_{AV}<N_{RE}$），则 $\gamma<0$：飞机将做定常下滑飞行。

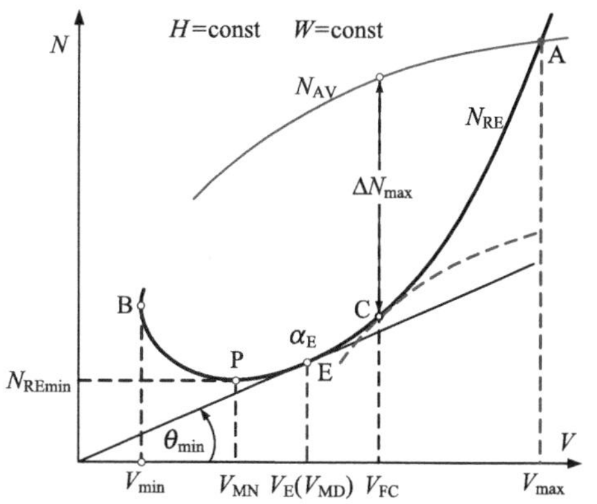

图 2.9　平飞功率曲线

由定义可知功率实际上就是在推力的基础上再乘以速度，因此仿照推力曲线可以得到如图 2.9 示的功率曲线。在图 2.9 中 A、B 点对应的是最大、最小平飞速度，其含义和限制与图 2.8 中 A、B 点对应的速度一样。与推力曲线不同的、需要特别说明的是以下特征速度。

1）最小需用功率速度 V_{MN}

图 2.9 中 P 点对应的速度是飞机平飞时所需功率最小的速度，也称之为“（准）经济”速度。对于活塞式发动机为动力的飞机，其燃油消耗率（C^*_{TSFC}）的定义为产生单位功率在单位时间内消耗的燃油。即 $C^*_{TSFC}=F_F/N$（F_F 为燃油流量即单位时间消耗的燃油），因此消耗 W_F 燃油，飞行时间为 $t=W_F/F_F=W_F/(C^*_{TSFC}\cdot N)$，由此可知，当飞机发动机的燃油消耗率（$C^*_{TSFC}$）为常值时，消耗相同的燃油在需用功率最小时其飞行时间将最长，因此该速度也称为久航速度。

2）有利速度 V_E

在平飞功率曲线上，过原点作需用功率曲线的切线，如图 2.9 中 E 点对应的速度即为有利速度。该速度飞行时所需的推力最小，因为该点对应的 θ 角最小，而 $\tan\theta=(N_{RE}/V)=T_{RE}$，所以 E 点对应着最小的需用推力（$\tan\theta_{min}=T_{REmin}$），该速度也是最小阻力速度（$V_{MD}$）。同时根据燃油里程（$S_R$）的定义（消耗航单位燃油所飞过的距离）有

$$S_R=\frac{R}{W_F}=\frac{R/t}{W_F/t}=\frac{V}{F_F}=\frac{V}{C_{TSFC}\cdot N_{RE}}=\frac{1}{C_{TSFC}\cdot(N_{RE}/V)}=\frac{1}{C_{TSFC}\cdot T_{RE}}$$

由上式可见，当以该有利速度飞行时 $(N_{RE}/V)_{min}=T_{REmin}$，对应的燃油里程最大，即消耗相同的燃油飞的距离最长，因此该有利速度也是最大航程速度（V_{MRC}）。

3）快升速度 V_{FC}

表征飞机爬升能力的一个重要指标是上升率，即高度随时间的变化率（$\mathrm{d}h/\mathrm{d}t$）。根据式（2.1）可得

$$\frac{\mathrm{d}h}{\mathrm{d}t}=\frac{(T-D)V}{W}=\frac{\Delta N}{W} \tag{2.10}$$

由式（2.10）可见，相同条件下当剩余功率 ΔN 最大时爬升率将最大，这意味着以该速度爬升到确定的高度需要的时间最少，因此称之为快升速度。如图 2.9中 C 点对应的速度，该点是把可用功率曲线向下平移至与需用功率曲线相切，则切点（图 2.9 中的 C 点）处对应的速度就是剩余功率 ΔN 最大的速度。

2.3 能 量 法

2.3.1 能量高度的概念

飞机沿着预定的航迹飞行时，在一运动轨迹的每一点上对应一定的能量状态，当不考虑飞机转动运动的能量（该部分能量大多数情况下是较小的）时，在

空间飞行的飞机相对于地面的总能量（机械能）可以写为

$$E = mgh + \frac{1}{2}mV^2 \tag{2.11}$$

式中，h 是飞机的飞行高度。飞机运动过程中其势能（mgh）和动能（$mV^2/2$）之间可以相互转换。式（2.11）两端同除以飞机的重量（mg）得

$$H_E \triangleq \frac{E}{mg} = h + \frac{1}{2g}V^2 \tag{2.12}$$

式中，E/mg 的物理意义是飞机单位重量所具有的能量；$V^2/(2g)$ 相当于单位重量飞机的动能。式（2.12）右端两项 h、$V^2/(2g)$ 均具有长度量纲［L］（即长度单位），因此 E/mg 也同样具有长度量纲，所以定义 $H_E = E/mg$ 为能量高度，其物理意义相当于运动的飞机所具有的全部动能转换为势能后能达到的一个理论“高度”，或理解为飞机在变速爬升过程中阻力与推力平衡时，飞机用全部动能转换为势能（即加速爬升直到速度为零）所能达到的理论高度。由式（2.12）可知能量高度 H_E 既具有势能（h）特征又有动力学能量 $V_k^2/(2g)$ 特征。对于按预定轨迹飞行的飞机，其每一运动参数的变化都不是随意的，因此能量高度随时间的变化也是与飞行轨迹一致的。当飞机的质量为常值时，由式（2.12）可得

$$\frac{dH_E}{dt} = \frac{\dot{E}}{mg} = \frac{dh}{dt} + \frac{V}{g}\frac{dV}{dt} = V\sin\gamma + \frac{V}{g}\frac{dV}{dt} = V\left(\sin\gamma + \frac{1}{g}\frac{dV}{dt}\right) \tag{2.13}$$

式中，γ 为飞机的航迹倾角。在此比照运动方程 $dh/dt = V\sin\gamma$，定义

$$\sin\gamma_E = \sin\gamma + \frac{1}{g}\frac{dV}{dt} \tag{2.14}$$

式中，γ_E 称为能量角，其意义是飞机在相同运动状态下非加速飞行时可能的最大航迹倾角，即相对飞机重量的能量裕度。

2.3.2　能量高度变化率与飞机飞行特性的关系

考虑更一般的飞机做非定常运动时，飞机沿速度方向力的平衡方程为

$$m\frac{dV}{dt} = T - D - W\sin\gamma$$

由此解得

$$\sin\gamma + \frac{1}{g}\frac{dV}{dt} = \frac{T-D}{W} = n_X \tag{2.15}$$

式中，n_X 为切向过载。比较式（2.14）和式（2.15）并考虑到式（2.13）可得

$$\frac{dH_E}{dt} = \frac{\dot{E}}{W} = \frac{T-D}{W}V = Vn_X = V\sin\gamma_E \tag{2.16}$$

由此可见能量角 γ_E 和切向过载 n_X 一样，表示了飞机的能量高度变化率（dH_E/dt）或相对飞机重量的总能量变化率（$\dot{E}/W$）的特性。

(1) 能量高度增加 $\gamma_E>0$，则对应于推力大于阻力（$T>D$）时，飞机的总能量增加，此时飞机的可能飞行状态为：

等高（$\gamma=0$）加速飞行，由式（2.12）可得加速度为

$$\frac{dV}{dt}=\frac{g}{V}\frac{dH_E}{dt} \tag{2.17}$$

等速（$dV/dt=0$）爬升飞行，由式（2.12）可得爬升率（高度随时间的变化率）为

$$\frac{dh}{dt}=V\sin\gamma=\frac{dH_E}{dt} \tag{2.18}$$

加速爬升飞行，其加速度和爬升率满足关系式

$$\frac{dH_E}{dt}=V\frac{dh}{dt}+\frac{V}{g}\frac{dV}{dt}=V\sin\gamma+\frac{V}{g}\frac{dV}{dt} \tag{2.19}$$

(2) 能量高度减小 $\gamma_E<0$，对应于推力小于阻力（$T<D$）时，相当于外力做负功，飞机的总能量减小，此时飞机的可能飞行状态为等高减速飞行或定直下降飞行。

(3) 等能量高度 $\gamma_E=0$ 飞行，对应于推力等于阻力（$T=D$）时，总能量为常值即 $H_E=\text{const}$。由式（2.12）可得

$$h+\frac{1}{2g}V^2=\text{const} \tag{2.20}$$

利用式（2.18）可以得到一系列等能量高度曲线如图 2.10 所示，当飞机的运动轨迹沿着等能量高度曲线变化时，其运动特点如下：

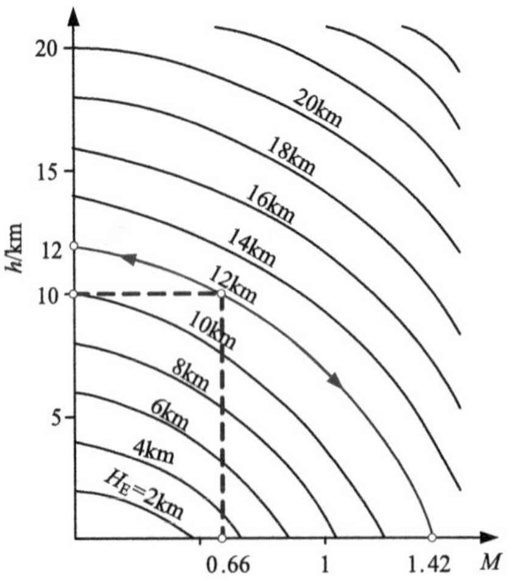

图 2.10 能量高度曲线

飞机等高等速飞行，其动能和势能保持不变。如图 2.10 示例，在能量高度为 12000m 不变时，可以保持气压高度 10000m，以恒定的马赫数 0.66 平飞。

减速爬升，其动能转换为势能。如图 2.10 示例，在能量高度为 12000m 恒定时，理论上速度减小（动能转换成势能）到 0 时可以飞到气压高度 12000m。

加速下降，其势能转换为动能。如图 2.10 示例，在能量高度为 12000m 恒定时，理论上气压高度减小（势能转换

成动能）到0时，即把所有的势能转变为动能，则飞行速度可以提高到马赫数1.42。

2.3.3 能量高度变化率与爬升率的关系

由式（2.12）可得

$$\frac{\mathrm{d}H_{\mathrm{E}}}{\mathrm{d}t}=\frac{\mathrm{d}h}{\mathrm{d}t}+\frac{V}{g}\frac{\mathrm{d}V}{\mathrm{d}t}=\frac{\mathrm{d}h}{\mathrm{d}t}+\frac{V}{g}\frac{\mathrm{d}V}{\mathrm{d}h}\frac{\mathrm{d}h}{\mathrm{d}t}$$

$$=\frac{\mathrm{d}h}{\mathrm{d}t}\left(1+\frac{V}{g}\frac{\mathrm{d}V}{\mathrm{d}h}\right) \tag{2.21}$$

因此飞机的爬升率可以写做

$$\frac{\mathrm{d}h}{\mathrm{d}t}=\frac{\frac{\mathrm{d}H_{\mathrm{E}}}{\mathrm{d}t}}{1+\frac{V}{g}\frac{\mathrm{d}V}{\mathrm{d}h}} \tag{2.22}$$

根据式（2.20）可以看出，飞机爬升过程的能量分配与转换对飞行参数的影响。

（1）当 $\mathrm{d}V/\mathrm{d}h=0$，即速度不随高度变化，飞机是等速爬升，且有 $\mathrm{d}h/\mathrm{d}t=\mathrm{d}H_{\mathrm{E}}/\mathrm{d}t$，因此爬升过程动能不增加，发动机所做的功都转换为势能获得高度的增加。

（2）当 $\mathrm{d}V/\mathrm{d}h<0$，即速度随爬升高度增加而减小，飞机是减速爬升，且有 $\mathrm{d}h/\mathrm{d}t>\mathrm{d}H_{\mathrm{E}}/\mathrm{d}t$，表明此时的爬升是几何高度的增加率大于能量高度的增加率，是一部分动能减小转换为势能的增加，飞机的爬升率更大。

（3）当 $\mathrm{d}V/\mathrm{d}h>0$，即速度随爬升高度增加而增大，飞机是加速爬升，且有 $\mathrm{d}h/\mathrm{d}t<\mathrm{d}H_{\mathrm{E}}/\mathrm{d}t$，表明此时的爬升是几何高度的增加率小于能量高度的增加率，有一部分剩余功率转换为动能，因而转换为势能的功率少，飞机的爬升率减小。

2.4 平飞的速度极限边界

飞机的运动是重力、发动机推力、空气动力共同作用的结果。飞机必须满足适航性要求的最低安全标准，保证旅客的舒适性和满足飞机结构强度的要求。飞机的运行环境和使用限制条件把飞机的飞行速度范围、高度范围、飞行载荷等约束在某个允许的范围内，一般把飞机的飞行速度和载荷不能超出的界限称为飞行极限边界。飞机平飞时，在不同高度上飞行时有相应的最小速度和最大速度限制边界，并由其构成的平飞速度范围称为飞行包线（平飞速度极限边界）。

当飞机重量（$W=\mathrm{const}$）一定时，在某一高度（$H=\mathrm{const}$）上保持平飞的

速度理论上可大可小。通过飞行姿态（迎角）控制和发动机推力控制满足 $L=W$ 和 $T=D$ 实现稳定的平飞。但是飞行迎角会限制在临界迎角之内，推力会限制在最大可用推力之内，因此其最小和最大的平飞速度也相应地被限制在一个范围之内，这个被限制的速度范围就构成了平飞速度极限边界。

2.4.1 平飞最小速度

飞机能够维持稳定平飞的最小飞行速度称为平飞最小速度。实际中还与失速限制的最小速度 V_S、稳定性限制的最小速度 V_{SW} 和推力限制的最小速度 V_{TM} 相关。可以使用的最小速度 V_{min} 应取其限制中的最大速度，即 $V_{min}=\max\{V_S, V_{SW}, V_{TM}\}$。

1）失速限制的最小速度

在飞机重量（$W=$ const）和高度（$H=$ const）一定时保持平飞，首先要满足 $W=L=0.5\rho V^2 SC_L$，可以看出，需选择大迎角（C_L 大）小速度，但由于临界迎角限制了最大升力系数（C_{Lmax}），理论上以临界迎角飞行时对应的速度是不能再减小的平飞速度，也称该速度为平飞失速速度，即有

$$V_S=\sqrt{\frac{2W}{\rho SC_{Lmax}}} \tag{2.23}$$

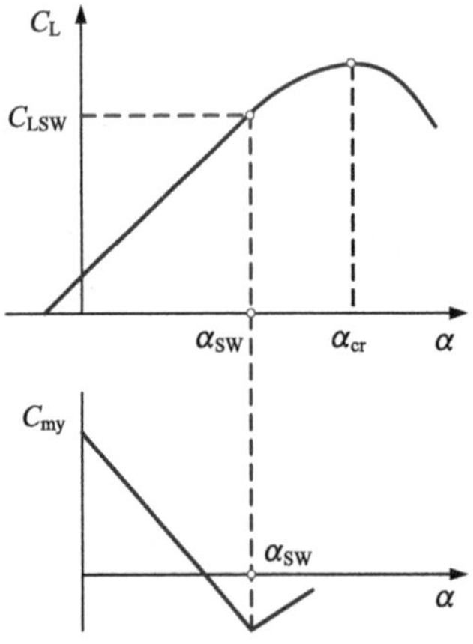

图 2.11 失稳性迎角

2）稳定性限制的最小速度

满足稳定性要求是飞机平飞的前提。但有时飞机在达到临界迎角之前会在某个迎角（α_{SW}）下失去纵向稳定性，即当 $\alpha>\alpha_{SW}$ 时有 $dC_{my}/d\alpha>0$（其中 C_{my} 为俯仰力矩系数），如图 2.11 所示。因此失稳迎角对应的升力系数（C_{LSW}）是飞机可以选择的最大升力系数，此限制下的最小平飞速度为

$$V_{SW}=\sqrt{\frac{2W}{\rho SC_{LSW}}} \tag{2.24}$$

3）推力限制的最小速度

一般飞机发动机的推力会随着飞行高度的增加而下降。飞机稳定的飞行要求 $T=D=0.5\rho V^2 SC_D$，若在某一个高度上，低速飞行时的可用推力小于以临界迎角飞行时的最小速度的阻力（需用推力），反映在推力曲线上就是可用推力随着高度而下降，在较高的高度上可用推力曲线与需用推力曲线在左侧交点对应的速度（图 2.12），即为推力限制的最小速度。特别需要指出，当飞机以某一重量飞行

时，其可用推力随高度增加而减小，当在某一高度上可用推力曲线与需用推力曲线相切，如图 2.12 所示，则意味着理论上该高度是飞机在该重量下所能稳定飞行的最大高度，通常称之为飞机的升限（H_{max}）。

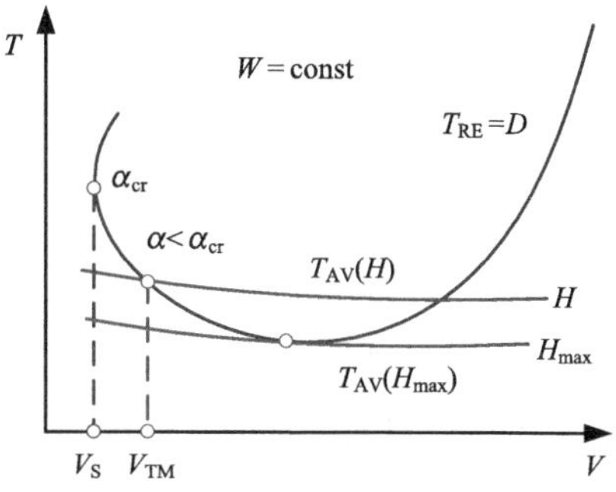

图 2.12　推力限制的最小速度

2.4.2　平飞最大速度

飞机平飞的最大飞行速度往往受发动机最大推力的限制，在图 2.8 所示的平飞推力曲线上 A 点对应的速度就是推力限制的最大平飞速度（V_{Tmax}）。在实际飞行中还需要考虑满足结构强度限制的平飞最大速度（V_{qmax}）和临界马赫数限制的平飞最大速度（V_{Mmax}）。可以使用的平飞最大速度 V_{max} 应取其限制中的最小速度，即 $V_{max}=\min\{V_{Tmax}, V_{qmax}, V_{Mmax}\}$。

1）推力限制的最大平飞速度

根据 $T=D=0.5\rho V^2 SC_D$，推力限制的最大平飞速度可以写成

$$V_{Tmax}=\sqrt{\frac{2T}{\rho SC_D}} \tag{2.25}$$

2）结构强度限制的平飞最大速度

飞机结构强度所能承受的载荷与其飞行时的动压 $q=0.5\rho V^2$ 成正比，因此为了满足飞机结构上的强度和刚度要求，必须限制飞机飞行时的最大动压（$q_{max}=\text{const}$）值，若用当量空速来表示最大动压限制的平飞最大速度（V_{Eqmax}）可以写为

$$\frac{1}{2}\rho_0 V_{Eqmax}^2 \leqslant q_{max} \tag{2.26}$$

由式（2.26）可以求出动压限制的最大当量空速 V_{Eqmax}，根据当量空速与真实速度的关系可以求得真实空速表示的结构强度限制的平飞最大速度 V_{qmax} 为

$$V_{qmax}=\frac{V_{Eqmax}}{\sqrt{\sigma}}=\sqrt{\frac{2q_{max}}{\rho_0\sigma}}=\sqrt{\frac{2q_{max}}{\rho}} \tag{2.27}$$

通常手册上会给出对结构强度限制的最大当量空速值，如 B737、B757 等最大允许当量空速为 350kn，B747 为 375kn。由式（2.27）可见，按所限制的最大允许当量空速飞行时，随着飞行高度的增加，飞机的允许最大真实空速是增大的（图 2.13）。

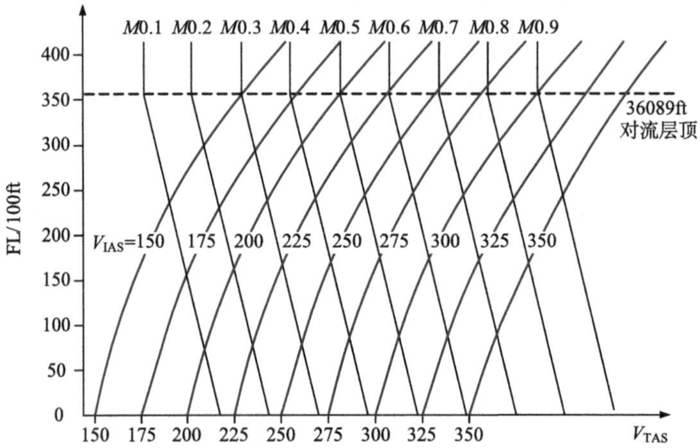

图 2.13 等当量空速等马赫数对应的真实空速随高度变化

3) 临界马赫数限制的平飞最大速度

飞机的飞行高度越高，则相同的当量空速对应的真实空速也越大，而高度越高声速越小，因此相同的当量空速对应的马赫数在高空会更大。飞机的飞行受临界马赫数（M_{cr}）的限制，另外飞机的抖振升力系数和最大升力系数（对应于临界迎角）是随马赫数的增加而减小的，因此以大马赫数飞行时会更容易导致失速，因此为防止发生失速会限制最大飞行马赫数（M_s）。在实际使用中，要选取以上条件限制下的最大马赫数中较小的值，作为最大允许飞行马赫数（M_{MO}），即 $M_{MO}=\min\{M_{cr}, M_s\}$。如果飞机按所限制的最大马赫数做等马赫数飞行时，当飞行高度在对流层顶之下（≤11000m）时，飞机等马赫数飞行所对应的真实空速是随着飞行高度的增加而减小的。在对流层顶之上，等马赫数飞行所对应的真实空速不随高度改变（图 2.13）。

2.4.3 平飞的速度极限边界

飞机在给定重量时，在每一个高度上都存在平飞最小、最大速度的范围，将其绘制在同一张图上得到的随高度变化的平飞速度范围就称为平飞速度边界或飞行包线。

1) 理论包线及其变化特点

在给定一个重量条件下，把上面讨论的最小速度和发动机推力限制的最大速度随高度的变化绘制在一起，可以得到如图 2.14 所示的平飞理论包线。

（1）高度的影响。

在重量一定时，随着飞行高度的增加，平飞速度的范围逐渐减小。这是因为高度越高，发动机的可用推力越大，因此最大速度减小；同时高度越高大气的密度越小，相同重量下所需的飞机平飞最小速度会增大。随着高度的增加，当飞机的平飞最大、最小速度相等时，该高度即为飞机的升限。

（2）重量的影响。

飞机的重量越大，平飞的速度范围越小，升限越低。

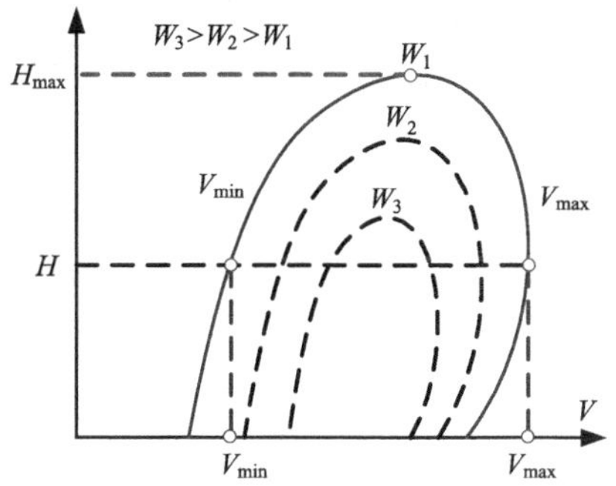

图 2.14　理论包线

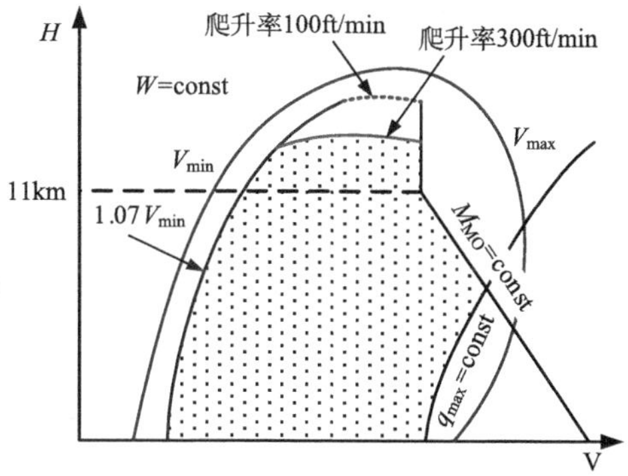

图 2.15　实用包线

2）实用包线

为了保障飞行安全，通常在理论包线的基础上，对实际的最小平飞速度取上面分析得到的最小速度的 1.07 倍；考虑到动压和马赫数限制的最大平飞速度的限制选取实际的最大平飞速度；由上面分析可知，在理论升限上飞机的爬升率将为 0，通常取当在某个高度上飞机的最大爬升率为 300ft/min 或 100ft/min 时的高度作为飞机的实际升限，这可以得到如图 2.15 所示的实用包线亦称为使用包线。

第3章 飞机的起飞性能

3.1 概　　述

飞机的起飞性能是飞行性能的重要组成部分和安全飞行的关键环节之一，对确保安全飞行和民航运输经济效益具有重要意义。飞机的起飞过程包括起飞场道阶段和起飞航道阶段（图 3.1）。为了确保起飞安全，必须考虑在起飞时发动机故障的可能性，并有相应的措施和程序确保起飞安全，要区分全发起飞、关键发动机在速度为 V_{EF}（关键发动机失效速度）时开始不工作并继续起飞、关键发动机在速度为 V_{EF} 时开始不工作或其他情况下中断起飞三种情况讨论飞机的起飞性能。

3.1.1 起飞航迹

按照中国民航局 CCAR-25.111 规定，现代民航运输机的起飞航迹从静止点起延伸至下列两点中较高者：飞机起飞过程中高于起飞表面 450m（1500ft），或完成从起飞到航路形态的转变并达到规定的速度和爬升梯度的一点，包括起飞场道阶段（起飞距离）和起飞航道阶段（起飞飞行航迹），如图 3.1 所示。起飞场道阶段是指从地面静止开始，发动机为起飞推力状态，松刹车加速滑跑，加速到抬前轮速度 V_R 时抬起前轮，继续加速到离地速度 V_{LOF} 时飞机离地并转入爬升，爬升到高于起飞跑道表面 10.7m（35ft）并在此之前速度达到起飞安全速度 V_2；起飞飞行航迹依飞机的构型、发动机的推力状态、对爬升梯度的要求等分为第一爬升段、第二爬升段、平飞加速段、最后爬升段等四个阶段。

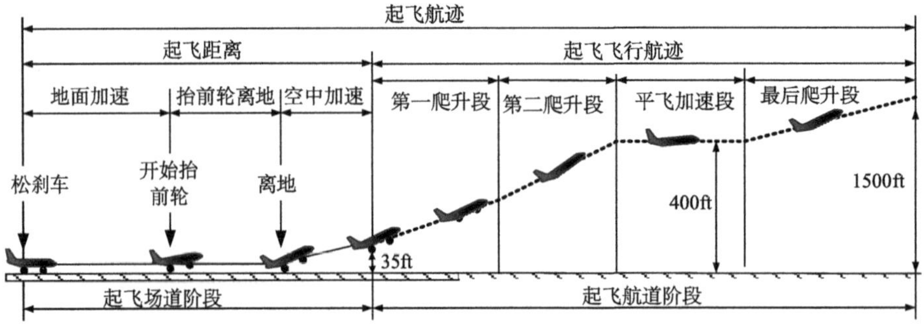

图 3.1　飞机的起飞航迹

3.1.2　起飞场道阶段的相关速度及其限制

为了确保起飞安全，机组需要在起飞前根据起飞条件确定出起飞“决断”速度 V_1（take off decision speed，action speed）、抬前轮速度 V_R（rotation speed）、起飞安全速度 V_2（take off safety speed）。这些速度可以根据起飞条件查相应的图表或通过计算取得，为了保证飞机的起飞性能和飞行安全，确定这些速度时要涉及地面最小操纵速度 V_{MCG}（ground minimum control speed）、空中最小操纵速度 V_{MCA}（air minimum control speed）、关键（临界）发动机故障速度 V_{EF}（critical engine failure speed）、最大刹车能量速度 V_{MBE}（maximum brake energy speed）、最小离地速度 V_{MU}（minimum unstick speed）、离地速度 V_{LOF}（lift-off speed）、最大轮胎速度 V_{TIRE}（maximum tire speed）等（图 3.2）。

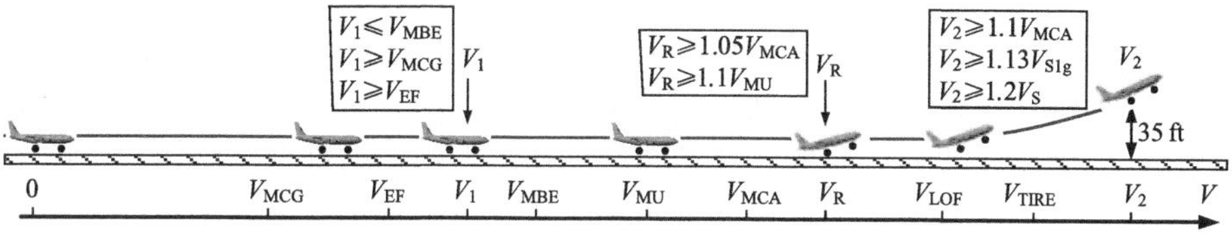

图 3.2　起飞地面滑跑阶段的速度及其关系

1. 地面最小操纵速度 V_{MCG}

飞机起飞地面滑跑阶段若发生一发失效，如左发故障停车，则右发动机的推力产生围绕飞机立轴向左的偏转力矩，将使飞机向左偏转，必须蹬右舵使方向舵产生围绕飞机立轴的向右偏转力矩，当左、右偏转力矩平衡时，可以制止发动机的偏转力矩，使飞机沿跑道中心线直线滑跑（图 3.3）。由于蹬舵产生的操纵力矩近似地与飞机滑跑速度的平方成正比，若飞机的滑跑速度较小，有可能蹬满方向舵时的偏转力矩仍小于一侧工作的发动机产生的偏转力矩，这样就无法制止飞机的偏转。因此只有当一发停车时地面滑跑的速度大于地面最小操纵速度，才能有效制止一发失效产生的机头偏转，才能安全地继续起飞。

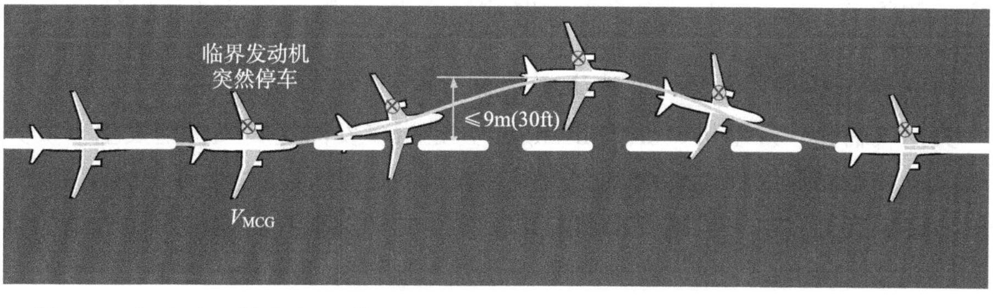

图 3.3　起飞地面滑跑在达到地面最小操纵速度时发生一发停车后飞机的运动轨迹

为了保障飞机起飞安全，在 CCAR-25.149 中规定，“地面最小操纵速度V_{MCG}是起飞滑跑期间的校正空速，在该速度，当临界发动机突然停车时，能仅使用操纵力限制在 667N（68kgf[①]，150lbf）的方向舵操纵（不使用前轮转向）和使用机翼保持水平的横向操纵来保持对飞机的操纵，使得采用正常驾驶技巧就能安全地继续起飞。在确定V_{MCG}时，假定全发工作时飞机加速的航迹沿着跑道中心线，从临界发动机停车点到航向完全恢复至平行于该中心线的一点的航迹上任何点偏离该中心线的横向距离不得大于 9m（30ft）”，如图 3.3 所示。

飞机起飞的地面最小操纵速度与发动机的安装位置、起飞重量及运行环境有关。发动机越靠外侧安装，一发停车时不对称推力产生的偏转力矩越大，因此地面最小操纵速度越大；同一架飞机起飞重量越重，地面最小操纵速度越小，这是因为飞机的重量大时其转动惯量也大，不对称推力产生的偏转力矩使飞机机头向失效发动机一侧的偏转角加速度和角速度就越小，同时重量大的时候飞机的机轮产生的摩擦力越大，其产生的阻止飞机偏转的阻尼力矩也大，所以飞机重量越重，一发停车时偏转得越慢，越有利于操控飞机保持方向，使得所需的地面最小操纵速度越小；通常机场的气温和标高越高，会使得发动机的推力越小，一发停车的偏转力矩也会随之减小，因此地面最小操纵速度也会减小。实际飞行中，在起飞滑跑阶段一发停车时，飞行员还可以使用前轮转向、不对称刹车等措施，以有效地控制飞机的方向，确保起飞安全。

2. 空中最小操纵速度V_{MCA}

现代民航运输机空中飞行时如果发生一发故障，则在不对称推力作用下，飞机会出现向失效发动机一侧偏转，同时由于推力减小会使飞行速度减小，进而使升力减小，飞行高度将下降。为了确保空中发生一发停车时能保持飞机稳定、安全地飞行和有效地操控飞机，CCAR-25 部中规定，空中最小操纵速度用校正空速来表示，在该速度下飞行时，当临界发动机突然停车，能在该发动机继续停车情况下保持对飞机的操纵，能保持向工作发动机一侧的坡度不大于5°的情况下操控飞机直线飞行，为维持操纵所需的方向舵脚蹬力不超过 667N（68kgf，150lbf）的最小飞行速度。在恢复对飞机的操纵过程中，为防止航向改变不超过 20°，飞机不得出现危险的飞机姿态或要求特殊的驾驶技巧、机敏或体力（图 3.4）。

3. 关键（临界）发动机故障速度V_{EF}

关键（临界）发动机（critical engine）是指多发固定翼飞机当发生一发失效时对飞机姿态和操纵性能影响最大的那台发动机。例如，对于多发螺旋桨飞机，一般右旋螺旋桨（从飞机尾部向前看螺旋桨顺时针旋转）左侧的发动机是关键发

---

① 1kgf（千克力）＝9.80665N。

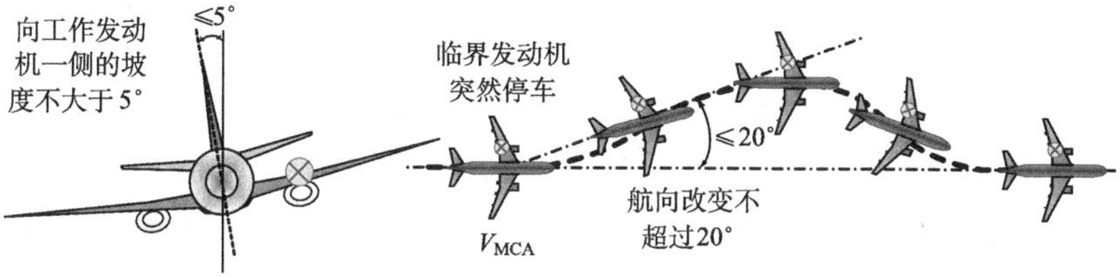

图 3.4 空中飞行在空中最小操纵速度时发生一发停车后飞机的运动轨迹

动机；对于喷气发动机飞机，在空中飞行时给主液压系统供压的发动机通常认为是关键发动机，在地面滑跑时上风方向最外侧的发动机通常认为是关键发动机。

关键发动机故障速度是假定临界发动机失效时的速度，用校正空速来表示，在适航审定时此速度由申请人选定，但不得小于地面最小操纵速度即 $V_{EF} \geqslant V_{MCG}$，目的在于确保起飞滑跑阶段一发故障后可以通过方向舵操控飞机的滑跑方向和起飞安全。

4. 最小离地速度 V_{MU}

最小离地速度 V_{MU} 是指飞机以最大允许的地面俯仰姿态离地的最小速度，用校正空速表示，该速度必须在申请审定的整个推重比范围内由申请人选定。最小离地速度取决于飞机的几何尺寸（如擦尾角，参见图 3.5）、气动参数、起飞重量、大气数据等条件，最小离地速度是由飞机制造商通过试飞和计算得到的。在等于和高于该速度时，飞机可以安全离地并继续起飞。最小离地速度应在全发和一发停车情况下考虑飞机几何尺寸限制和最大升力系数（起飞构型）限制来确定（图 3.6）。最小离地速度是确定不同重量下飞机抬前轮速度的依据之一，特别是一发停车时的最小离地速度大于全发起飞的情况，这是因为飞机在抬头过程中，全发时推力在垂直向上的分力（克服重力）更大（图 3.5）。

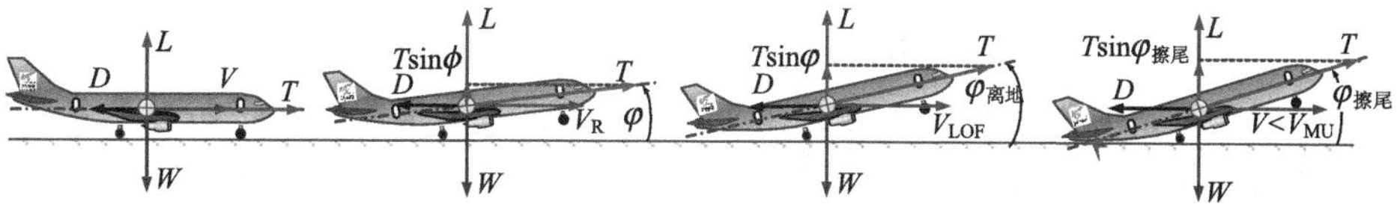

图 3.5 最小离地速度

5. 最大刹车能量速度

飞机在中断起飞过程中，刹车系统必须吸收并耗散对应决断点（假设实际起飞重量为 W_{TOW}、“决断”速度为 V_1）的飞机全部动能（$W_{TOW} \times V_1^2/2$）转换的热量。刹车系统所具有的最大吸收能力，通常称为最大刹车能量，记作 E_{MB}。在进行取证时，必须用磨损的刹车进行验证，CCAR-25.109 规定“最大刹车动能

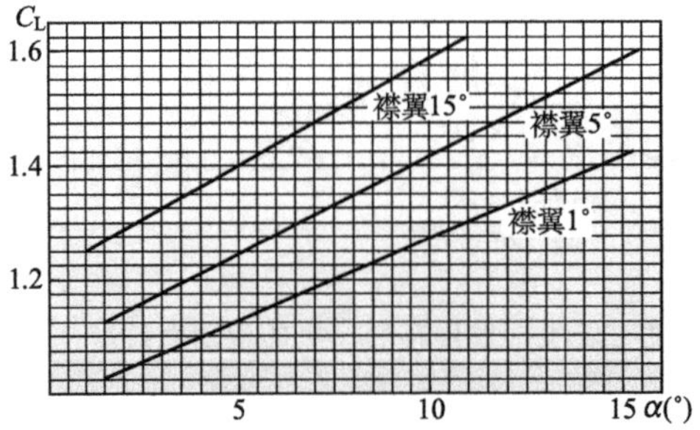

图 3.6 某飞机不同起飞构型和迎角时的升力系数

加速-停止距离的飞行试验演示必须在飞机的每一个机轮刹车剩余不大于所允许的刹车磨损范围的10%状态下实施”。在给定起飞重量下，可以实现全停的最大速度被称为最大刹车能量限制的速度（V_{MBE}），则 $V_{MBE}=\sqrt{\frac{2gE_{MB}}{W_{TOW}}}$。通常对于给定的起飞重量须满足 $V_1 \leqslant V_{MBE}$。最大刹车能量限制的速度 V_{MBE} 可以从飞行手册提供的图表中查出（见本章图 3.38）。

6. 离地速度 V_{LOF}

离地速度是飞机在地面滑跑时加速到升力等于重力，飞机开始腾空瞬间的速度，用校正空速表示。为防止飞机起飞离地时发生擦尾，保持一定的安全裕度，CCAR-25 部规定离地速度 $V_{LOF} \geqslant 1.1V_{MU}$（全发工作），或 $V_{LOF} \geqslant 1.05V_{MU}$（单发停车）。由升力等于重力（为保留更大的安全裕度，不考虑推力的分量）即

$$W = L = \frac{1}{2}\rho V_{LOF}^2 S C_{L_{LOF}}$$

由上式可得

$$V_{LOF} = \sqrt{\frac{2W}{\rho S C_{L_{LOF}}}} \tag{3.1}$$

式中，$C_{L_{LOF}}$ 是对应于起飞构型和姿态（起飞迎角）下的升力系数，如图 3.6 所示。通常离地速度越小，飞机地面滑跑距离越短。

7. 最大轮胎速度 V_{TIRE}

为了保证飞机起飞地面滑跑过程中，在离心力和热量上升的情况下轮胎结构不受损坏，轮胎的制造厂家规定了可以达到的最大地面滑跑速度，如对于大部分空客系列的飞机，最大轮胎速度 V_{TIRE} 等于 195kn（地速）；B757 和 B767 规定最大为 225mi[①]/h（英里/小时，也记作 MPH）。起飞时须满足 $V_{LOF} \leqslant V_{TIRE}$。

8. 起飞“决断”速度 V_1

起飞“决断”速度是飞机起飞地面滑跑阶段，当关键发动机失效时飞行员决定继续起飞还是中断起飞的重要依据。在飞机起飞滑跑过程中，飞行员在该速度判定关键发动机失效，可以安全地继续起飞或中断起飞，并且继续起飞所需距离

① 1mi（英里）＝1.60934km。

小于可用起飞距离，中断起飞所需距离小于可用的加速停止距离。当飞机地面滑跑发生一发失效时，“决断”速度 V_1 是飞行员采取第一个中断起飞措施（如施加刹车，减少推力，打开减速装置）瞬间的最大速度，同时也是采取继续起飞措施瞬间的最小速度，因此也称之为是“行动速度”（action speed）。起飞决断速度 V_1 是申请人选定的，用校正空速表示。CCAR-25 部规定 $V_1 \geqslant V_{EF}+\Delta V$，其中 ΔV 是在下述时间间隔内（此时间间隔指从临界（关键）发动机失效瞬间至驾驶员意识到该发动机失效并作出反应的瞬间），临界（关键）发动机不工作的情况下该飞机的速度增量，后一个瞬间以驾驶员在加速-停止试验中采取最初的减速措施（如施加刹车、减少推力、打开减速装置）为准。为了确保满足继续起飞的安全，要求：$V_1 \geqslant V_{MCG}$；为了保障中断起飞的安全，要求：$V_1 \leqslant V_R$ 和 $V_1 \leqslant V_{MBE}$。

9. 抬前轮速度 V_R

抬前轮速度 V_R 是指在起飞地面滑跑过程中，飞行员开始拉杆抬起前轮瞬间的速度，用校正空速表示（图 3.5）。抬前轮速度一般在给定起飞重量、起飞构型和环境参数等条件下，通过全发和一发停车的起飞试飞验证确定。通常在起飞条件（重量、构型、环境）相同的情况下，全发和一发停车起飞使用同一个抬前轮速度。在 CCAR-25 部中规定抬前轮速度 V_R 不得小于下列任一速度：

（1）V_1，为了确保飞机一发失效时继续起飞的安全。

（2）$1.05V_{MCA}$。

（3）能使飞机在高于起飞表面 10.7m（35ft）以前速度达到起飞安全速度 V_2 的某一个速度。

（4）如果飞机在该速度时刻抬前轮，并以实际可行的最大抬头率抬头，得到的离地速度 $V_{LOF} \geqslant 1.1V_{MU}$（全发工作），或 $V_{LOF} \geqslant 1.05V_{MU}$（单发停车）。

10. 起飞安全速度 V_2

起飞安全速度 V_2 是飞机离起飞表面 10.7m（35ft）必须达到的最小爬升速度。为了保障飞机离地后具有足够的爬升能力和机动裕度，CCAR-25.107 规定，起飞最小安全速度 V_{2min} 需要满足：

（1）$V_{2min} \geqslant 1.13V_{SR}$（双发和三发涡轮螺旋桨及活塞发动机飞机；无措施使一台发动机不工作带动力失速速度显著降低的涡轮喷气飞机）。

（2）$V_{2min} \geqslant 1.08V_{SR}$（三发以上的涡轮螺旋桨和活塞式发动机飞机；有措施使一台发动机不工作带动力失速速度显著降低的涡轮喷气飞机）。

（3）$V_{2min} \geqslant 1.10V_{MCA}$。

起飞安全速度 V_2 用校正空速表示，必须由申请人选定，CCAR-25.107 规定，飞机以速度 V_2 爬升时应具有的定常爬升梯度要满足：对于双发飞机不得小于 2.4%、对于三发飞机不得小于 2.7%、对于四发飞机不得小于 3.0%；并且 V_2 不得小于：

(1) V_{2min}。

(2) V_R 加上在达到高于起飞表面 10.7m (35ft) 高度时所获得的速度增量。

(3) 满足在前重心情况下飞机恒速协调转弯时的机动性要求（不得出现失速警告或其他可能干扰正常机动的特性），以及一发停车时仍能保持操纵的机动能力速度。

3.1.3 起飞距离

起飞距离是指飞机在场道阶段的加速滑跑期间所经过的距离。根据机场的实际情况确定可用跑道的相关距离，根据实际起飞时的气象条件（风、温度等）、跑道状况（气压高度、坡度等）和飞机的起飞状态（重量、构型等）确定出需用的跑道，为了确保起飞安全必须满足需用跑道不大于可用跑道（参见 CCAR-25 部的相关规定）。

1. 可用起飞跑道

跑道（runway）是指机场内供飞机起飞和着陆使用的一块特定的场地，飞机在任何机场起飞时，机场的跑道长度总是有限的。可以使用的跑道包括可用起飞滑跑距离 TORA（take off run available）、可用起飞距离 TODA（take off distance available）、可用加速停止距离 ASDA（accelerate-stop distance available）。

1) 可用起飞滑跑距离 TORA

可用起飞滑跑距离 TORA 是“由当局宣布可以用于飞机起飞滑跑的跑道长度”。一般 TORA 等于机场跑道的长度，或等于从跑道进入点（交叉滑行道）到跑道端头的长度，如图 3.7 所示。

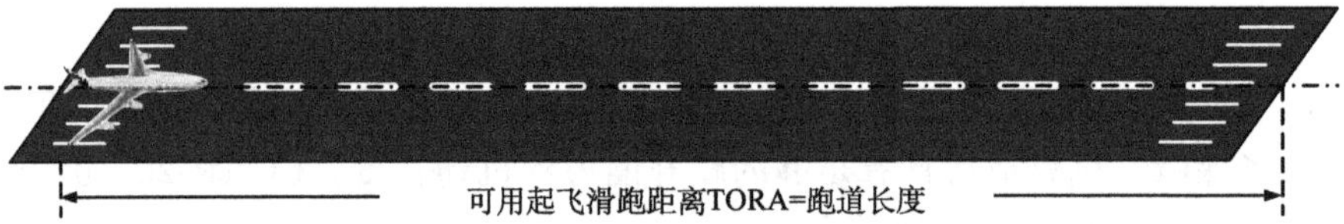

图 3.7 可用起飞滑跑距离 TORA

2) 可用起飞距离 TODA

可用起飞距离 TODA 对应的是跑道长度加上净空道 CWY（clearway）的长度。净空道是指经过修整的使飞机可以在其上空爬升到规定高度的特定场地或水面。当跑道较短，不能确保飞机完成初始爬升（爬升至 10.7m 高）的安全时，机场应设净空道，以弥补跑道长度的不足。净空道的起点应位于可用起飞滑跑距离的末端。净空道的长度应不大于可用起飞滑跑距离的一半，宽度应自跑道中线延长线向两侧延伸不少于 75m，上坡坡度不超过 1.25%，如图 3.8 所示。

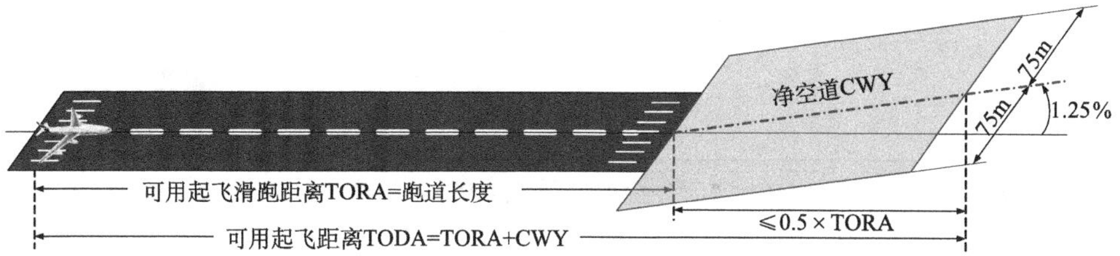

图 3.8 可用起飞距离 TODA

3) 可用加速停止距离 ASDA

可用加速停止距离 ASDA 等于跑道长度加上停止道（stop way）的长度。停止道是指跑道端外供飞机在中断起飞时能在其上停住的一块特定的场地，设置目的在于减少跑道全强度道面的长度，弥补飞机出现故障中断起飞时全强度道面长度的不足，保障飞机在其长度内停住。停止道的宽度等于与其相连接跑道（含道肩）的宽度，坡度要与跑道相同，长度可以根据关键机型经设计计算确定，强度要满足提供安全的机轮支撑，如图 3.9 所示。

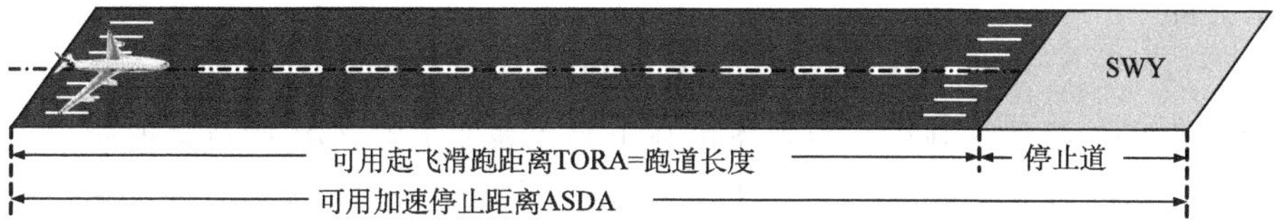

图 3.9 可用加速停止距离 ASDA

实际可用的起飞跑道通常需要根据机场是否具有停止道、净空道而定（图 3.10），其关系为：

可用起飞滑跑距离 TORA＝跑道长度

可用起飞距离 TODA＝跑道长度＋净空道长度（如果有）

可用加速停止距离 ASDA＝跑道长度＋停止道长度（如果有）

2. 需用起飞跑道

飞机的需用起飞距离要根据跑道的实际状况（干跑道、湿跑道和有无停止道、净空道）和全发起飞、一发失效继续起飞、一发失效中断起飞等三种情况确定。

1) 需用起飞距离

需用起飞距离 TOD（take off distance）是指从松刹车开始到飞机高于起飞表面上空 35ft 所覆盖的距离，需要针对干、湿跑道并考虑全发起飞和一发故障继续起飞两种情况分别给出。

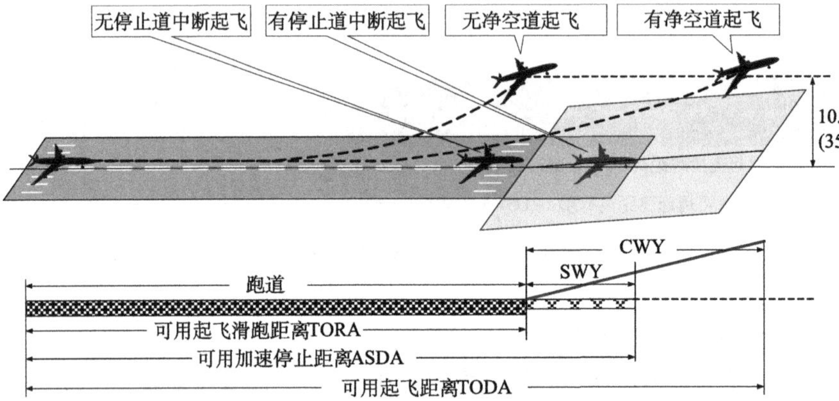

图 3.10 可用起飞距离及其关系

(1) 干跑道。

干跑道的需用起飞距离 TOD（take off distance）（记作 TOD_{dr}）取 1.15 倍全发起飞距离（记作 TOD_{Ndr}）和一发失效继续起飞距离（记作 TOD_{N-1dr}）中较大的，即

$$TOD_{dr}=\max\{1.15\ TOD_{Ndr},\ TOD_{N-1dr}\}$$

式中，TOD_{Ndr}是从松刹车开始到飞机高于起飞表面上空 35ft 所覆盖的距离（假设所有发动机都工作）；TOD_{N-1dr}是从松刹车开始到飞机高于起飞表面上空 35ft 所覆盖的距离（假设关键发动机的故障在 V_{EF}时发生，在 V_1 时被判明，并选择继续起飞），参见图 3.11。

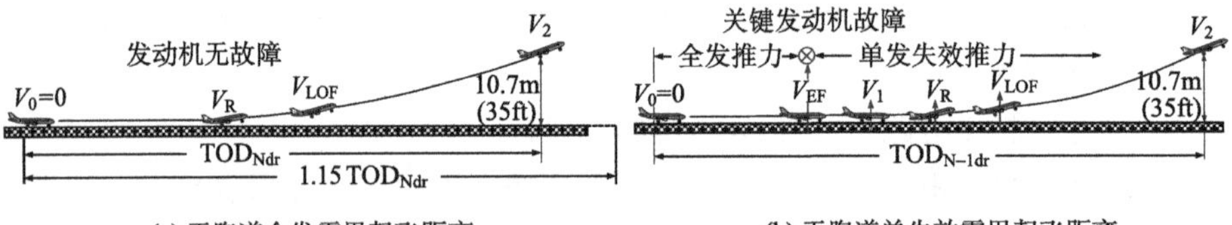

(a) 干跑道全发需用起飞距离

(b) 干跑道单失效需用起飞距离

图 3.11 干跑道需用起飞距离

(2) 湿跑道。

湿跑道的需用起飞距离 TOD（记作 TOD_{wr}）取干跑道全发需用起飞距离（TOD_{dr}）和一发故障在湿跑道继续起飞需用距离（记作 TOD_{N-1wr}）中较大的，即

$$TOD_{wr}=\max\{TOD_{dr},\ TOD_{N-1wr}\}$$

式中，TOD_{N-1wr}是从松刹车开始到飞机高于起飞表面上空 4.6m（15ft）所覆盖

的距离，并确保飞机在起飞表面上空达到 35ft 之前就达到 V_2 速度（假设关键发动机的故障在 V_{EF} 时发生，在 V_1 时被判明，并选择继续起飞），参见图 3.12。

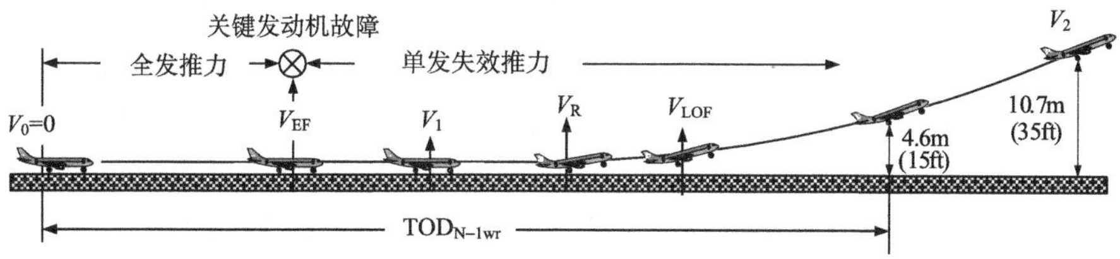

图 3.12　湿跑道一发故障需用起飞距离 TOD_{N-1wr}

2）需用起飞滑跑距离

确定需用起飞滑跑距离 TOR（take off run）时，要考虑机场是否具有净空道两种情况分别给出。

（1）无净空道。

对于无净空道的机场跑道，干或湿跑道情况下的需用起飞滑跑距离 TOR 均等于相应的需用起飞距离 TOD。

（2）有净空道。

对于有净空道的机场跑道，起飞滑跑距离需分干、湿跑道情况分别考虑。

① 干跑道上的需用起飞滑跑距离 TOR（记作 TOR_{dr}）取 1.15 倍的全发起飞滑跑距离（记作 TOR_{Ndr}）和一发停车时起飞滑跑距离（记作 TOR_{N-1dr}）两者中较大的值，即

$$TOR_{dr}=\max\{1.15TOR_{Ndr},\ TOR_{N-1dr}\}$$

式中，TOR_{Ndr} 是从松刹车点到 V_{LOF} 点（离地点）与飞机到达起飞表面上空 10.7m（35ft）点之间中点的距离；TOR_{N-1dr} 是从松刹车点到 V_{LOF} 点与飞机到达起飞表面上空 35ft 点之间中点的距离（假设关键发动机的故障在 V_{EF} 时发生，在 V_1 时被判明，并继续起飞），参见图 3.13。

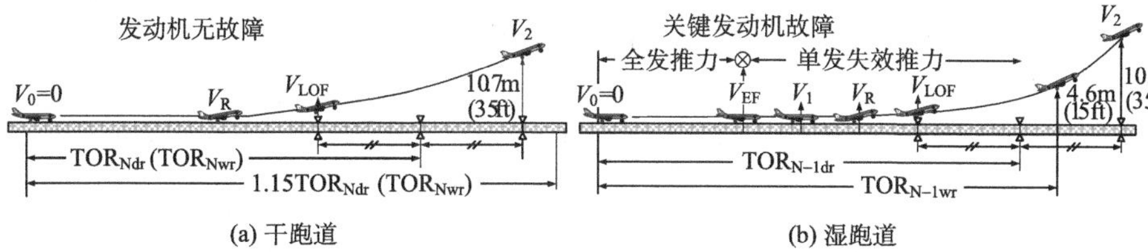

图 3.13　有净空道时的需用起飞滑跑距离

② 湿跑道上的需用起飞滑跑距离 TOR（记作 TOR_{wr}）取 1.15 倍的湿跑道

全发起飞滑跑距离（记作 TOR_{Nwr}）和一发停车时湿跑道起飞滑跑距离（记作 TOR_{N-1wr}）两者中较大的值，即

$$TOR_{wr}=\max\{1.15TOR_{Nwr},\ TOR_{N-1wr}\}$$

式中，TOR_{Nwr}是从松刹车点到 V_{LOF}点（离地点）与飞机到达起飞表面上空 35ft 点之间中点的距离；TOR_{N-1wr}是从松刹车开始到飞机高于起飞表面上空 4.6m (15ft) 所覆盖的距离，并确保飞机在起飞表面上空达到 10.7m（35ft）之前就达到 V_2 速度（假设关键发动机的故障在 V_{EF}时发生，在 V_1 时被判明，并继续起飞），参见图 3.12。

3）需要的加速停止距离

需要的加速停止距离 ASD（accelerate-stop distance，亦称中断起飞距离）是指在飞机起飞地面滑跑过程中，如果一发故障并按标准程序中断起飞，飞机从速度为零开始加速滑跑到一台发动机停车，飞行员判明并采取相应的制动程序使飞机完全停下来所需的跑道长度，或特殊情况的全发中断起飞所需要的跑道长度，一般要考虑干、湿跑道两种情况分别给出。

(1) 干跑道需要的加速停止距离（记作 ASD_{dr}）是取全发加速停止距离（记作 ASD_{Ndr}）和一发停车加速停止距离（记作 ASD_{N-1dr}）中较大的，即

$$ASD_{dr}=\max\{ASD_{Ndr},\ ASD_{N-1dr}\}$$

式中，全发加速停止距离 ASD_{Ndr}是下列三段距离之和，第一段距离是从松刹车点到飞机加速到 V_1（所有发动机都工作）经过的距离，第二段距离是以速度 V_1 滑跑 2s 的距离，第三段距离是由 V_1 速度点（假定飞行员在 V_1 时采取了第一个中断起飞的动作，并且所有发动机都工作）使飞机完全停下来所经过的距离，如图 3.13所示。一发停车加速停止距离 ASD_{N-1dr}是下列四段距离之和，第一段距离是从松刹车点到所有飞机都工作时将飞机加速到 V_{EF}速度点的距离，第二段距离是从 V_{EF}加速到 V_1（通常约定 V_{EF}和 V_1 之间的延迟为 1s）所经过的距离（假定关键发动机在 V_{EF} 发生故障而且飞行员在 V_1 时采取了第一个中断起飞的动作），第三段距离是以恒定的 V_1 速度运动 2s 所覆盖的距离，第四段距离是飞机由 V_1 速度到完全停下来所经过的距离，参见图 3.14。

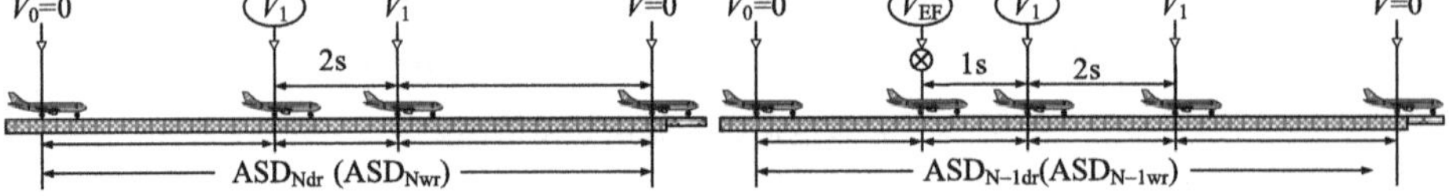

图 3.14 干或湿跑道情况下要求的加速停止距离 ASD（中断距离）

（2）湿跑道上的加速停止距离（记作 ASD_{wr}）按下式取

$$ASD_{wr} = \max\{ASD_{dr},\ ASD_{N-1wr},\ ASD_{Nwr}\}$$

式中，ASD_{dr}为干跑道需要的加速停止距离；ASD_{Nwr}和 ASD_{N-1wr}分别为湿跑道的全发加速停止距离和一发停车加速停止距离，其规定的长度除跑道为湿的之外，其余的与相应的干跑道的相同（图 3.14）。

3. 可用起飞跑道和需用起飞跑道

1）可用起飞跑道和需用起飞跑道的关系

为了确保起飞安全，起飞时必须满足

（1）需用起飞距离 TOD≤可用起飞距离 TODA。

（2）需用起飞滑跑距离 TOR≤可用起飞滑跑距离 TORA。

（3）需要加速停止距离 ASD≤可用加速停止距离 ASDA。

2）关于可用起飞跑道的修正

飞机起飞时在从滑行道到起飞跑道并对准跑道中心线的过程中，通常需要经过一个 90°或 180°的转弯，期间需要损失一定的可用跑道长度，因此可用跑道需要减掉一个修正量。可用起飞距离 TODA、可用起飞滑跑距离 TORA 的修正量是从起飞一端跑道头到飞机主轮的初始距离，如图 3.15 中的 *A* 段长度，这是因为起飞航道段的结束高度 10.7m（35ft）是从主轮开始测量的；可用加速停止距离 ASDA 的修正量是从起飞一端跑道头到飞机前轮的初始距离，如图 3.15 中的 *B* 段长度，因为中断起飞完全停下来时要求飞机前轮位于跑道或停止道之上。

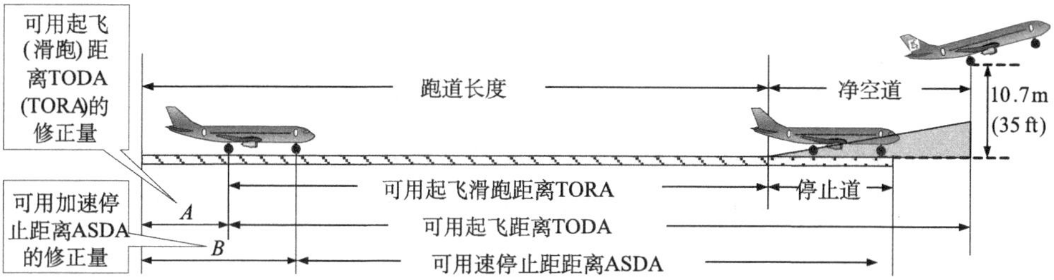

图 3.15　可用跑道的修正量

3.2　全发起飞场道阶段的性能

3.2.1　全发起飞的跑道性能

飞机全发起飞的场道阶段包括地面不断加速滑跑到 V_{LOF} 速度离地，并爬升至离跑道 10.7m（35ft）达到 V_2 速度所覆盖的水平距离，飞机全发起飞距离 TOD_N、起飞滑跑距离 TOR_N 均包含实际地面滑跑距离和空中段对应的水平距离两部分之和。

1. 飞机起飞地面滑跑段距离

飞机在地面加速滑跑时，其受到的外力包括升力 L、阻力 D、发动机推力 T、地面的支撑力 N、摩擦力 F，起飞地面滑跑阶段通常认为飞机的迎角、发动机的安装角均为小量。当实际机场跑道若无坡度时，受力情况如图 3.16（a）所示；实际机场跑道若具有坡度 φ_r 时，受力情况如图 3.16（b）所示。

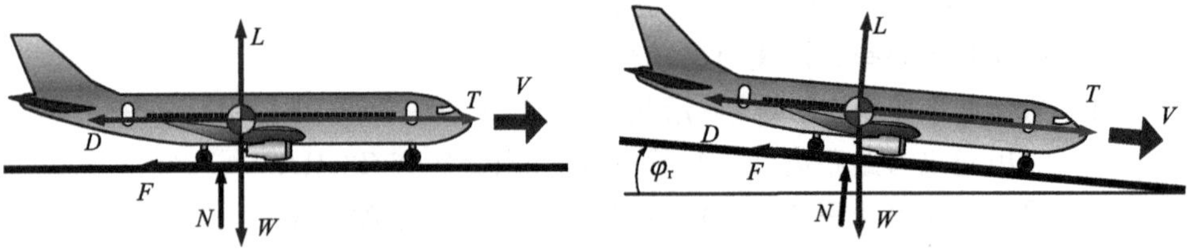

(a) 跑道无坡度的情况　　(b) 跑道具有坡度(φ_r)的情况

图 3.16　飞机起飞地面滑跑阶段受力分析

1）机场跑道无坡度并假定无风时的全发起飞的滑跑距离计算

当不考虑风和跑道坡度时，飞机地面滑跑受力情况如图 3.16（a）所示，可得

$$\begin{cases}\dfrac{W}{g}\dfrac{\mathrm{d}V}{\mathrm{d}t}=T-D-F \\ W=L+N\end{cases} \tag{3.2a}$$

而跑道的摩擦力 F 为

$$F=\mu N=\mu(W-L) \tag{3.3a}$$

式中，μ 为跑道摩擦系数。将式（3.3a）带入式（3.2a）并整理可得地面滑跑的加速度 a 为

$$a=\frac{\mathrm{d}V}{\mathrm{d}t}=\frac{g}{W}\left[T-\mu W-\frac{\rho V^2}{2}S_{\mathrm{W}}(C_{\mathrm{D}}-\mu C_{\mathrm{L}})\right] \tag{3.4a}$$

式中，S_{W} 为机翼的面积。

飞机地面滑跑时的滑跑距离记为 R_{G}，则有 $\mathrm{d}R_{\mathrm{G}}=V_{\mathrm{G}}\mathrm{d}t=V_{\mathrm{G}}\mathrm{d}V/a$，因此飞机地面起飞滑跑阶段由速度 $V_0=0$ 加速到离地速度 V_{LOF} 的滑跑距离为

$$R_{\mathrm{G}}=\int_{V_0}^{V_{\mathrm{LOF}}}\frac{V}{a}\mathrm{d}V \tag{3.5a}$$

将式（3.4a）带入式（3.5a）中，可得飞机地面起飞滑跑距离计算公式为

$$R_G=\int_{V_0}^{V_{LOF}}\frac{W}{g}\cdot\frac{V}{T-\mu W-\frac{\rho V^2}{2}S_W(C_D-\mu C_L)}dV \tag{3.6a}$$

为了便于估算，式（3.6a）中引入“换算摩擦系数”μ'，其值为

$$\mu'=\mu+\frac{\rho V^2 S_W}{2W}(C_D-\mu C_L) \tag{3.7}$$

在实际近似计算起飞滑跑距离时，可以将地面滑跑期间发动机的推力取平均值并视为常数，同样换算摩擦系数也取其平均值并看作常数，于是由式（3.6a）可得飞机地面滑跑距离的近似估算公式

$$R_G=\frac{V_{LOF}^2}{2g(T/W-\mu')} \tag{3.8a}$$

飞机从开始起飞滑跑 $V_0=0$ 加速到离地速度 V_{LOF} 离地的时间称为全发起飞滑跑时间，记为滑跑距离 t_G，在近似估算时一般取（V_0+V_{LOF}）/2=$V_{LOF}/2$ 作为地面滑跑时的平均速度，则有

$$t_G=\frac{R_G}{V_{LOF}/2}=\frac{V_{LOF}}{g(T/W-\mu')} \tag{3.9}$$

例 3-1　已知某双发飞机，机翼面积 980ft^2，起飞重量 55000kg，起飞时使用襟翼偏度 5°，离地迎角 11°，不同起飞构型和迎角时的升力系数如图 3.6 所示。机场气压高度 2000ft，气温 20℃。又已知单台发动机的平均推力为 75400N，换算摩擦系数 $\mu'=0.03$。试求飞机起飞离地的真空速 V_{LOF}、地面滑跑距离 R_G 与时间 t_G。

解　由标准大气表可知机场气压高度 2000ft 的大气压强为 94189.4Pa，大气密度为

$$\rho=\frac{P}{RT}=\frac{94189.4}{287\times(273.15+20)}=1.1195\text{kg/m}^3$$

由图 3.6 可查得襟翼偏度 5°，离地迎角 11°时的升力系数为 1.45，根据式（3.1）可得

$$V_{LOF}=\sqrt{\frac{2\times 55000\times 9.80665}{1.1195\times 980\div 3.28^2\times 1.45}}$$
$$=85.41\text{m/s}(307.49\text{km/h}，280.59\text{ft/s}，166.03\text{kn})$$

由式（3.7）可得

$$R_G=\frac{85.41^2}{2\times 9.80665[2\times 75400/(55000\times 9.80665)-0.03]}=1490.2\text{m}(4887\text{ft})$$

由式（3.9）可得 $t_G=34.9\text{s}$。

2) 跑道具有坡度 (φ) 并有风时的起飞滑跑距离

当考虑跑道具有坡度 (φ) 并有风时飞机地面滑跑的受力情况如图 3.16 (b) 所示，由此可得

$$\begin{cases}\dfrac{W}{g}\dfrac{\mathrm{d}V}{\mathrm{d}t}=T-D-F-W\sin\varphi \\ W\cos\varphi=L+N\end{cases} \tag{3.2b}$$

式中，φ 为跑道的坡度，当飞机沿坡度向下滑跑时取负值，沿跑道坡度向上滑跑时取正值。而跑道的摩擦力 F 为

$$F=\mu N=\mu(W\cos\varphi-L) \tag{3.3b}$$

由于跑道的坡度 φ 为小量，可取 $\cos\varphi\approx1$，$\sin\varphi\approx\varphi$，将式 (3.3b) 带入式 (3.2b)并整理可得地面滑跑的加速度 a 为

$$a=\frac{\mathrm{d}V}{\mathrm{d}t}=g\left\{\frac{T}{W}-\left[\mu+\frac{\rho V^2}{2}S_{\mathrm{W}}(C_{\mathrm{D}}-\mu C_{\mathrm{L}})\right]-\varphi\right\} \tag{3.4b}$$

飞机地面滑跑阶段由地速 V_{G1} 到地速 V_{G2} 的地面滑跑距离为

$$R_{\mathrm{G}}=\int_{V_{\mathrm{G1}}}^{V_{\mathrm{G2}}}\frac{V_{\mathrm{G}}}{a}\mathrm{d}V \tag{3.5b}$$

地面沿跑道方向的风速度分量记为 V_{W} (规定顺风起飞取负值，逆风起飞取正值)，则 $V_{\mathrm{G}}=V-V_{\mathrm{W}}$，并将式 (3.4b) 一并带入式 (3.5b) 中，可得飞机地面起飞滑跑阶段由速度 $V_0=0$ 加速到离地速度 V_{LOF} 的滑跑距离为

$$R_{\mathrm{G}}=\int_{V_0}^{V_{\mathrm{LOF}}}\frac{W}{g}\cdot\frac{V-V_{\mathrm{W}}}{T/W-[\mu+(C_{\mathrm{D}}-\mu C_{\mathrm{L}})S_{\mathrm{W}}\rho V^2/2]-\varphi}\mathrm{d}V \tag{3.6b}$$

同样引入“换算摩擦系数”μ'后，可得起飞滑跑距离的近似估算公式

$$R_{\mathrm{G}}=\frac{(V_{\mathrm{LOF}}-V_{\mathrm{W}})^2}{2g(T/W-\mu'-\varphi)} \tag{3.8b}$$

2. 飞机起飞空中段距离计算

飞机起飞从离地瞬间爬升到 10.7m (35ft) 并且速度不小于 V_2 所经过的水平距离记作 R_{A}，称为起飞空中段距离，如图 3.17 所示。离地后飞机受到的外力

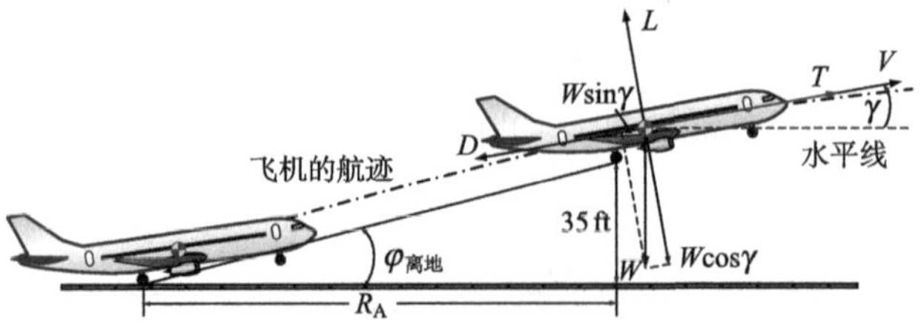

图 3.17 飞机起飞空中段受力分析

包括升力 L、阻力 D 和发动机推力 T，如图 3.17 所示。飞机离地后的运动方程由图 3.17 可得

$$\begin{cases} \dfrac{\mathrm{d}V}{\mathrm{d}t}=\dfrac{g}{W}(T-D-W\sin\gamma) \\ \dfrac{\mathrm{d}\gamma}{\mathrm{d}t}=\dfrac{g}{W}\dfrac{1}{V}(L-W\cos\gamma) \\ \dfrac{\mathrm{d}R_{\mathrm{A}}}{\mathrm{d}t}=V\cos\gamma \\ \dfrac{\mathrm{d}H}{\mathrm{d}t}=V\sin\gamma \end{cases} \tag{3.10}$$

式中，H 为起飞场道阶段飞机距离跑道的高度。式（3.10）可以数值积分计算空中段的距离。由于起飞阶段航迹倾角 γ 很小，飞机的法向加速度亦很小，因此可以近似取 $\mathrm{d}\gamma/\mathrm{d}t\approx 0$，$\cos\gamma\approx 1$，从而飞机爬升航迹的距离近似等于对应的水平距离。则由式（3.10）可得

$$R_{\mathrm{A}}=\frac{W}{2g}\int_{V_{\mathrm{LOF}}^2}^{V_2^2}\frac{1}{T-D-W\sin\gamma}\mathrm{d}V^2$$

在实际计算时，空中段距离也可以根据能量守恒原理近似计算。飞机离地后爬升至 10.7m（35ft），能量的改变量等于外力所做的功（图 3.17），可得

$$\left(WH_2+\frac{1}{2}\frac{W}{g}V_2^2\right)-\frac{1}{2}\frac{W}{g}V_{\mathrm{LOF}}^2=\int_0^{R_{\mathrm{A}}}(T-D)\frac{\mathrm{d}R}{\cos\varphi_{离地}}$$

式中，$H_2=10.7\mathrm{m}$（35ft）；由于飞机航迹与跑道的夹角 $\varphi_{离地}$ 较小，可以近似取 $\cos\varphi_{离地}\approx 1$；$T-D=\Delta T$ 称为剩余推力，取平均值 $(T-D)_{\mathrm{AV}}=\Delta T_{\mathrm{AV}}$ 近似为常数，则由上式可得近似计算公式

$$R_{\mathrm{A}}=\frac{W}{\Delta T_{\mathrm{AV}}}\left(\frac{V_2^2-V_{\mathrm{LOF}}^2}{2g}+H_2\right) \tag{3.11}$$

3. 飞机起飞跑道计算

飞机的全发需用起飞距离 $\mathrm{TOD_N}$、起飞滑跑距离 $\mathrm{TOR_N}$ 分别为

$$\mathrm{TOD_N}=115\%(R_{\mathrm{G}}+R_{\mathrm{A}}) \tag{3.12}$$

$$\mathrm{TOR_N}=115\%(R_{\mathrm{G}}+R_{\mathrm{A}}/2) \tag{3.13}$$

3.2.2 影响全发起飞跑道的因素

通常由于起飞空中段距离相对较短，因此影响全发起飞距离的因素主要考虑的是对地面距离的影响，包括飞机重量、襟翼偏度、机场标高和温度、跑道坡度、风等。

1. 飞机起飞重量的影响

飞机的起飞重量越大，起飞滑跑距离越长。由于飞机起飞时受限于擦尾角，因此飞机的离地姿态（迎角）基本保持不变，由式（3.1）可知飞机的起飞重量越大则离地速度 V_{LOF} 越大，同时飞机的起飞重量越大则地面滑跑时的加速度将减小，因此地面滑跑距离随重量的增大而增加。将式（3.1）带入式（3.8a）可得

$$R_G = \frac{W}{g\rho S C_{L_{LOF}}(T/W - \mu')}$$

通常 T/W 远大于 μ'，可得

$$\frac{dR_G}{R_G} = 2\frac{dW}{W} \tag{3.14}$$

可见起飞重量增加 1%，则地面滑跑距离将增加 2%。

2. 飞机的起飞襟翼的影响

飞行员在起飞时需要放一定角度的襟翼，目的在于提高升力系数 C_{LOF}，从而可以使飞机的离地速度减小，进而可以缩短起飞距离。但是通常对于同一架飞机襟翼偏度大，在增加升力系数的同时其阻力系数会增加得更多，即其升阻比会减小，因此大的起飞襟翼偏度在缩短起飞距离的同时，会使飞机离地后的爬升梯度减小。在确定起飞襟翼时需要根据具体情况选择。

3. 机场标高和温度的影响

起飞机场的标高越高、温度越高，则飞机的需用起飞（滑跑）距离越长。机场标高较高和温度较高时，空气的密度将减小，这既会使得发动机的推力降低因而使飞机滑跑的加速度减小，同时又使得相同起飞重量飞机的离地速度增加，因此需用起飞（滑跑）距离会增加。

4. 机场跑道坡度的影响

跑道坡度（φ_r）通常用跑道两端的落差除以跑道长度的百分数表示。参见图 3.16（b）和式（3.2b）的第一式可知，当飞机下坡起飞滑跑时，重力的分量 $W\sin\varphi_r$ 与速度方向相同，因此飞机的加速度会更大，因此起飞距离会减小；反之上坡起飞则会增加起飞距离。

5. 风的影响

飞机起飞地面滑跑距离取决于地速（V_G），且 $V_G = V_{CAS} - V_W$（其中 V_{CAS} 是用校正空速表示的表速，V_W 是风速），由此可见当保持表速 V_{CAS} 一定时，逆风滑跑情况下飞机离地的地速小，所以起飞（滑跑）距离比无风或顺风时短，因此飞行起飞方向应尽量选择逆风方向进行。为了保证起飞安全和足够的安全裕量，CCAR 要求在计算地面性能时，要以保守的观点进行风修正，即用逆风分量的 50%或顺风分量的 150%作为修正风来计算起飞和着陆性能。手册中的图表都是

按照这个要求来制定的。

3.3　单发停车起飞场道阶段的性能

为了确保飞机起飞滑跑阶段单发停车时的安全飞行，起飞前机组准备工作的重要内容之一是要确定决断速度 V_1，其依据是飞机的起飞重量与推力、实际起飞机场跑道及气象条件等。

3.3.1　中断起飞性能

1. 中断起飞所需的加速停止距离

中断起飞所需的加速停止距离包括全发加速滑跑段 A、过渡段 D 和制动段 E 三部分，参见图 3.18。

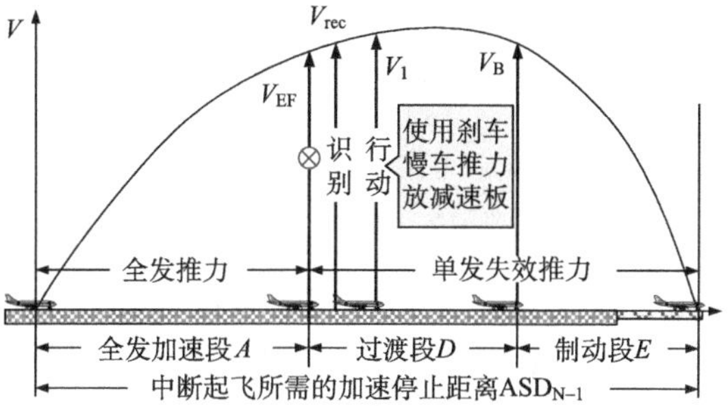

图 3.18　中断起飞加速停止距离与速度关系

(1) 全发加速滑跑段 A 是从开始滑跑到关键发动机故障速度 V_{EF}，该段的距离计算可以利用式 (3.8a) 得到，即

$$A=\frac{V_{EF}^2}{2g(T/W-\mu')} \tag{3.15}$$

(2) 过渡段 D 是从关键发动机失效速度 V_{EF} 到机组判定或识别发动机失效速度 V_{rec}，并决定中断起飞且在速度 V_1 采取制动程序，到完成使用刹车、将工作的发动机改为慢车推力、打开减速板等措施为止，记此时刻飞机的速度为 V_B；在过渡段期间速度 V_{EF}、V_{rec}、V_1、V_B 等都比较接近，因此过渡段 D 可按下式计算

$$D=\Delta t\times V_{rec} \tag{3.16}$$

式中，Δt 是过渡段的时间，通常平均取 4s 计算。

(3) 制动段 E 是从 V_B 速度开始直到在制动系统的作用下在跑道上完全停下

来为止，该段的距离计算可以利用式（3.7a）得到，即

$$E=\frac{V_B^2}{2g(\mu_{bs}-T_{IDLE}/W)} \tag{3.17}$$

式中，μ_{bs}是采取制动措施之后的摩擦系数；T_{IDLE}是剩余发动机的慢车推力之和。

由式（3.15）～（3.17）可得中断起飞所需的加速停止距离为

$$ASD_{N-1}=\frac{V_{EF}^2}{2g(T/W-\mu')}+\Delta t\cdot V_{rec}+\frac{V_B^2}{2g(\mu_{bs}-T_{IDLE}/W)} \tag{3.18}$$

2. 中断起飞时的限制

任何机场的可用加速停止距离 ASDA 都是一定的，安全起飞的条件是需用加速停止距离 ASD 小于或等于可用加速停止距离 ASDA。在同一机场起飞时，飞机在中断起飞时需要的加速停止距离主要取决于飞机的起飞重量和 V_1 速度（识别速度 V_{rec}）。

1）V_1 对需用加速停止距离 ASD 的影响

“决断（行动）速度”V_1 对需用加速停止距离 ASD 的影响特性参见图 3.19。由于 V_1 速度越大则飞机加速到该速度的滑跑距离（即加速停止距离中的 A 段距离）就越大，同时由 V_1 速度减速停止的距离（即加速停止距离中的 E 段距离）也越大，过渡段的距离 D 也会增加，因此 V_1 速度越大需用加速停止距离 ASD 也越大。图 3.19 中的 V_{1max} 就是中断起飞时的最大“决断（行动）速度”，超过该速度需用加速停止距离 ASD 将大于可用加速停止距离 ASDA。

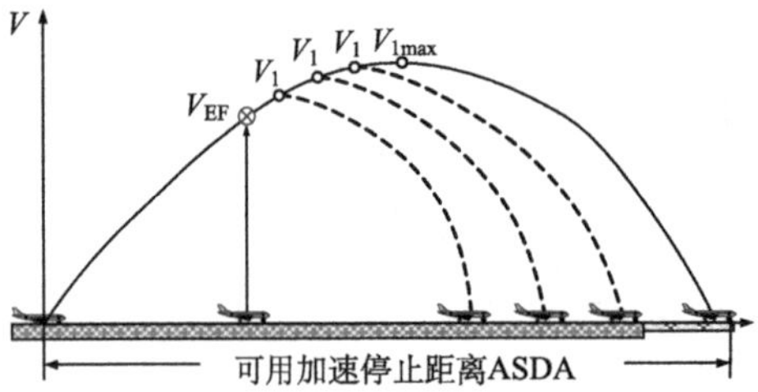

图 3.19 中断起飞的最大速度

2）起飞重量对需用加速停止距离 ASD 的影响

在相同的起飞机场，V_1 速度一样时，起飞重量越大，中断起飞的需用距离 ASD_{N-1}越长（图 3.20）。这是因为起飞重量越大，则全发加速段（即加速停止距离中的 A 段）的加速度越小，因此加速到 V_1 速度的距离更大，同样由 V_1 速度减速到停止阶段（即加速停止距离中的 E 段）的减速度也越小，故其减速段距离 E 也更大，所以起飞重量越大，中断起飞的需用距离 ASD_{N-1}越长；同理起飞重量越大，中断起飞的最大“决断（行动）速度”V_{1max}越小（图 3.20）。

3.3.2 继续起飞性能

1. 继续起飞的需用起飞距离与起飞滑跑距离

在飞机的起飞阶段，一发失效后继续起飞的需用起飞距离和需用起飞滑跑距

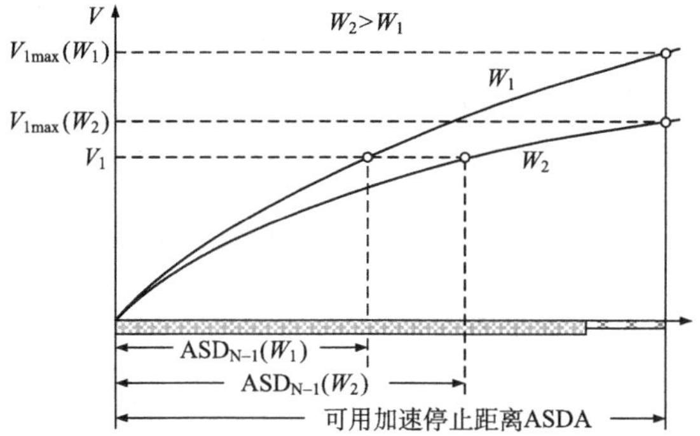

图 3.20　起飞重量对加速停止距离 ASD_{N-1} 及中断起飞最大速度 V_{1max} 的影响

离通常是由全发加速滑跑段 A、一发失效后加速滑跑段 B 和空中飞行段 C 三部分组成，如图 3.21 所示。

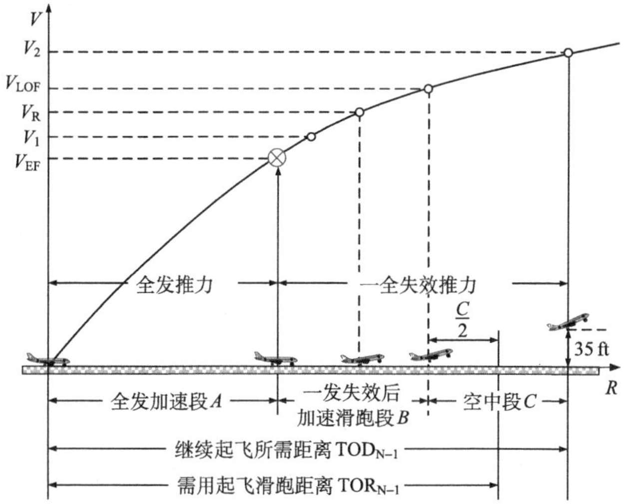

图 3.21　继续起飞所需距离与速度的关系

(1) 全发加速滑跑段 A 是从跑道端头起飞开始滑到关键发动机故障速度 V_{EF}，该段距离的计算可以仿照式 (3.8a) 同样得到，即

$$A=\frac{V_{EF}^2}{2g(T/W-\mu')} \tag{3.19}$$

(2) 一发失效后加速滑跑段 B 是从关键发动机失效速度 V_{EF} 到机组判定或识

别发动机失效速度 V_{rec}，并决定继续起飞且在速度 V_1 采取继续起飞程序，到用一发失效后的推力加速到离地速度 V_{LOF}，飞机离地为止。该段距离的计算可以利用式（3.6a）将其中的发动机推力改为一发失效后的推力，可利用数值积分的方法计算，也可以利用能量守恒原理近似估算，由于

$$\frac{1}{2}\frac{W}{g}V_{LOF}^2-\frac{1}{2}\frac{W}{g}V_2^2=\int_0^B(T_{N-1}-D-F)\mathrm{d}R \tag{3.20}$$

式中，T_{N-1} 为一发失效后的推力。而

$$T_{N-1}-D-F=T_{N-1}-D-\mu(W-L)=T_{N-1}-\mu W-\frac{\rho V^2}{2}S_W(C_D-\mu C_L)$$

$$=T_{N-1}-W\left[\mu-\frac{\rho V^2}{2W}S_W(C_D-\mu C_L)\right]$$

同样引入“换算摩擦系数”记其为 μ''，即

$$\mu''=\mu+\frac{\rho V^2 S_W}{2W}(C_D-\mu C_L) \tag{3.21}$$

在实际近似计算该段滑跑距离时，可以将地面滑跑期间的一发失效后的发动机推力和换算摩擦系数取平均值并看作常数，于是由式（3.20）可得飞机地面滑跑距离的近似估算公式

$$B=\frac{V_{LOF}^2-V_{EF}^2}{2g\left(\dfrac{T_{(N-1)AV}}{W}-\mu''\right)} \tag{3.22}$$

式中，$T_{(N-1)AV}$ 为一发失效后的平均推力。

（3）空中段 C 是从 V_{LOF} 速度开始直到加速到离跑道 35ft 并达到 V_2 速度，该段的距离计算可以利用式（3.10）数值积分计算，也可以参照式（3.11）得

$$C=\frac{W}{\Delta T_{(N-1)AV}}\left(\frac{V_2^2-V_{LOF}^2}{2g}+H_2\right) \tag{3.23}$$

式中，$\Delta T_{(N-1)AV}=(T_{N-1}-D)_{AV}$ 为一发失效后的平均剩余推力。

飞机一发失效继续起飞时的需用起飞距离 TOD_{N-1}、需用起飞滑跑距离 TOR_{N-1} 分别为

$$TOD_{N-1}=115\%(A+B+C) \tag{3.24}$$

$$TOR_{N-1}=115\%(A+B+C/2) \tag{3.25}$$

2. 一发失效继续起飞的限制

飞机一发失效继续起飞时必须满足：

（1）需用起飞距离 $TOD_{N-1}\leqslant$ 可用起飞距离 TODA。

（2）需用起飞滑跑距离 $TOR_{N-1}\leqslant$ 可用起飞滑跑距离 TORA。

任何机场的TODA和TORA都是一定的，因此在同一机场起飞时，飞机在继续起飞时会受到V_1速度（识别速度V_{rec}）和起飞重量的限制。

1）V_1对需用起飞（滑跑）距离的影响

当飞机的起飞重量一定时，“决断（行动）速度”V_1对需用起飞距离TOD_{N-1}的影响特性参见图3.22。由于V_1速度越大则飞机加速到V_{LOF}、离道面35ft达到V_2速度所需的距离越小。通常一发失效后能在跑道头或安全道头离道面10.7m（35ft）并达到V_2速度的最小滑跑速度称为继续起飞最小速度V_{1min}，如图3.22所示，即若“决断（行动）速度”小于该速度，则需用起飞距离将大于可用起飞距离。

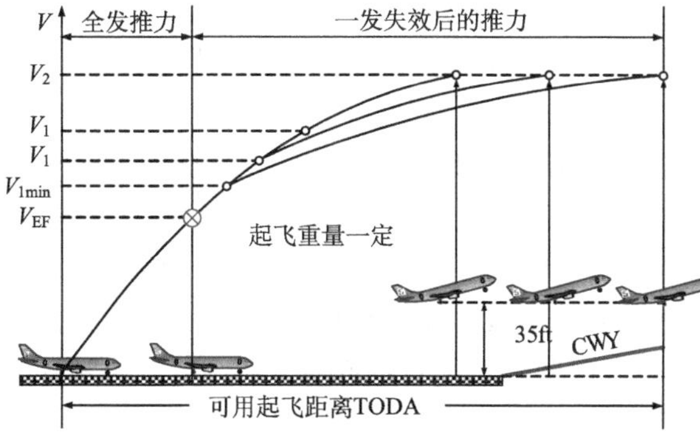

图3.22　继续起飞的最小速度V_{1min}

2）起飞重量对需用起飞距离的影响

在相同的起飞机场，V_1速度一样时，起飞重量越大，需用的继续起飞距离TOD_{N-1}越大（图3.23）。这是因为起飞重量越大，则全发加速段（即继续起飞距离中的A段）的加速度越小，因此加速到V_1速度的距离更大，同样由V_1速度继续起飞需要的加速滑跑距离也更长，所以起飞重量越大，需用的继续起飞距离TOD_{N-1}越长；同理起飞重量越大，继续起飞的最小“决断（行动）速度”V_{1min}越大（图3.23）。

3.3.3　平衡场长与平衡速度

在相同的起飞条件（机场、飞机状况）下，一发失效时起飞的加速停止距离和需用继续起飞距离与“决断速度”之间的关系如图3.24所示。由图3.24可见，当选择最大中断起飞速度V_{1max}作为“决断速度”时，一发失效后在该速度时采取中断起飞措施，所需的加速停止距离ASD_{N-1}（V_{1max}）刚好等于可用的加速停止距离ASDA。而由于该速度较大，若一发失效后在该速度时采取继续起飞

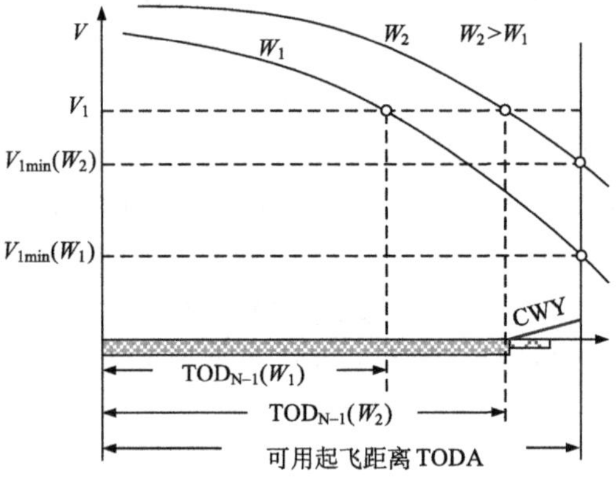

图 3.23 起飞重量对继续起飞距离 TOD_{N-1} 及继续起飞最小速度 V_{1min} 影响

措施，通常所需的继续起飞距离 TOD_{N-1}（V_{1max}）较短；当选择最小继续起飞速度 V_{1min} 作为“决断速度”时，一发失效后在该速度时采取继续起飞措施，所需的继续起飞距离 TOD_{N-1}（V_{1min}）刚好等于可用的起飞距离 TODA。而由于该速度较小，若一发失效后在该速度时采取中断起飞措施，通常所需的加速停止距离 ASD_{N-1}（V_{1min}）较短。因此，在给定的起飞条件下，“决断速度”选择［V_{1min}，V_{1max}］之间的任何速度都满足要求。由图 3.24 可见，当选择 V_{1BFL} 为“决断速

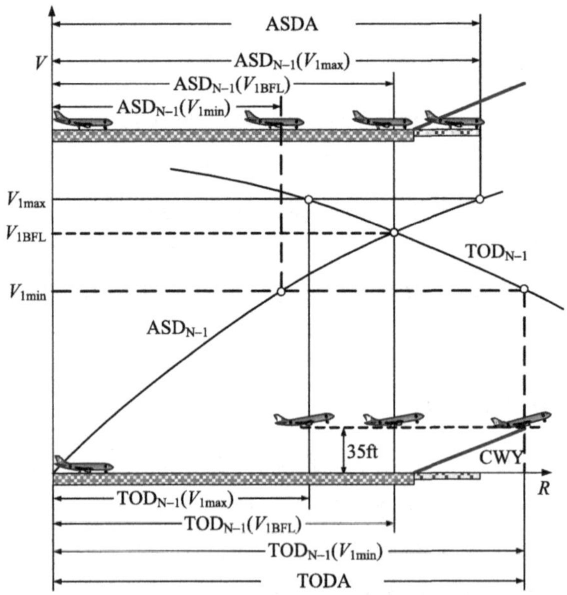

图 3.24 平衡场长与平衡速度

度”时，一发失效后的所需的加速停止距离 ASD_{N-1}（V_{1FBL}）与所需的继续起飞距离 TOD_{N-1}（V_{1FBL}）刚好相等，通常称此时跑道的长度为平衡场长，并称该“决断速度”V_{1BFL}为平衡速度。

3.3.4 起飞重量与决断速度的选择

1. 平衡场地长度法

平衡场地长度是指起飞时关键发动机失效后，按照需用中断起飞距离等于需用继续起飞距离确定的场地长度。把可用中断起飞加速停止距离等于可用继续起飞距离的跑道称为平衡跑道。否则称为非平衡场地长度或不平衡跑道。按平衡场地长度法确定起飞“决断速度”需要考虑飞机的实际起飞重量（图 3.25），可分为如下三种情况。

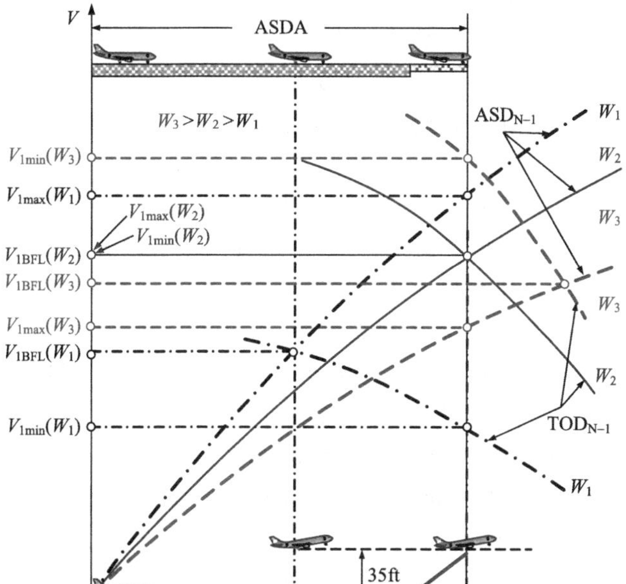

图 3.25 平衡场长与平衡速度

1）起飞重量较小

当飞机的起飞重量较小时（如图 3.25 中的点划线所示的 W_1 重量），其一发失效的继续起飞最小速度 V_{1min}（W_1）小于中断起飞的最大速度 V_{1max}（W_1），因此理论上选择其间的任何速度作为决断速度，都将满足起飞安全的要求。特别当选择图 3.25 中所示的 V_{1BFL}（W_1）为“决断速度”时，则需用加速停止距离等于继续起飞距离，称该距离为平衡场长，该速度为平衡速度。在实际选择时平衡速度必须满足：$V_{1BFL} \geqslant V_{MCG}$，$V_{1BFL} \leqslant V_R$，$V_{1BFL} \leqslant V_{MBE.}$。

2）场长限制的最大起飞重量

起飞时随着起飞重量的增加，一发失效后相同的“决断速度”所需的加速停止距离与继续起飞距离都将增加，当起飞重量增加到某一重量（如图 3.25 中的实线所示的 W_2 重量）时，选择平衡速度 V_{1BFL}（W_2）为“决断速度”，刚好满足需用加速停止距离等于继续起飞距离，且等于相应的加速停止距离和可用继续起飞距离。此时的“决断速度”仅有平衡速度 V_{1BFL}（W_2）可供选择，因为“决断速度”大于 V_{1BFL}（W_2）时需用中断起飞距离将大于可用起飞距离，则飞机只能继续起飞；“决断速度”小于 V_{1BFL}（W_2）时需用继续起飞距离将大于可用继续起飞距离，则飞机只能中断起飞。该重量即为场地长度限制的最大起飞重量。

3）大于场长限制的最大起飞重量

若飞机以大于场地长度限制的最大起飞重量起飞，如图 3.25 中的虚线所示的 W_3 重量时，其一发失效的继续起飞最小速度 V_{1min}（W_3）大于中断起飞的最大速度 V_{1max}（W_3），当选择“决断速度”大于 V_{1min}（W_3）时飞机只能继续起飞，因为该范围内的“决断速度”对应的需用加速停止距离大于可用加速停止距离；当选择“决断速度”小于 V_{1max}（W_3）时飞机只能中断起飞，因为该范围内的“决断速度”对应的需用继续起飞距离大于可用继续起飞距离；当选择“决断速度”介于 V_{1max}（W_3）和 V_{1min}（W_3）之间时，飞机继续起飞和中断起飞都不满足要求。因此不允许飞机以大于场地长度限制的最大起飞重量起飞。

2. 起飞速度和起飞重量相关图表简介

在实际应用中，从飞机的飞行手册可以查出不同起飞重量、起飞襟翼位置、机场的标高与温度、风和跑道坡度等情况时，以平衡速度作为“决断速度”V_1 的数据，如图 3.26 所示。其使用方法参见下例。

例 3-2 已知某飞机起飞机场的气压高度：4000ft，气温：32°C，起飞襟翼：1，跑道：上坡−2%，风：逆风分量 30kn；跑道长度 9200ft。根据该飞机的平衡场地长度限制的最大起飞重量图（图 3.26）和起飞速度 $V_1/V_R/V_2$ 图（图 3.27），试确定：

（1）跑道限制的最大起飞重量和跑道限重时对应的 $V_1/V_R/V_2$。

（2）若实际起飞重量为 60000kg，确定该重量对应的 $V_1/V_R/V_2$。

解 （1）根据图 3.26 和图 3.27，具体确定跑道限制的最大起飞重量和跑道限重时对应的 $V_1/V_R/V_2$ 的方法如下。

- 确定跑道限制的最大起飞重量（图 3.26）的步骤。

① 根据机场温度和气压高度确定跑道长度限制的区域。

由机场温度 32°C（参见图 3.26 的左上部分）即 A 点向上作垂线至机场压力高度曲线得 B 点，由 B 点作水平线至限重区域（参见图 3.26 的右上部分）的参

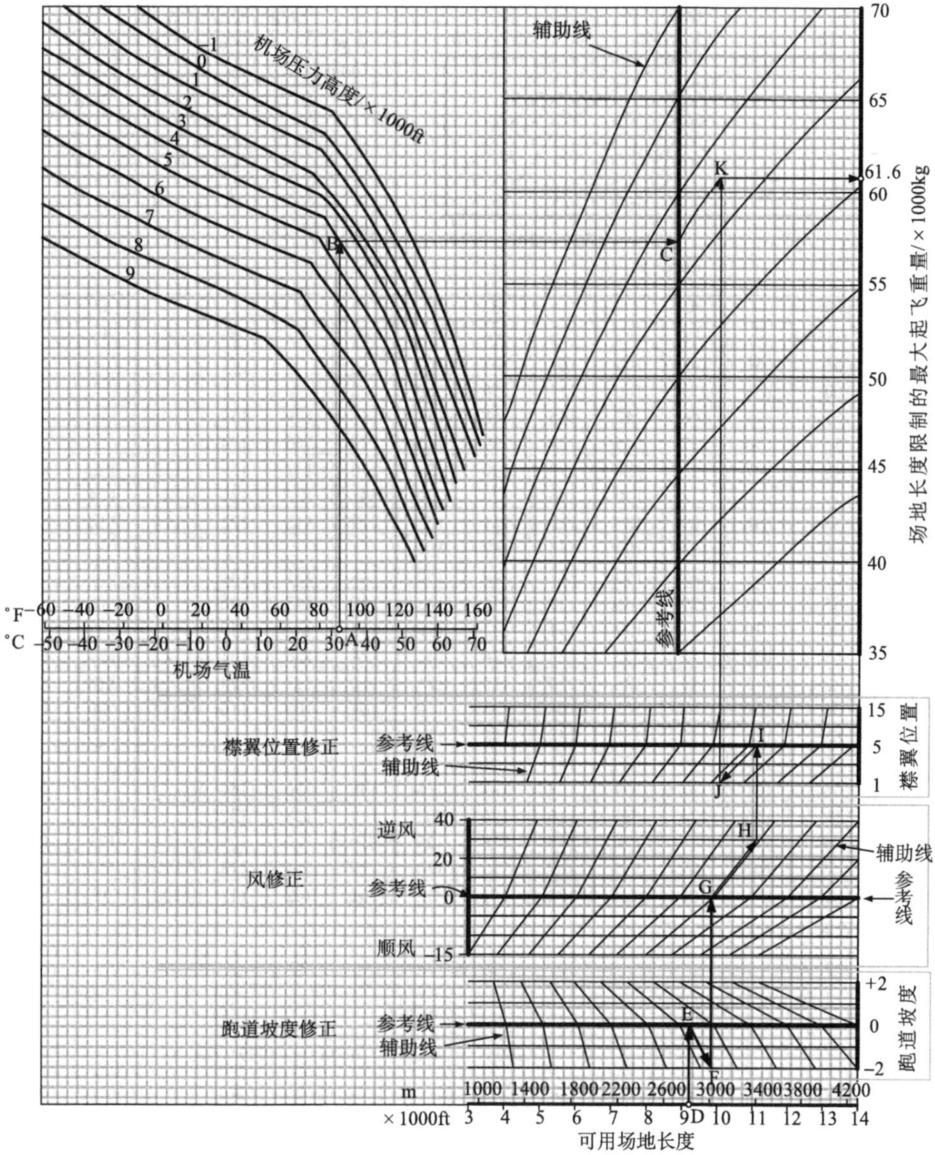

图 3.26 某型号飞机平衡场地长度限制的最大起飞重量图

考线得 C 点。

② 根据可用场地长度分别做跑道坡度、风、襟翼位置修正。

由跑道长度 9200ft 即 D 点向跑道坡度修正区域作直线至参考线得 E 点，由 E 点沿着辅助线的斜率修正－2％的坡度到 F 点（若无坡度则不需修正）；由 F 点向上作垂线至风修正图的参考线得 G 点，由 G 点按照辅助线的斜率修正至逆

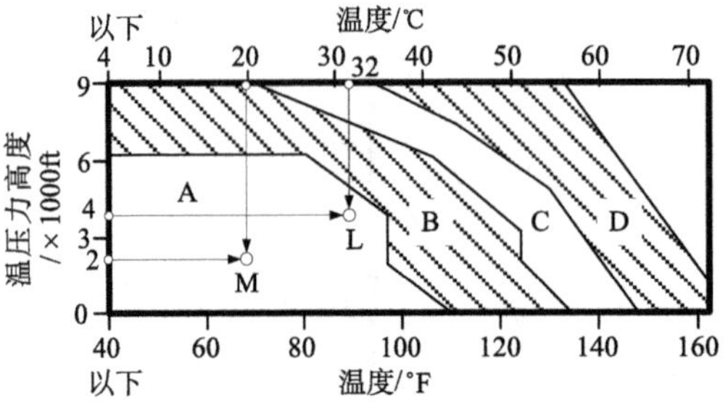

坡度/风对V_1的影响						
重量/×1000kg	坡度			风/kn		
	−2	0	2	−15	0	40
65	−2	0	3	−2	0	1
55	−2	0	1	−3	0	1
45	−2	0	0	−3	0	0
35	−2	0	1	−3	0	0

* V_1不能超过V_R。

襟翼	重量/×1000kg	A			B			C			D		
		V_1	V_R	V_2	V_1	V_R	V_2	V_1	V_R	V_2	V_1	V_R	V_2
1	65	161	163	166	161	164	167						
	60	153	155	160	153	156	160						
	55	144	146	152	145	148	152	147	149	152			
	50	136	137	145	137	139	145	139	140	144			
	45	127	128	137	128	130	137	130	131	137	132	133	136
	40	116	118	130	116	120	129	121	122	129	123	124	128
	35	109	109	122	110	111	122	111	112	121	114	114	120
5	65	153	156	159	154	157	159						
	60	146	148	153	147	149	152	148	151	154			
	55	138	139	146	139	141	145	140	143	146			
	50	130	131	139	131	133	138	133	134	139			
	45	121	122	132	123	124	132	124	126	131	127	127	131
	40	113	113	125	114	115	125	116	117	124	118	118	124
	35	108	104	118	105	106	118	107	108	116	109	109	116
15	65	146	147	152	148	148	151						
	60	139	140	145	141	141	145						
	55	131	132	139	133	134	138	136	136	138			
	50	124	124	132	126	126	132	128	128	132			
	45	115	116	126	118	118	125	119	120	125	121	121	125
	40	107	108	119	109	110	119	110	111	118	112	112	110
	35	98	100	113	100	101	112	101	102	111	103	103	110

* 在阴影区时检查V_{MCG}($V_1>V_{MCG}$)。

最小的V_{MCG}

ACTUAL OAT		压力高度/ft				
℃	°F	0	2000	4000	6000	8000
55	131	100	97			
50	122	102	100	98	93	
40	104	107	104	103	99	94
30	86	110	108	108	103	97
20	68	111	109	108	106	101
10	50	111	109	109	106	102
−50	−58	112	110	110	107	103

图 3.27 某型号飞机的起飞速度 $V_1/V_R/V_2$ 图

风 30kn 得 H 点（若无风则不需修正）；由 H 点向上作垂线至襟翼位置修正区域的参考线得 I 点，由 I 点按照辅助线的斜率修正至襟翼位置 1（若起飞襟翼位置为5°则不需修正）得J点，由J点向起飞限重区域作垂线至第①步得到的C点所在的由相邻2条辅助线所围的区域，由C点按照辅助线的斜率作曲线与由J点所引的直线相交的K点，由K点作水平线至限重线可得61600kg。

- 确定以跑道限重起飞时对应的$V_1/V_R/V_2$。

① 根据机场压力高度和气温确定区域。

参见图3.27左上部分，分别由机场的气压高度4000ft和气温32°C作垂线相交于L点，该点落于A区域。

② 根据确定的区域、襟翼位置及起飞总重，查表读出$V_1/V_R/V_2$。

参见图3.27中间部分，根据起飞总重60000kg和65000kg（61600kg介于其间）、襟翼位置1，A区域对应的起飞速度如表3.1所示，经线性插值可得起飞总重61600kg对应的起飞速度为$V_1=155.56$kn，$V_R=157.56$kn，$V_2=161.92$kn。

表3.1　起飞速度

起飞重量/×1000kg	V_1	V_R	V_2
65	161	163	166
60	153	155	160

③ 根据风和跑道坡度来修正V_1（上坡为正，逆风为正）。

参见图3.27右上部分，当飞机的起飞总重为65000kg，逆风30kn时线性插值得修正量为+0.75kn；为60000kg，逆风30kn时线性插值得修正量为+0.75kn，因此起飞总重61600kg在逆风30kn时的修正量插值计算仍为+0.75kn。跑道坡度−2%时的修正量均为−2。因此经风和跑道坡度修正后$V_1=155.56+0.75-2=154.31$kn。

因此该飞机在给定条件下对应的起飞速度为$V_1=154.31$kn，$V_R=157.56$kn，$V_2=161.92$kn。

需要说明在查图3.27时，当高度与温度的交点落在两区域的交线上时，选交点的左边区域；若$V_1/V_R/V_2$落在图中阴影部分时，说明V_1有可能小于V_{MCG}，需要比较V_1和V_{MCG}并做修正。

例3-3　已知某飞机起飞机场的气压高度：2000ft，气温：20°C，起飞襟翼：5°，跑道：上坡1%，风：逆风分量20kn，起飞重量35000kg。试根据图3.27确定该飞机的起飞速度$V_1/V_R/V_2$。

解　(1) 根据机场的气压高度2000ft、气温20°C，得到M点位于图3.27左上方的A区域。

(2) 根据起飞总重35000kg、襟翼位置5°，在A区域查出$V_1=104$kn，V_R

$=104$kn，$V_2=118$kn。

（3）根据起飞总重35000kg、逆风分量20kn，可得风修正量为0；依据起飞总重35000kg、跑道坡度1%可得跑道坡度修正量0.5kn，修正后$V_1=104.5$kn。

（4）由于查出的$V_1/V_R/V_2$中的V_1位于阴影区，因此需检查V_1是否小于V_{MCG}。参见图3.27的最小的V_{MCG}可知气压高度2000ft、气温20°C时，$V_{MCG}=109$kn，为满足规章的要求$V_1 \geqslant V_{MCG}$，需要提高V_1，通常取$V_1 \geqslant V_{MCG}=109$kn；再检查$V_1$是否小于$V_R$，若小于则结束，本例中$V_1$取109kn后$V_1>V_R$（104kn），则还需要增加$V_R$，通常取$V_R=V_1=109$kn，这样$V_R$增加了5kn，该增加量也要加到$V_2$上，因此$V_2=123$kn。修正后有$V_1=109$kn，$V_R=109$kn，$V_2=123$kn。

3. 不平衡场地长度法

不平衡场地长度是指起飞时关键发动机失效后，需用中断起飞距离不等于需用继续起飞距离的场地长度。出现不平衡场长往往分为两类情况，一类是为满足起飞速度要求而造成的不平衡场地长度；另一类是指安全道与净空道不相等导致的机场的跑道为不平衡跑道。

1）调整起飞速度引起的非不平衡场地长度

在下列情况下，为了满足相关的要求，常常需要调整按平衡场长确定的起飞速度$V_1/V_R/V_2$，从而导致非不平衡场地长度。

（1）当飞机的起飞重量较小、机场气压高度较低时，按平衡场长条件计算出来的起飞速度V_1值较小（参见图3.27中的阴影区域），当出现$V_1<V_{MCG}$时，需要提高V_1速度不小于V_{MC}。V_1增大将使得需用加速停止距离增大，需用继续起飞距离减小；同时这种情况下，有时按平衡场长条件计算出来的起飞速度V_2值（参见图3.27中的阴影区域对应的V_2）较小，特别若$V_2<1.1V_{MCA}$时需要增加V_2到$1.1V_{MCA}$，这样将增大需用继续起飞距离。

（2）当飞机的起飞重量较大、机场气压高度较高时，按平衡场长条件计算出来的起飞速度V_1值较大（参见图3.27中的相应区域），特别当出现$V_1>V_{MBE}$时必须减小V_1以满足$V_1 \leqslant V_{MBE}$，这样将使得需用继续起飞距离增加、中断起飞距离减小；同时这种情况下，有时按平衡场长条件计算出来的起飞速度可能出现$V_1 \geqslant V_R$值较小，这时需要减小V_1速度以满足$V_1 \leqslant V_R$，这样将增大需用继续起飞距离、减小需用加速停止距离。

2）可用起飞距离与可用加速停止距离不相等导致的非不平衡场地长度

在由于机场的安全道与净空道不相等的不平衡跑道上起飞时，如果机场的跑道长度较长，可以按安全道和净空道较短的与跑道长度相加确定平衡跑道长度，根据平衡场地长度法确定起飞限重和起飞速度；如果机场的跑道长度较短，而为了增加起飞重量，通常使用非平衡场地长度法确定起飞速度。

(1) 可用继续起飞距离大于可用加速停止距离。

当机场的净空道的长度大于安全道的时候，就会使得可用继续起飞距离大于可用加速停止距离。这种情况下，如果按照平衡场长法确定最大起飞重量会较小，如图 3.28 所示的 W_1 重量即为场地长度限制的最大起飞重量，W_{1BFL} (W_1) 为对应的平衡速度。参见图 3.28，若选择 V_1 (W_2) ($<W_{1BFL}$ (W_1)) 速度作为“决断”速度，则最大的起飞重量为 W_2 ($>W_1$)，此时的需用加速停止距离(等于可用加速停止距离)小于需用继续起飞距离（等于可用继续起飞距离），因此为非平衡场地长度，但是可以有效提高最大起飞重量。因此通常当可用继续起飞距离大于可用加速停止距离时，选择较小的“决断”速度可以增加起飞限重。

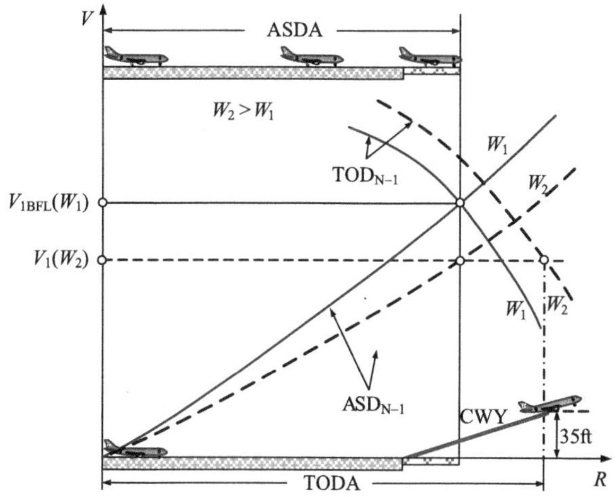

图 3.28　可用继续起飞距离大于可用加速停止距离的起飞

(2) 可用继续起飞距离小于可用加速停止距离。

当机场的净空道的长度小于安全道的时候，就会使得可用继续起飞距离小于可用加速停止距离。这种情况下，如果按照平衡场长法确定最大起飞重量会较小，如图 3.29 所示的 W_1 重量即为场地长度限制的最大起飞重量，W_{1BFL} (W_1) 为对应的平衡速度。参见图 3.29，若选择 V_1 (W_2) ($>W_{1BFL}$ (W_1)) 速度作为“决断”速度，则最大的起飞重量为 W_2 ($>W_1$)，此时的需用加速停止距离(等于可用加速停止距离)大于需用继续起飞距离（等于可用继续起飞距离），因此为非平衡场地长度，但是这样可以有效提高最大起飞重量。因此通常当可用继续起飞距离小于可用加速停止距离时，选择较大的“决断”速度可以增加起飞限重。

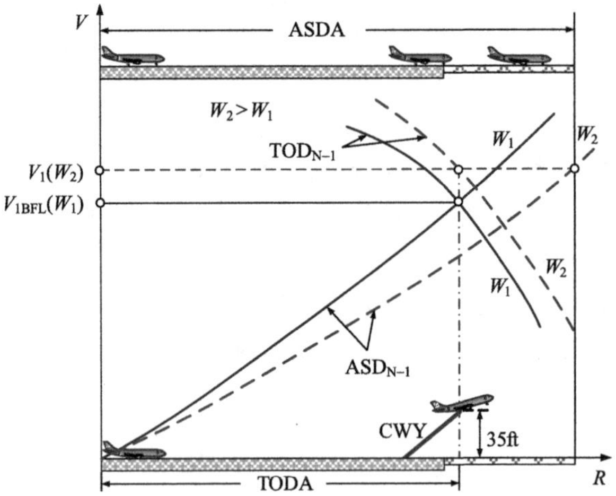

图 3.29 可用继续起飞距离大于可用加速停止距离的起飞

3.4 起飞航道阶段的性能

3.4.1 起飞航道阶段的特点

为了确保起飞安全，分析航道段性能时要考虑全发和一发停车时可能出现的情况。起飞航道阶段（起飞飞行航迹）的受力状况和运动方程参见图 3.17 和式（3.10），起飞飞行航迹的参考原点为起飞距离的终点（距跑道道面 35ft），依据飞机的构型、推力状态、对爬升梯度的要求等特性分为四个阶段，各阶段的特性和相关要求如表 3.2 所示。

表 3.2 起飞航道阶段的划分及各段的特点

	第一爬升段	第二爬升段	平飞加速段	最后爬升段
开始时刻	离跑道 35ft	起落架完全收上时刻	开始改平飞	达到爬升形态
重量基准	收起落架时的重量	起落架完全收上时的重量	开始改平飞加速时的重量	平飞加速段结束时的重量
起落架状态	收上过程	收上	收上	收上
襟翼、缝翼位置	起飞位置	起飞位置	开始收襟翼、缝翼直至收上	收上
发动机推力状态	起飞推力	起飞推力	起飞推力	最大连续推力

续表

		第一爬升段	第二爬升段	平飞加速段	最后爬升段
速度基准		等表速（保持 V_2）爬升	等表速（保持 V_2）爬升	从 V_2 加速到最大升阻比速度 V_E	最大升阻比速度
地效影响		无	无	无	无
要求的最小爬升梯度（%）	双发	0.0	2.4		1.2
	三发	0.3	2.7		1.5
	四发	0.5	3.0		1.7
起飞飞行航迹（起飞航道阶段）示意图		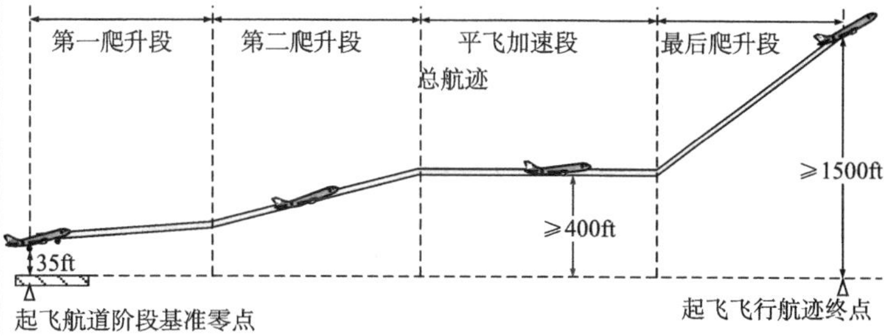			

3.4.2 爬升率与爬升梯度

飞机的爬升率（rate of climb）是指飞机航迹的上升率，即高度随时间的变化率，也就是飞行速度的垂直分量。飞机的爬升梯度（climb gradient）等于上升的高度与前进的水平距离之比。参见图 3.30 可得爬升率 R_C 和爬升梯度 G_C 的表达式：

$$R_C = \frac{\Delta h}{\Delta t} = \frac{\mathrm{d}h}{\mathrm{d}t} = V\sin\gamma \tag{3.26}$$

$$G_C = \frac{\Delta h}{\Delta x} = \tan\gamma \tag{3.27}$$

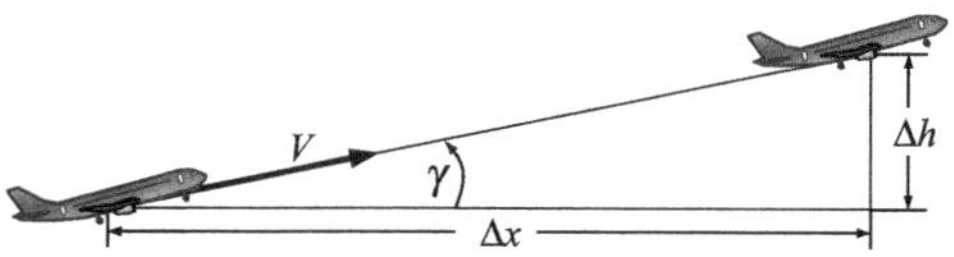

图 3.30 爬升梯度

1）爬升率 R_C 的计算

由式（3.10）的第一式可得

$$\frac{1}{g}\frac{\mathrm{d}V}{\mathrm{d}t}=\frac{T-D}{W}-\sin\gamma \tag{3.28}$$

考虑到$\frac{\mathrm{d}V}{\mathrm{d}t}=\frac{\mathrm{d}V}{\mathrm{d}h}\cdot\frac{\mathrm{d}h}{\mathrm{d}t}=\frac{\mathrm{d}V}{\mathrm{d}h}\cdot V\sin\gamma$，将其带入式（3.28）可得

$$\sin\gamma=\frac{\dfrac{T-D}{W}}{1+\dfrac{V}{g}\dfrac{\mathrm{d}V}{\mathrm{d}h}} \tag{3.29}$$

考虑到飞机爬升时爬升角 γ 较小且基本保持不变，因此可以取 $\mathrm{d}\gamma/\mathrm{d}t\approx 0$，由式（3.10）的第二式可得 $L-W\cos\gamma=0$，而 $\cos\gamma\approx 1$，因此有 $L=W$。将式（3.29）带入式（3.26）可得爬升率 R_{C} 的计算公式为

$$R_{\mathrm{C}}=V\sin\gamma=\frac{\left(\dfrac{T-D}{W}\right)V}{1+\dfrac{V}{g}\dfrac{\mathrm{d}V}{\mathrm{d}h}}=\frac{\left(\dfrac{T}{W}-\dfrac{D}{L}\right)V}{1+\dfrac{V}{g}\dfrac{\mathrm{d}V}{\mathrm{d}h}}=\frac{\left(\dfrac{T}{W}-\dfrac{C_{\mathrm{D}}}{C_{\mathrm{L}}}\right)V}{1+\dfrac{V}{g}\dfrac{\mathrm{d}V}{\mathrm{d}h}} \tag{3.30}$$

式中，$\left(1+\dfrac{V}{g}\dfrac{\mathrm{d}V}{\mathrm{d}h}\right)$称为加速度因子（acceleration factor），本质上反映的是飞行速度随高速的变化率，通常加速度因子是下列变量的函数：

- 飞行速度（等表速、等当量空速、等真实空速或等马赫数飞行）。
- 温度（标准大气或非标准大气）。
- 飞行高度。

加速度因子的计算公式如表 3.3 所示。

表 3.3 加速度因子的计算公式

温度	保持不变的参数	高度≤11000m（36089ft）	高度>11000m（36089ft）
标准大气	M	$1-0.133178M^2$	0
	V_{EAS}	$1+0.566816M^2$	$1+0.7M^2$
	V_{CAS}	$1+0.7M^2(\varphi-0.190263)$	$1+0.7M^2\varphi$
非标准大气	M	$1-0.133184M^2(T_{\mathrm{std}}/T_{\mathrm{ns}})$	0
	V_{EAS}	$1+0.7M^2[1-0.190263(T_{\mathrm{std}}/T_{\mathrm{ns}})]$	$1+0.7M^2$
	V_{CAS}	$1+0.7M^2[\varphi-0.190263(T_{\mathrm{std}}/T_{\mathrm{ns}})]$	$1+0.7M^2\varphi$

注：V_{EAS}为当量空速；V_{CAS}为校正空速；$\varphi=\dfrac{1}{0.7M^2}\dfrac{(1+0.2M^2)^{3.5}-1}{(1+0.2M^2)^{2.5}}$。

图 3.31 为标准大气条件和等表速飞行时，在不同飞行高度上，加速度因子随表速的变化特性。

2）爬升梯度 G_C 的计算

通常飞机爬升时爬升角 γ 较小，可以取为 $\tan\gamma \approx \sin\gamma$（$\cos\gamma \approx 1$），把式（3.26）带入式（3.27）可得

$$G_C = \tan\gamma \approx \sin\gamma = \frac{R_C}{V}$$

将式（3.30）代入上式得

$$G_C = \frac{\dfrac{T-D}{W}}{1+\dfrac{V}{g}\dfrac{dV}{dh}} = \frac{\dfrac{T}{W}-\dfrac{C_D}{C_L}}{1+\dfrac{V}{g}\dfrac{dV}{dh}} \tag{3.31}$$

爬升梯度 G_C 是一个无量纲的量，通常记成百分比的形式。

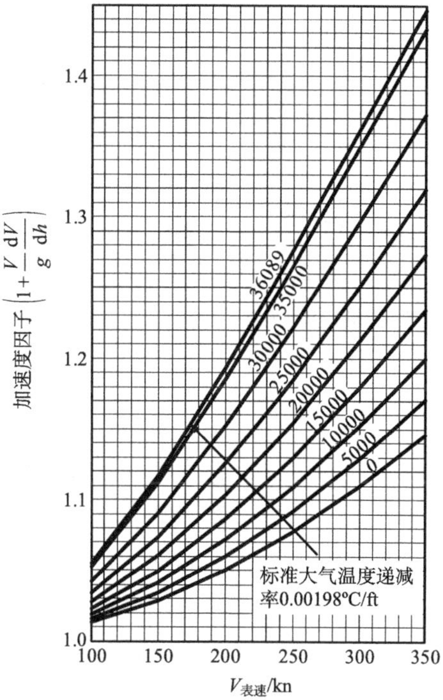

图 3.31　不同表速和飞行高度的加速度因子

3.4.3　起飞飞行航迹的越障性能

1. 飞机起飞飞行航迹的越障要求

飞机起飞飞行航迹各阶段的爬升梯度决定了飞行航迹，也反映了飞机的越障能力。通常把根据飞机的实际起飞重量、机场条件和飞机性能手册的数据资料得到的爬升梯度称为总爬升梯度 G_{CT}，根据总爬升梯度计算出来的航迹称为总起飞飞行航迹（简称总航迹）。考虑到计算数据中可能存在的误差，为了保障飞机起飞飞行航迹的安全越障，CCAR-25 部规定要从总爬升梯度 G_{CT} 中减去一个规定值 ΔG_C 得到起飞飞行航迹的静爬升梯度 G_{CN}，即

$$G_{CN} = G_{CT} - \Delta G_C$$

式中，ΔG_C 按 CCAR-25 部规定，$\Delta G_C = 0.8\%$（双发飞机），$\Delta G_C = 0.9\%$（三发飞机），$\Delta G_C = 1\%$（四发飞机）。

按照净爬升梯度 G_{CN} 计算出来的飞机飞行航迹称为净起飞飞行航迹（简称为净航迹）。在 CCAR-121 部中规定，“…净起飞飞行轨迹以 10.7m（35ft）的余度超越所有障碍物”，如图 3.32 所示。

2. 飞越障碍物的方法

表 3.2 中所述的起飞飞行航迹及其阶段的划分，是按照飞机的构型、发动机的推力状态和飞行速度等参数的变化特点的逻辑分段。实际中为了保证起飞安全尤其是一发停车时安全越障，通常根据障碍物的远近进行适当的调整。一般分为三种情况，如图 3.33 所示。

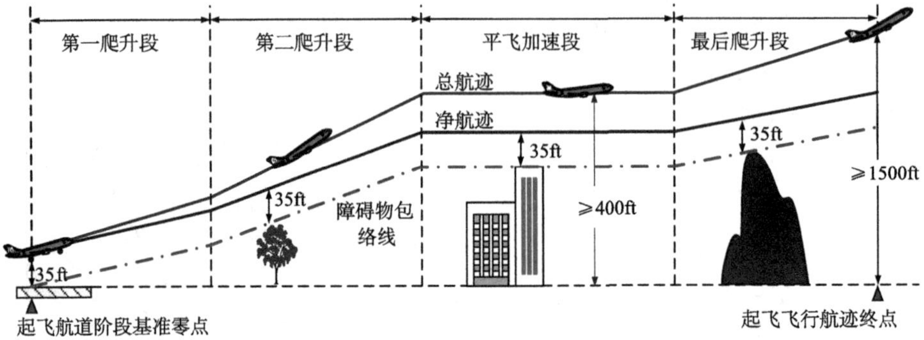

图 3.32 起飞飞行航迹的总航迹与净航迹

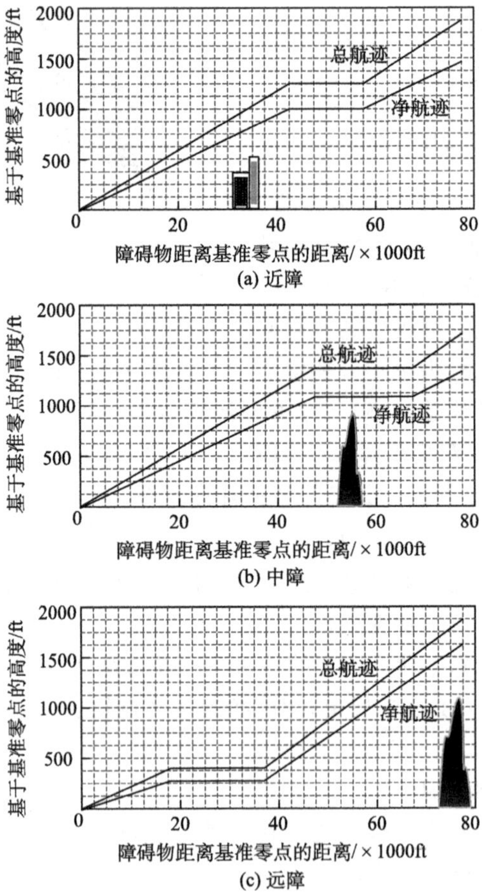

图 3.33 考虑到一发失效时的越障程序

（1）近障指障碍物位于基准零点41000ft之内（一般位于起飞飞行航迹的第一、第二爬升段范围内）时，如图3.33（a）所示。通常在越过障碍物后结束第二爬升段，要求第二爬升段要有足够的爬升梯度。计算飞越近障的程序是：飞越障碍物之后再改平飞、收襟翼、加速，有时需要采用最大改平飞高度的爬升程序。最大改平飞高度是指在规定的发动机起飞推力连续工作最长时间内（通常全发工作时5min，一发故障时10min），完成起飞飞行航迹的平飞加速段，即在该高度上第三段末端恰好完成收襟翼并加速到预定的最后爬升速度。最大改平飞高度通常取决于机场气压高度和温度、襟翼位置和400ft时的总爬升梯度。飞行手册中都给出了计算最大改平飞高度的曲线，如图3.34所示（其使用方法如图中箭头所示）。

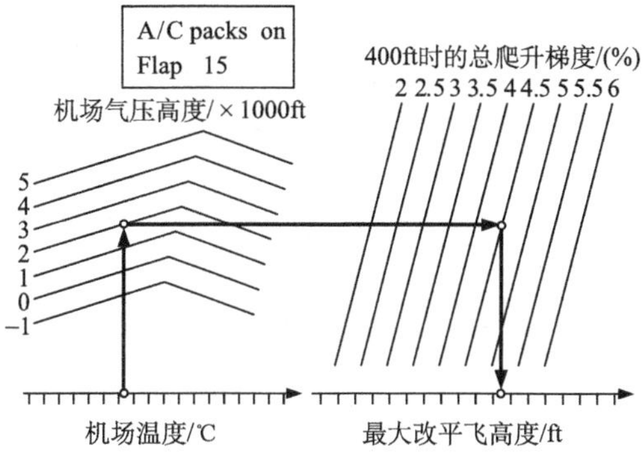

图3.34　最大改平飞高度曲线示意图

（2）中障通常是指障碍物位于距离基准零点41000～72000ft（一般位于起飞飞行航迹的第三阶段即平飞加速段范围内）时，如图3.33（b）所示，通常在平飞段（起飞飞行航迹的第三段）越过障碍物，改平飞的高度通常取决于障碍物的高度，在400ft和最大改平飞高度之间选定。如需要也可以采用延伸第二段爬升的方式，计算延伸第二段爬升的程序是，保持V_2速度爬升直到起飞推力连续工作最长时间限制，然后改平飞并以最大连续推力加速、收襟翼。如果按此程序计算出来的静起飞飞行航迹超越障碍物35ft以上，则满足越障要求。延伸第二段爬升的改平飞高度还与机场的标高、温度有关。

（3）远障指障碍物距离基准零点超过72000ft（一般位于起飞飞行航迹的最后爬升段）时，如图3.33（c）所示。计算飞越远障的程序是：保持V_2速度爬升到最低改平飞高度（400ft）结束第二爬升段，保持起飞推力改平飞加速，直至收襟翼完成后，以最大连续推力完成最后爬升段，如果根据此程序计算出来的静航迹超出障碍物35ft，则说明起飞重量满足越障要求。

3. 越障图表的使用

为了安全越障并便于使用，可以根据飞行手册中给出相应的图表进行计算和验证。

(1) 第二爬升段和延伸第二爬升段航迹示意图。

为了检查飞机在第二爬升段或延伸第二爬升段能否超越障碍物，可以使用第二爬升段和延伸第二爬升段航迹图（图 3.35）。图中的横坐标、纵坐标分别为障碍物距基准零点的距离、高度，根据飞机在 400ft 处的总爬升梯度（取决于飞机起飞的运行参数、机场条件等）分别计算并绘出所对应的净航迹。例如，障碍物高 1120ft、相对参考零点距离 35500ft，当飞机在 400ft 高总爬升梯度为 3.6%时可以安全越障，当飞机在 400ft 高总爬升梯度为 2.8%时则不能安全越障。

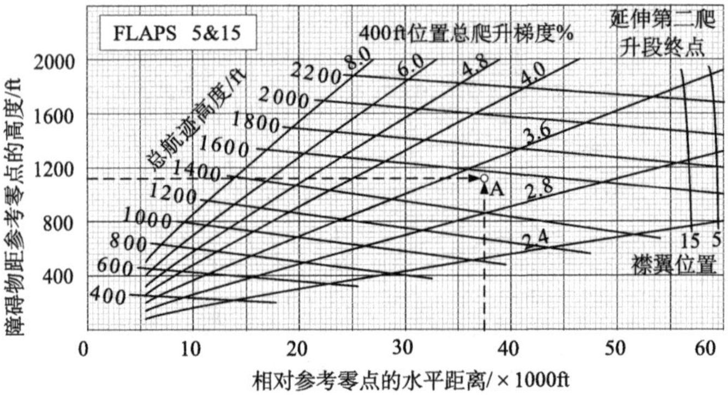

图 3.35 第二爬升段或延伸第二爬升段净航迹示意图

(2) 障碍物限制的最大起飞重量。

为了保障起飞安全越障和方便使用，根据飞机数据、机场条件等，在飞行手册上通常提供各种障碍物限制的最大起飞重量如图 3.36 所示。

例 3-4 某型号飞机使用起飞襟翼 15°，又已知起飞机场气压高度 2000ft，气温 10℃，逆风 30kn。障碍物距离基准零点 24000ft、高度 730ft。根据图 3.36 确定该飞机受机场障碍物限制的最大起飞重量。

解 根据图 3.36 中虚线箭头所示，可确定最大起飞重量为 44500kg。

4. 转弯离场时爬升梯度的损失

根据起飞机场的地形和障碍物的位置和高度的具体情况，飞机起飞离场的飞行航迹可以是直线也可以是转弯离场。特别当转弯离场时飞机在达到距跑道 50ft 高度之前飞机不许带坡度飞行；高度在 50～100ft 时坡度不许超过 15°；高度在 100～400ft 时坡度不许超过 20°；高度超过 400ft 之后最大坡度不许超过 25°。同时规章要求，在转弯爬升时净航迹要高于障碍物 50ft。

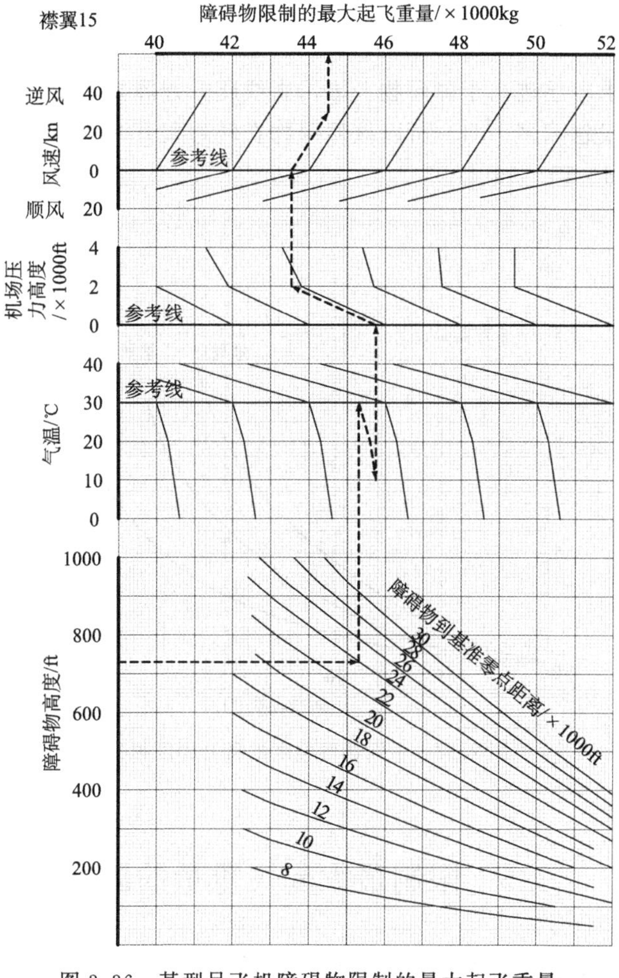

图 3.36　某型号飞机障碍物限制的最大起飞重量

当飞机转弯离场时需要考虑带坡度飞行时爬升梯度会减小，从而使得净飞行航迹也会降低，因此要计算转弯时的爬升梯度损失。在实际应用中，通常把转弯时梯度损失增加的越障高度转换为一个等价的直线越障高度，这样可以使用手册和机场的数据按照直线飞行来分析。

例 3-5　某型号飞机在某机场作单发应急程序时，在距离跑道 984ft（300m）的转弯弧处有一个高于平均海平面 75ft 的障碍物，已知该飞机选择起飞襟翼 5°，转弯爬升的坡度是 15°。试利用该飞机的起飞转弯爬升时的梯度损失数据（图 3.37），确定转弯爬升时该障碍物的高度相当于直线飞行的高度。

解　由图 3.37 可查出（图 3.37 中箭头所示），选择起飞襟翼 5°，转弯坡度

15°时，该飞机的爬升梯度损失是0.6%，需要增加的高度为

$$984 \times 0.6\% = 5.9(\text{ft}) \approx 6(\text{ft})$$

而转弯爬升要求净航迹高于障碍物50ft，直线爬升越障要求的是35ft，因此转弯爬升越障比直线越障多15ft，所以该障碍物在转弯爬升时相当于直线爬升的障碍物高度是75+6+15=96（ft）。

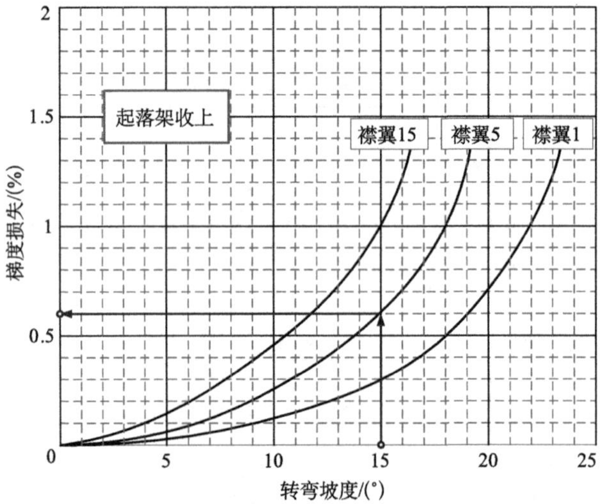

图3.37 不同转弯坡度的爬升梯度损失

3.5 限制最大起飞重量的因素

为了保障飞机的起飞安全，在确定最大起飞重量时需要考虑如下限制：结构强度的限制W_{st}、场道条件（场地长度）的限制W_D、第二爬升段爬升梯度的限制W_{CG}、刹车能量的限制W_{MBE}、轮胎速度的限制W_{tr}、着陆重量的限制W_{st}、航线最低安全高度的限制W_{st}。实际最大起飞重量需要选择上述诸因素中最小的重量。

3.5.1 结构强度限制的最大起飞重量

飞机的结构强度限制的最大起飞重量主要包括：

1）最大起飞重量

最大起飞重量（maximum take off weight，MTOW）是结构限制的最大起飞重量，是飞机开始松刹车起飞滑跑时允许的最大起飞重量。该重量既要符合空中飞行时飞机结构强度的要求，也要满足当飞机以垂直速度为−1.83m/s（−360ft/min）

着陆接地时的起落架及飞机结构的强度要求。因此该重量是飞机实际起飞时不能超过的重量。

2）最大着陆重量

最大着陆重量（maximum landing weight，MLW）是结构强度限制的飞机着陆时的最大重量。通常是按照飞机在该重量时以垂直速度为－3.05m/s（－600ft/min）着陆接地时的起落架及相关结构强度要求确定的，因此该重量是飞机实际着陆时不允许超过的重量。

3）最大无燃油重量

最大无（零）燃油重量（maximum zero fuel weight，MZFW）是指无燃油时飞机允许的最大结构限制重量。飞行中作用在机翼上的升力对翼根产生一个弯矩，如果机翼的油箱内有燃油，则燃油的重力可以减小翼根的弯矩。因此机翼油箱内的燃油越少，机翼受到的弯矩越大。从结构强度考虑，当机翼油箱中没有燃油时，需要限制重量，这个限制值被称为最大零油重量。一般，实际飞机的无燃油重量不许超过最大无燃油重量；实际的起飞重量不得超过最大无燃油重量与起飞燃油之和。

4）最大滑行重量

最大滑行重量（maximum taxi weight，MTW）是指飞机在滑行时的最大结构限制重量，是指飞机在地面滑行时，全部重量的最大限额。它主要受到减震器上的应力及在地面转弯期间可能受到的弯矩的限制。实际上最大滑行重量并不是一个限制因素，通常其值按下式确定：

$$\text{最大滑行重量(MTW)} - \text{滑行消耗燃油} \leqslant \text{最大起飞重量(MTOW)}$$

3.5.2　刹车能量限制的最大起飞重量

为了保障中断起飞时的安全，防止刹车系统烧毁，受刹车系统吸收能量限制的飞机滑跑速度，即最大刹车能量限制的速度 V_{MBE}。当机场气压高度高、温度高、顺风起飞、起飞重量较大或用改进爬升起飞时，有时会出现 $V_1 > V_{MBE}$ 的情况，这时需要减轻起飞重量，使得 $V_1 = V_{MBE}$，该重量即为刹车能量限制的最大起飞重量 W_{MBE}。

例 3-6　某型号飞机的最大刹车能量限制的速度如图 3.38 所示。松刹车重量 64000kg，机场气压高度 4000ft，温度 40℃，跑道上坡 1.5%，顺风 15kn。试求：

（1）最大刹车能量限制的速度 V_{MBE}。

（2）若已知起飞决断速度 $V_1 = 169$kn，正常起飞是否需要减小松刹车重量？

解　根据已知起飞条件，由松刹车重量 64000kg，机场气压高度 4000ft，温度 40℃，按图 3.38 中箭头所示可得 $V_{MBE} = 156$kn。

跑道上坡 1.5%，可以增加：1.5%×2/1%＝3kn；

顺风 15kn，需要减小：15×20/10=30kn。

因此 $V_{MBE}=156+3-30=129$kn。

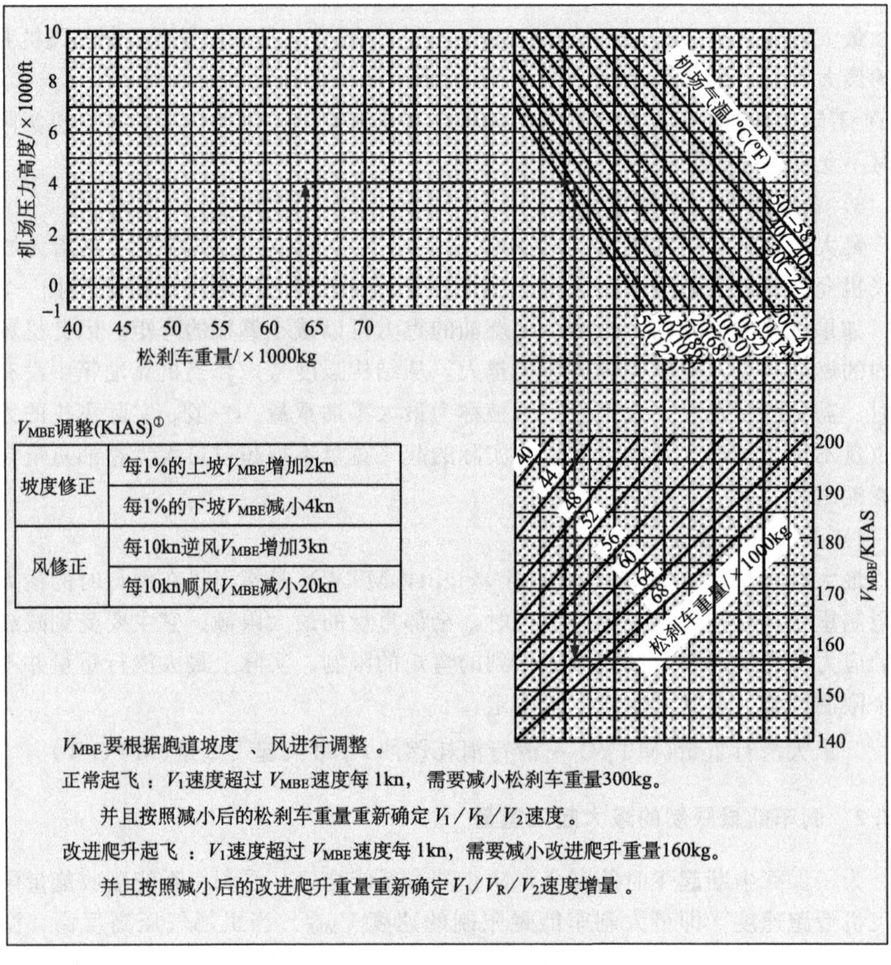

图 3.38 最大刹车能量限制的速度

从以上结果中可以看出，由于起飞决断速度 $V_1=169$kn 大于最大刹车能量限制的速度 $V_{MBE}=129$kn，因此需要减轻松刹车重量。取允许的最大决断速度 $V_1=V_{MBE}=129$kn，则正常起飞需要减少的重量=（169－129）×300/1=12000kg。在该条件下刹车能量限制的最大起飞重量 $W_{MBE}=64000-12000=52000$kg。需要按起飞重量 52000kg 重新查表确定起飞速度 $V_1/V_R/V_2$。

---

① KIAS（knots indicated airspeed）为飞机的指示空速，单位为 kn。

3.5.3 轮胎速度限制的最大起飞重量

为了防止轮胎在地面高速转动时发生破坏，对飞机的地面滑跑速度规定了最大值限制 V_{TIRE}。通常飞机在离地瞬间的地面滑跑速度最大，若此时达到轮胎限制速度并离地（$V_{\mathrm{LOF}}=V_{\mathrm{TIRE}}$），则据此条件可以求得轮胎速度限制的最大起飞重量，即

$$W_{\mathrm{TIRE}}=L_{\mathrm{LOF}}=\frac{1}{2}\rho V_{\mathrm{LOF}}^{2}SC_{L_{\mathrm{LOF}}}$$

式中，$C_{L_{\mathrm{LOF}}}$ 为飞机离地时的升力系数，取决于飞机的襟翼位置、离地姿态等。

轮胎速度限制的最大起飞重量 W_{TIRE} 同时还取决于机场高度、温度等参量。使用时可以通过手册中相关的图表获得（图 3.39）。

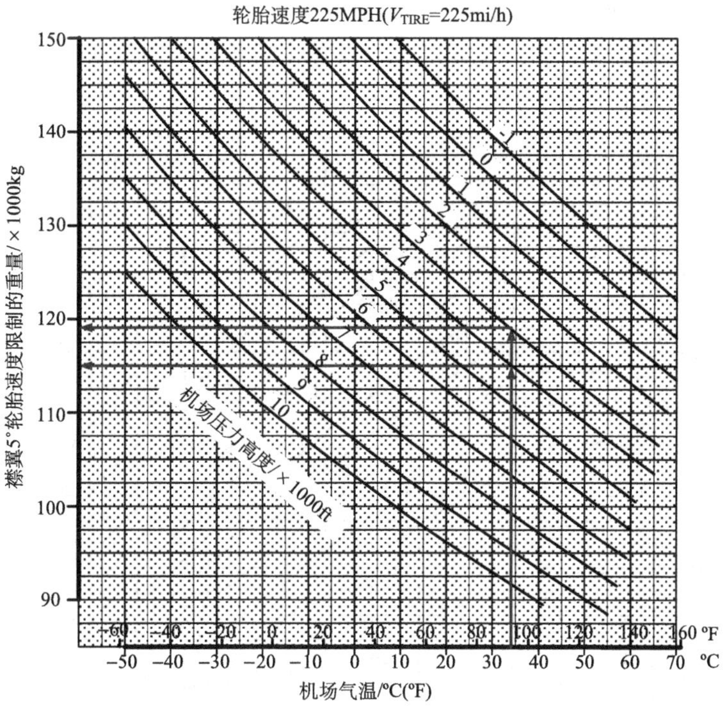

图 3.39 轮胎速度限制的最大起飞重量

例 3-6 某型号飞机的轮胎速度限制的最大起飞重量如图 3.39 所示。起飞机场气压高度为 3600ft，温度 34℃。试求轮胎速度限制的最大起飞重量。

解 按图 3.39 中带箭头的指示线所示，温度 34℃、气压高度 4000ft 时限制的最大起飞重量是 115000kg；温度 34℃、气压高度 3000ft 时限制的最大起飞重

量是 119000kg。因此温度 34℃、气压高度 3600ft 时限制的最大起飞重量是

$$115000+\frac{4000-3600}{4000-3000}(119000-115000)=116600(\mathrm{kg})$$

因此该飞机在机场气压高度 3600ft，温度 34℃时起飞轮胎速度限制的最大起飞重量为 116600kg。

3.5.4 起飞飞行航迹第二段爬升梯度限制的最大起飞重量

为了保障起飞安全，CCAR-25 部对起飞飞行航迹各阶段规定了最低爬升梯度要求。通常在第二爬升段由于飞机的速度小、阻力较大，而该段要求具有较大的爬升梯度，特别在一发故障时剩余推力会减小，因此飞机的起飞重量常常受到第二爬升段梯度的限制。根据规章最小可用爬升梯度确定的最大起飞重量即为爬升限制的最大起飞重量。实际应用中该限制可以从飞行手册中相关的图表中查得（图 3.40），依据机场温度、气压高度和襟翼位置查出，再根据防冰、空调、动力辅助装置的使用情况进行修正。

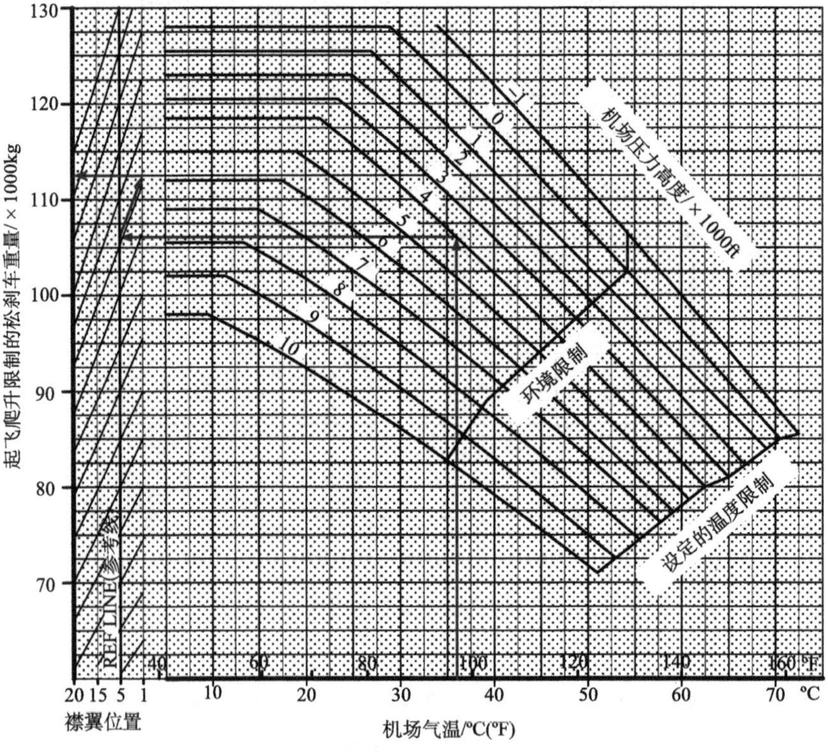

图 3.40 起飞爬升限制的最大起飞重量

例 3-7　某型飞机起飞机场气压高度 4000ft，温度 36℃，起飞襟翼 1°。试确定爬升限制的最大起飞重量。

解　参见图 3.40，根据该飞机的爬升限制的最大起飞重量图，机场温度 36℃，气压高度 4000ft，起飞襟翼 1°可知爬升限制的最大起飞重量是 112500kg。

3.5.5　障碍物限制的最大起飞重量

根据起飞飞行航迹越障的要求，在已知起飞条件和障碍物几何参数的条件下，可以通过飞行手册提供的图表查得障碍物限制的最大起飞重量（参见 3.4.3 小节）；也可以通过计算爬升梯度求得障碍物限制的最大起飞重量。如果实际的爬升梯度恰好达到越障要求的爬升梯度，则此时的起飞重量即为障碍物限制的最大起飞重量。如果实际的爬升梯度大于越障要求的梯度，则起飞重量不受障碍物限制；如果实际的爬升梯度小于越障要求的梯度，则起飞重量受障碍物限制，这种情况下可以采取以下措施直至满足越障的要求。

（1）减小起飞重量。起飞重量减小，可以增加爬升梯度以满足越障的要求。这时需注意，由于起飞重量减小，起飞距离也会同时减小，因此计算的参考原点和障碍物的距离也会变化。

（2）减小襟翼偏度。起飞襟翼偏度减小，阻力会减小，可以提高爬升梯度。但需注意襟翼偏度减小会使得起飞距离增加，因此襟翼偏度的减小程度是受限制的。

（3）改进爬升。当起飞重量是由障碍物或爬升梯度限制所决定的，而且可用起飞距离大于障碍物或爬升梯度限制的起飞重量所要求的距离时，可采用改进爬升方式提高起飞重量。一般起飞安全速度 V_2 值小于其最大爬升梯度对应的速度（陡升速度），可以利用多余的跑道长度增大 V_2 速度，通过增加 V_2 速度改善其

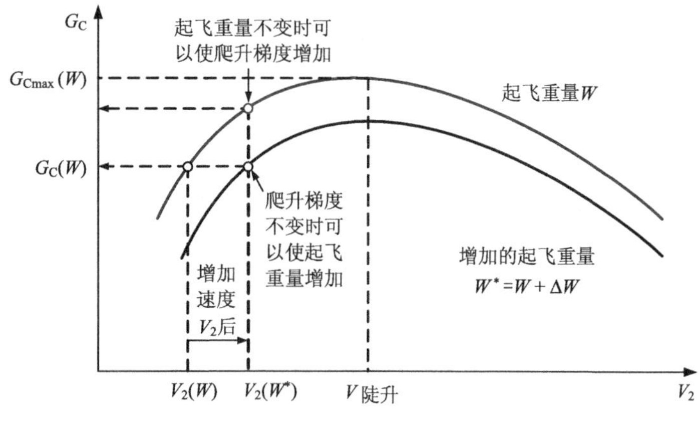

图 3.41　起飞安全速度 V_2 对爬升梯度和起飞重量的影响

爬升能力。速度 V_2 与其爬升梯度的关系如图 3.41 所示。假设当起飞要求的爬升梯度 G_C 限制的起飞重量为 W，此时的安全速度为 V_2（W），若将安全速度增加至 V_2（W^*），则在保持满足要求的爬升梯度 G_C 的条件下，起飞重量可以提高至 $W^*=W+\Delta W$，同时相应的 V_1 和 V_R 速度也要随之增加。

3.5.6 最大着陆重量限制的最大起飞重量

由于飞机着陆时结构强度的限制，以及着陆机场的场长、气压高度、温度等条件限制，飞机的最大着陆重量也会限制起飞的重量。

例如，某型飞机执行 A 机场至 B 机场航班，若 B 机场限制的最大着陆重量为 53000kg，航线飞行 2.5h，而已知该飞机平均每小时耗油量为 2500kg，航路上耗油为 6250kg，因此该飞机受着陆重量限制的最大起飞重量＝53000＋6250＝59250（kg）。

3.5.7 航线上最低安全高度限制的最大起飞重量

对于飞越高山地区的航线，飞机的航线最低安全高度也会限制起飞的最大重量。这是因为当巡航中发动机一发停车后，飞机的改平飞高度要降低，而单发失效后的改平飞高度（升限）是随重量的增加而降低的，如表 3.4 所示。

表 3.4 某型飞机一发停车改平飞高度表

重量/1000kg	改平飞高度/ft		
	ISA＋10℃或更低	ISA＋15℃	ISA＋20℃
120	20400	19300	18000
110	22800	21900	20900
100	25400	24600	23600
90	28000	27300	26500
80	31000	30200	29500
70	34200	33500	32800

若该飞机在巡航阶段重量为 110000kg 时一发停车，大气温度为 ISA＋15℃，则改平飞高度为 21900ft。若恰好飞行在要求的最低安全高度为 23000ft 的高山地区，则起飞时必须考虑到该限制，降低起飞重量。

3.6 减推力起飞

在民航的日常航班运营过程中，飞机的实际起飞重量可能小于规章中各种限制的起飞重量，此时可以使用比最大起飞推力小的推力起飞，也可以满足规章对起飞重量的各种限制和要求。其目的在于减少对发动机部件的磨损，延缓发动机性能下降，从而延长使用寿命，降低发动机的维修成本。减推力起飞有灵活推力和降低额定功率两种方法。

3.6.1 灵活推力法

1. 灵活推力法的原理

发动机推力、起飞重量与环境温度的关系如图 3.42 所示。当环境温度大于其参考温度 t_{ref} 后，随着温度的升高可用的最大推力会下降。飞机的起飞重量随着温度的升高而下降，当大于发动机的参考温度后由于推力的下降会使得起飞重量的下降梯度增加。当飞机起飞时实际温度为 $t_{实际}<t_{ref}$ 时（参见图 3.42 中实线箭头所示），飞机的可用起飞推力为最大 T_{av}，最大起飞重量为 W_{max}。如果实际的起飞重量 $W_{实际}<W_{max}$，参见图 3.42 中虚线箭头所示，该 $W_{实际}$ 相当于某个温度 t_{flex} 下的最大起飞重量，这个按照实际起飞重量选定的温度称为灵活温度（flexible temperature）或假想温度（assumed temperature），根据灵活温度确定的推力称为灵活推力（flexible thrust）。当环境温度为 t_{flex} 时，发动机的可用推力为 T_{RE}，最大起飞重量恰好等于 $W_{实际}$，换言之起飞重量为 $W_{实际}$ 时需要的发动机推力即为 T_{RE}。因此按照环境温度 t_{flex} 和机场气压高度调定发动机推力（可用推力为 T_{RE}）即可满足飞机起飞（重量为 $W_{实际}$）要求。这种依据一个高于起飞机场实际温度的假想温度（即灵活温度）确定需用起飞推力（即灵活推力）的方法称之为灵活推力法。

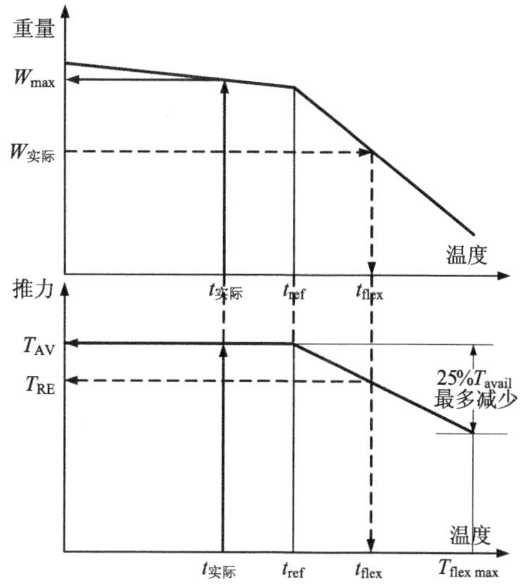

图 3.42 发动机推力、起飞重量与环境温度的关系

2. 灵活推力法的使用限制

为了保障起飞安全，灵活推力起飞的使用受到以下限制。

（1）灵活推力的减少量不得大于最大推力的 25%。

（2）在积水、积冰、积雪等跑道上不能使用。

（3）在刹车防滞系统不工作或动力管理系统不工作时不能使用。

（4）必须建立发动机状态监控系统或进行定期检查，以确保在灵活温度下能产生规定的起飞推力。

3. 灵活推力法的使用条件

使用灵活推力起飞在满足实际起飞重量小于各种限制的最大起飞重量的基础上，还需要满足以下条件：

(1) 实际温度小于发动机的参考温度，即 $t_{实际}<t_{ref}$。

(2) 选定的灵活温度要大于发动机的参考温度，即 $t_{flex}>t_{ref}$。

(3) 选定的灵活温度要小于或等于最大的灵活温度（最大可用起飞推力减小25%时所对应的温度），即 $t_{flex}\leqslant t_{flex\ max}$。

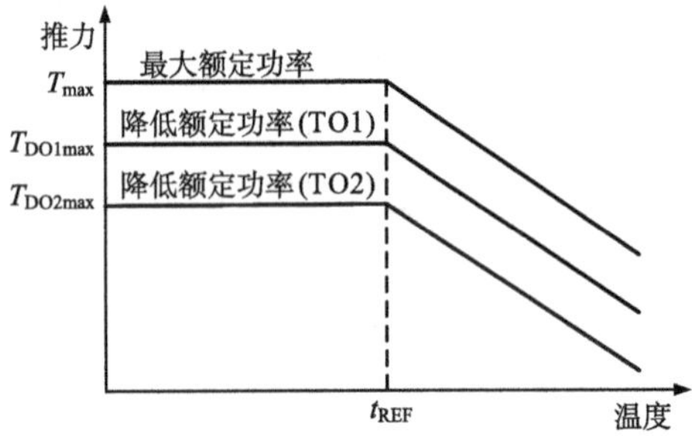

图 3.43　减小额定功率的减推力

3.6.2　降低额定功率法起飞

飞机的起飞重量较小时，需要的起飞推力也小，降低额定功率减推力的起飞（derated take off）即起飞推力小于最大起飞推力，换言之采用减小额定功率的减推力，相当于选用了一台较小的发动机，参见图 3.43。通常被认识是一种正常操作限制的起飞。

对于降低额定功率减推力的起飞，对飞机与不同额定功率减小量的发动机组合都要经过审定，必须在飞机飞行手册中包括使用限制、应用程序和相关性能数据。即在飞行管理手册中要有独立的满足规章所有要求的起飞限制、程序和性能数据。

1. 降低额定功率法起飞的原理

飞机起飞时需要考虑到一发停车的情况，起飞速度需要满足

$$V_1>V_{MCG}$$

由于降低额定功率起飞时推力小于最大额定功率起飞的推力，因此一发失效后的发动机的不对称力矩较小，为保持航向所需要的地面最小操纵速度 V_{MCG} 也相应地较小，故对应的 V_1 速度也小，因此当起飞重量较小（参见图 3.44 中的起飞重量 W_1）时降低额定功率起飞需要的跑道长度也较短。当起飞重量较大（参见图 3.44 中的起飞重量 W_2）时全额定功率起飞需要的跑道长度较短，这是由于起飞重量较大，起飞的速度 V_1 较

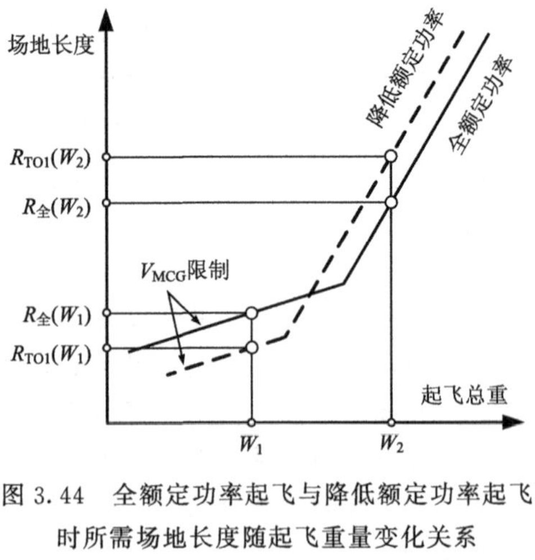

图 3.44　全额定功率起飞与降低额定功率起飞时所需场地长度随起飞重量变化关系

大，通常会满足要求的 $V_1 > V_{MCG}$，因此不受 V_{MCG} 限制。

当飞机起飞受到场地长度限制时，即跑道长度限制的起飞重量较小或是在较短的跑道上起飞时，采用降低额定功率起飞可以提高场地长度限制的最大起飞重量。当起飞场场长较短（参见图 3.45 中的场长 R_1）时，全额定功率起飞的 V_{MCG} 较大，为了满足 $V_1 > V_{MCG}$ 的限制使得起飞重量较小。而采用降低额定功率起飞时 V_{MCG} 较小，因此需要的速度 V_1 也较小，可以有效地提高场长（R_1）限制的起飞重量。当场地长度较长（参见图 3.45 中的场长 R_2）时，将不受 V_{MCG} 限制，则全额定功率的起飞重量将更大。

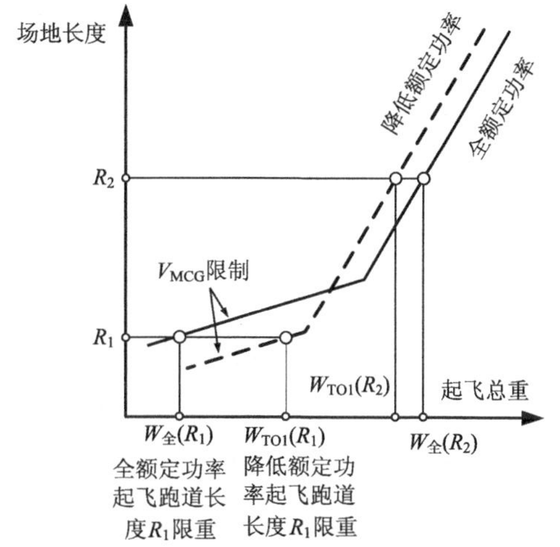

图 3.45　全额定功率起飞与降低额定功率起飞时场地长度限制的最大起飞重量

2. 降低额定功率法起飞的使用

降低额定功率法起飞通常在跑道长度较短时使用。由于使用降低额定功率的减推力起飞时推力较小，对应的 $V_1/V_R/V_2$ 速度也比全功率起飞时小，因此在一发失效时所需的继续起飞距离和加速停止距离也小，对于跑道长度受限时，相对于全功率起飞可以增加起飞重量。

由于降低额定功率的减推力起飞通常被认为是发动机处于正常操作限制的一种正常起飞，因此可以用于湿跑道和污染跑道起飞，通常对于每个减额定功率的等级和道面情况，飞机飞行手册中会提供单独的限制、程序和性能数据。

在实际使用中，降低额定功率减推力起飞不是对所有机型都是可用的，因为在有些机型上还不存在该项功能。在空客公司的 A330 和 A340 机型上降低额定功率减推力起飞是其基本功能项目，包括有 6 个经审定的降低额定功率等级，额定功率的降低值从 4%～24%，每个等级间隔 4%，如图 3.46 所示。特别按照空客公司的原则，灵活起飞不能与减额定推力起飞一起使用。

在波音的有些飞机（如 B757 和 B767）上降低额定功率分为 2 个等级 TO1 和 TO2，减小功率值分别为减小 10%～20%。并规定降低额定功率和假想温度法可以同时使用。例如，当起飞重量小时需用的起飞推力 T_{RE} 也较小（图 3.47），这时可以使用降低额定功率 TO1，则假想温度为 $t_{TO1flex}$；也可以使用降低额定功率 TO2，这时假想温度为 $t_{TO1flex}$。

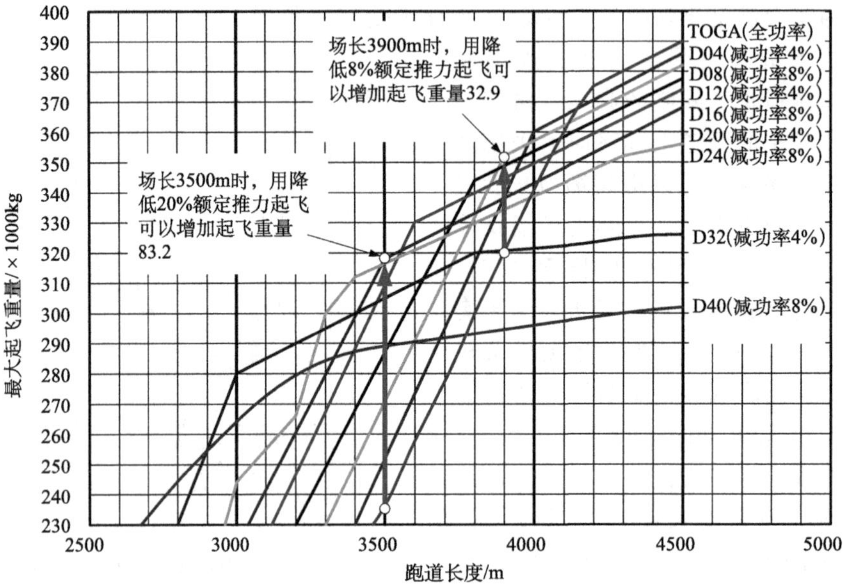

图 3.46 降低额定功率减推力起飞等级时场地长度与起飞重量的关系

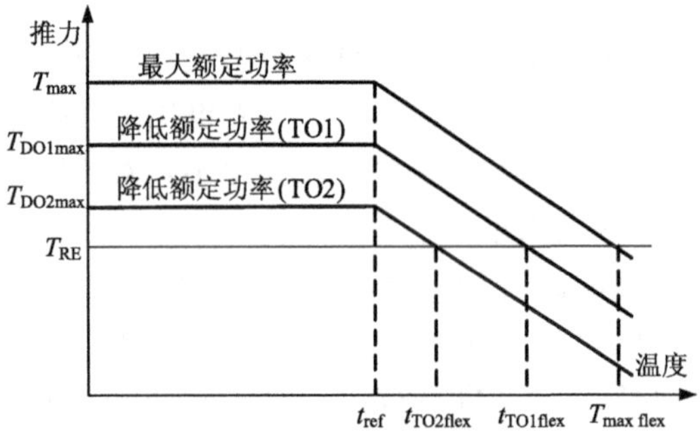

图 3.47 降低额定功率时的假想温度

3.6.3 灵活推力和降低额定功率方法比较

灵活推力和降低额定功率方法比较如表 3.5 所示。

表 3.5 灵活推力和降低额定功率方法比较

项目	假设温度（灵活温度）法	降低额定功率法
限制	要受到一些限制：要满足 $T_{ref}<T_{flex}$，$t_{实际}<t_{flex}$，$T_{flex}<T_{flex\ max}$，且推力减小量不能大于最大推力的25%，减推力后的油门不得小于最大上升油门	无使用限制，只要实际起飞重量小于最大起飞重量

续表

项目	假设温度（灵活温度）法	降低额定功率法
推力	在需要复飞推力时，可以使用全功率的复飞推力	只能使用降低了的最大功率
数据	只有一张起飞性能图表，使用方便	有一组起飞性能表，对于每一种飞机与降低额定功率发动机的组合都有各自的一张功率额定起飞性能表
安全性	在一发停车的继续和中断起飞性能中，由于灵活温度下的真空速与实际温度下的真空速有差异，而使灵活推力起飞有额外的安全裕度	没有额外的安全裕度
条件	不能用于污染跑道	可以用于湿或污染跑道
特点	在较长的干跑道上起飞可以有较大的起飞重量	在短跑道/污染跑道上起飞可以有较大的起飞重量

3.7　污染跑道的起飞

3.7.1　湿跑道和污染跑道

为了保障安全运行，通常起飞跑道的道面分为三类：

干跑道：飞机起降需用距离和宽度范围内的表面上没有污染物或可见的潮湿条件的跑道。对于经过铺筑、带沟槽或具有多孔摩擦材料处理，即使在有湿气时也能保持“有效干”的刹车效应的跑道也算干跑道。

湿跑道：当跑道表面覆盖有厚度等于或小于 3mm（0.118ft）的水，或者当量厚度等于或小于 3mm（0.118ft）深的融雪、湿雪、干雪；或者跑道表面有湿气但并没有积水时，这样的跑道被视为湿跑道。

污染跑道：飞机起降需用距离的表面可用部分的长和宽内超过 25％的面积（单块或多块区域之和）被超过 3mm（0.118ft）深的积水，或者被当量厚度超过 3mm（0.118ft）水深的融雪、湿雪、干雪，或者压紧的雪和冰（包括湿冰）等污染物污染的跑道。如果跑道的重要区域，包括起飞滑跑的高速段或起飞抬轮和离地段的跑道表面被上述污染物覆盖，也应该算作污染跑道。

跑道上污染物的常见形式有积水、融雪、湿雪、干雪、压实的雪及积冰等。跑道道面状态与污染物形式和厚度对应关系如表 3.6 所示。

硬质污染物（压实雪和冰）对起飞滑跑的主要影响特性是使摩擦力减小、方向控制能力减小甚至丧失；液态污染物（积水、融雪、湿雪、干雪等）在减小摩擦力的同时，常常会出现滑水现象并产生融雪（积水）阻力。

表 3.6 跑道道面状态与污染物形式和厚度对应关系

污染物			湿跑道	污染跑道
软质（液态）	积水	由于大量降雨和/或跑道排水不畅而导致跑道表面积水	≤3mm (0.12in)	3～12.7mm (0.5in)
	融雪	指水中饱含还未融化的雪，用力踩踏时会溅起，出现在气温约为5℃的时候，其密度约为0.85kg/L（7.1lb/gal（US））	≤2mm (0.08in)	3～12.7mm (0.5in)
	湿雪	指当你用手捏时，雪会黏在一起并可以形成雪团的状况，其密度约为0.4kg/L（3.35lb/gal（US））	≤4mm (0.16in)	4～25.4mm (1in)
	干雪	指松散的时候可以被吹起，当你用手捏时一松手即又散开的状况，其密度约为0.2kg/L（1.7lb/gal（US））	≤15mm (0.59in)	15～101.6mm (4in)
硬质	压实的雪	指雪被压实后的状况，典型的摩擦系数为0.2		没有深度限制
	冰	指摩擦系数为0.05或更低的情况		没有深度限制

3.7.2 湿跑道和污染跑道起飞滑跑的滑水现象

滑水（hydroplaning）是指道面积水使机轮与道面接触面积减少，导致摩擦系数减小的现象。这是因为跑道上有水会在轮胎和跑道之间形成一层水膜，导致轮胎干燥区域的减小。在高速时，这种现象变得更加严重，因为不能将水从轮胎和跑道之间挤出去，飞机轮胎被一层薄的液体膜包裹从而使其与跑道表面分离，在这种情况下，摩擦力会显著下降，甚至降到几乎可以忽略的值，同时还会导致机轮刹车和用于方向控制的前轮转弯失效。滑水现象主要是由于水与轮胎相对运动时产生流体动力 F_W（图 3.48），该力垂直于地面的分力 F_{Wz} 使机轮抬起或具

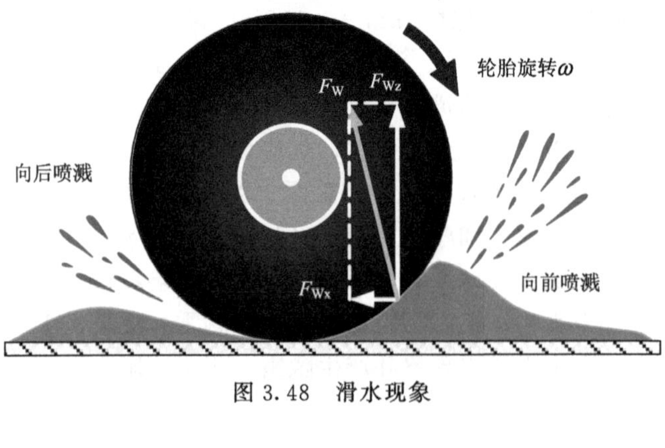

图 3.48 滑水现象

有抬起的趋势，使机轮与道面接触面积减少，形成滑水。通常根据滑水产生的程度不同可分为三种形式。

(1) 黏性滑水：是指道面与轮胎仍有接触的滑水，通常在积水层较浅时产生。黏性滑水导致的后果主要是摩擦力减小、机轮转速下降。

(2) 动态滑水：是指轮胎与道面完全脱离的滑水，一般常在积水层较深且滑跑速度较大时产生。动态滑水将导致机轮转速大大下降甚至会停转和反转，摩擦力急剧减小，方向控制能力显著下降甚至失去。

(3) 橡胶还原滑水：当轮胎较长时间停转时，在湿或污染跑道上摩擦产生的高温将使橡胶变软、发黏并进而产生还原现象，同时积水层受热产生的蒸汽会把轮胎抬离道面。橡胶还原滑水将导致机轮锁死，轮胎的摩擦力极小，飞机的方向控制能力将完全失去。

3.7.3　在湿跑道和污染跑道上起飞的主要特点

在湿跑道或污染跑道上起飞时，会使飞机地面滑跑期间的阻力增加，并伴有滑水现象产生，使飞机的方向控制能力减弱，加速能力减弱。

飞机在湿或污染跑道上滑跑时会增加一个附加的阻力，通常称之为融雪阻力，即由于污染物引起的附加阻力，主要包括排挤阻力和飞溅撞击阻力（图 3.49）。排挤阻力是因污染物相对轮胎轨迹发生位移即滑跑时排开道面上的污染物而产生的阻力；飞溅撞击阻力是因机轮（主要是前起落架）将污染物抛向机身并产生撞击而产生的冲击阻力。积水阻力可以提高减速率，在中断起飞时其影响是正面的；同时积水阻力也将降低加速率，对起飞将产生负面影响。

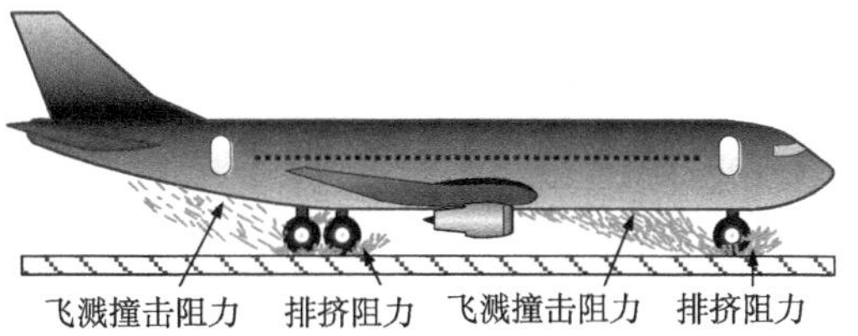

图 3.49　融雪（积水）阻力

飞机在湿跑道或污染跑道上滑跑时经常产生滑水现象，使得摩擦力减小且主起落架左右机轮的摩擦力不相等（污染物不均匀造成的），方向控制能力减弱。摩擦力的减小会使中断起飞时的需要加速停止距离 ASD 增加，但是却会使需用起飞距离 TOD 减小。同时滑水现象产生了附加的融雪阻力，会使起飞时总的阻力增加，从而使得加速能力减小，使 TOD 增加，但有利于减小 ASD。通常飞机全发加速度能力在6mm厚的融雪跑道上减小约10%～20%，在13mm厚的融雪跑道上减小约20%～40%；一发失效加速能力在6mm厚的融雪跑道上减小约15%～50%，在13mm厚的融雪跑道上减小约30%～110%。

根据前述的TOD和ASD的规定，相同的起飞条件下，在湿跑道和污染跑道上的TOD和ASD可能比干跑道短。但规章中规定，在湿和污染跑道上的起飞重量不允许超过相同条件下干跑道的起飞重量。

第 4 章　飞机的爬升和下降性能

4.1　爬 升 性 能

本章讲述的爬升是指由飞机起飞结束点上升到预定的巡航高度并达到规定的巡航速度为止的飞行过程，常称之为航线爬升。主要介绍描述飞机爬升特性的主要参数、常用的爬升方式、爬升性能的基本计算方法。

4.1.1　爬升时飞机受力分析

典型的民航飞机的爬升通常是无侧滑、不带坡度在垂直面内的上升，此时飞机的受力关系如图 4.1 所示，其中：

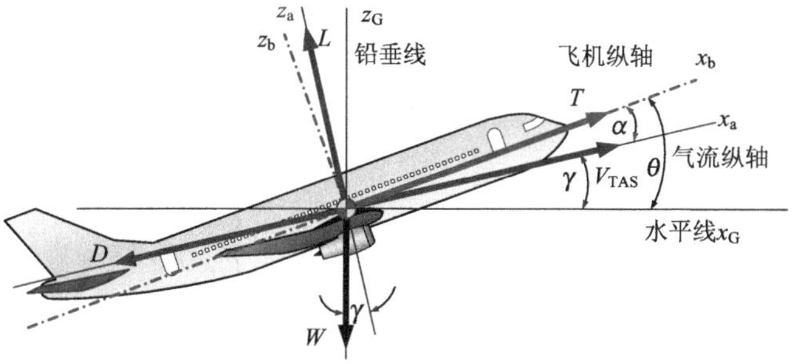

图 4.1　飞机爬升时受力分析

迎角（α）：飞机纵轴线与飞行速度矢量线（气流纵轴）之间的夹角。

爬升角（γ）：飞行速度矢量线与水平线的夹角。

俯仰角（θ）：飞机纵轴和水平线之间的夹角（在地面基准系统中）。

根据图 4.1 的受力关系，飞机爬升时的动力学方程为：

$$\begin{cases} \dfrac{W}{g}\dfrac{\mathrm{d}V}{\mathrm{d}t} = T\cos\alpha - D - W\sin\gamma \\ \dfrac{W}{g}V\dfrac{\mathrm{d}\gamma}{\mathrm{d}t} = L + T\sin\gamma - W\cos\gamma \end{cases} \tag{4.1}$$

通常考虑到飞机爬升时的迎角（α）较小，因此 $\cos\alpha \approx 1$，同时 $L \gg T\sin\gamma$，因此式（4.1）可以写作

$$\begin{cases}\dfrac{W}{g}\dfrac{\mathrm{d}V}{\mathrm{d}t}=T-D-W\sin\gamma \\ \dfrac{W}{g}V\dfrac{\mathrm{d}\gamma}{\mathrm{d}t}=L-W\cos\gamma\end{cases} \tag{4.2}$$

特别当飞机做定常爬升（爬升速度和爬升角不随时间变化，即 $\mathrm{d}V/\mathrm{d}t=0$，$\mathrm{d}\gamma/\mathrm{d}t=0$）时，爬升动力学方程（4.2）可以进一步简化为

$$\begin{cases}T=D+W\sin\gamma \\ L=W\cos\gamma\end{cases} \tag{4.3}$$

4.1.2 描述爬升特性的主要参数

描述飞机爬升特性的主要参数有爬升梯度和爬升率（见 3.4.2 小节）。当飞机做非定常爬升时爬升梯度与爬升率如下。

爬升率

$$R_C=\frac{\mathrm{d}h}{\mathrm{d}t}=V\sin\gamma=\frac{\left(\dfrac{T-D}{W}\right)V}{1+\dfrac{V}{g}\dfrac{\mathrm{d}V}{\mathrm{d}h}}=\frac{\left(\dfrac{T}{W}-\dfrac{D}{L}\right)V}{1+\dfrac{V}{g}\dfrac{\mathrm{d}V}{\mathrm{d}h}}=\frac{\left(\dfrac{T}{W}-\dfrac{C_D}{C_L}\right)V}{1+\dfrac{V}{g}\dfrac{\mathrm{d}V}{\mathrm{d}h}} \tag{4.4}$$

爬升梯度

$$G_C=\frac{\dfrac{T-D}{W}}{1+\dfrac{V}{g}\dfrac{\mathrm{d}V}{\mathrm{d}h}}=\frac{\dfrac{T}{W}-\dfrac{C_D}{C_L}}{1+\dfrac{V}{g}\dfrac{\mathrm{d}V}{\mathrm{d}h}} \tag{4.5}$$

式中，加速度因子$\left(1+\dfrac{V}{g}\dfrac{\mathrm{d}V}{\mathrm{d}h}\right)$的计算参见 3.4.2 小节的介绍。由式（4.4）和式（4.5）可以看出，当条件一样时，如果飞行速度随高度增加（$\mathrm{d}V/\mathrm{d}h>0$），则爬升率 R_C 和爬升梯度 G_C 将会减小，这也反映了动能增加时势能会减小这一能量守恒定律，反之亦然。

4.1.3 主要爬升性能参数的计算

反映飞机爬升性能的主要参数有爬升时间、爬升阶段飞过的水平距离和爬升阶段的燃油消耗等。

1）爬升时间

根据爬升率的定义 $\mathrm{d}t=\mathrm{d}h/R_C$ 可得飞机由高度 h_1 爬升到高度 h_2 的时间为

$$t=\int_{h_1}^{h_2}\frac{1}{R_C}\mathrm{d}h \tag{4.6}$$

对式（4.6）数值积分可以计算出爬升段所需要的时间。特别当飞机保持爬升率不变时有 $t=(h_1-h_2)/R_C$。

实际工程计算中，也可以把由高度 h_1 爬升到高度 h_2 等分成 n 个 Δh 高度（$h_2-h_1=n\cdot\Delta h$），在每个 Δh 高度上爬升率取平均值 $R_{\text{Cavg}\cdot k}$，则每段的爬升时间 Δt_k 为 $\Delta t_k=\Delta h/R_{\text{Cavg}\cdot k}$（$k=1,2,\cdots,n$）。特别在非标准大气条件时

$$\Delta t_k=\frac{\Delta h}{R_{\text{Cavg}\cdot k}}\frac{T_{\text{ns}}}{T_{\text{std}}} \tag{4.7}$$

式中，T_{ns}和 T_{std}为飞行高度上的实际温度和标准大气的温度。则有爬升段的飞行时间为

$$t=\sum_{k=1}^{n}\Delta t_k \tag{4.8}$$

2）爬升段的水平距离

把爬升阶段飞过的水平距离记作 X，则有

$$\frac{\mathrm{d}X}{\mathrm{d}h}=\frac{\mathrm{d}X/\mathrm{d}t}{\mathrm{d}h/\mathrm{d}t}=\frac{V\cos\gamma}{R_C}$$

由此可得飞机由高度 h_1 爬升到高度 h_2 飞过的水平距离为

$$X=\int_{h_1}^{h_2}\frac{V\cos\gamma}{R_C}\mathrm{d}h \tag{4.9}$$

实际工程计算中，同样可以把由高度 h_1 爬升到高度 h_2 等分成 n 个 Δh 高度（$h_2-h_1=n\cdot\Delta h$），考虑到飞机的爬升角 γ 很小，近似取 $\cos\gamma\approx1$，在每个 Δh 高度上爬升速度取平均值 $V_{\text{avg}\cdot k}$，则每个爬升段的水平距离 ΔX_k 为 $\Delta X_k=V_{\text{avg}\cdot\text{k}}\cdot\Delta t_k$，则有爬升段的水平距离为

$$X=\sum_{k=1}^{n}\Delta X_k \tag{4.10}$$

3）爬升阶段的燃油消耗

根据燃油流量 F_{F}（fuel flow）的定义可得燃油消耗 $\mathrm{d}W_{\text{F}}=F_{\text{F}}\cdot\mathrm{d}t$，把爬升率公式中的 $\mathrm{d}t=\mathrm{d}h/R_{\text{C}}$ 带入其中可得 $\mathrm{d}W_{\text{F}}=(F_{\text{F}}/R_{\text{C}})\mathrm{d}h$，则由高度 h_1 爬升到高度 h_2 的燃油消耗 W_{F} 为

$$W_F=\int_{h_1}^{h_2}\frac{F_{\text{F}}}{R_{\text{C}}}\mathrm{d}h \tag{4.11}$$

实际计算中，同样可以把由高度 h_1 爬升到高度 h_2 等分成 n 个 Δh 高度（$h_2-h_1=n\cdot\Delta h$），在每个 Δh 高度上燃油流量取平均值 $F_{\text{Favg}\cdot k}$，则每个爬升段的燃油消耗 $\Delta W_{\text{F}k}$ 为

$$\Delta W_{Fk} = F_{Favg \cdot k} \cdot \Delta t_k \tag{4.12}$$

则爬升段的燃油消耗为

$$W_{Fk} = \sum_{k=1}^{n} \Delta W_{Fk} \tag{4.13}$$

4.1.4 定常爬升时的特性参数及影响因素分析

当飞机做定常爬升（爬升速度和爬升角不随时间变化，即 $dV/dt = 0$，$d\gamma/dt = 0$）时，爬升动力学方程为式（4.3），通常爬升角 γ 很小，因此近似取 $\cos\gamma \approx 1$，则式（4.3）可写为

$$\begin{cases} T = D + W\sin\gamma \\ L = W \end{cases} \tag{4.14}$$

1）定常爬升时的爬升梯度

由于爬升角 γ 很小，因此有 $\sin\gamma \approx \tan\gamma \approx \gamma$，由式（4.14）可得定常爬升时的爬升梯度为

$$G_C = \frac{T-D}{W} = \frac{T}{W} - \frac{D}{L} = \frac{T}{W} - \frac{1}{K} = \left(\frac{T}{W} - \frac{1}{K}\right) \times 100\% \tag{4.15}$$

式中，$K = L/D = C_L/C_D$ 为升阻比。由式（4.15）可见在飞机重量和发动机推力一定时，当以对应的剩余推力最大 $(\Delta T = T - D)_{max}$ 时的速度爬升，飞机的爬升梯度为最大，该速度称为陡升速度 V_{MA}（speed for maximum angle of climb），通常是升阻比最大时的速度，即最小阻力速度 V_{MD}。

2）定常爬升时的爬升率

定常爬升时的爬升率为

$$R_C = V\sin\gamma = V\gamma = V \cdot \frac{T-D}{W} = V\left(\frac{T}{W} - \frac{1}{K}\right) \tag{4.16}$$

由式（4.16）可知，对于给定的飞机重量，当以对应于速度和剩余推力的乘积即 $(V \cdot \Delta T)_{max}$ 最大的速度爬升时，飞机的爬升率最大，通常称之为快升速度 V_{MR}（speed for maximum rate of climb）。从功率上看，最大爬升率的速度其实质是剩余功率最大时对应的速度。

3）爬升特性参数随真实空速的变化规律

定常爬升时飞机的推力、爬升梯度、爬升率随速度变化的规律特性可由图 4.2所示的速度极曲线描述。通常快升速度 V_{MR} 大于陡升速度 V_{MA}。以快升速度 V_{MR} 爬升时能在最短的时间内爬升到需要的高度；以陡升速度 V_{MA} 爬升时能在最短的水平距离内爬升到需要的高度。

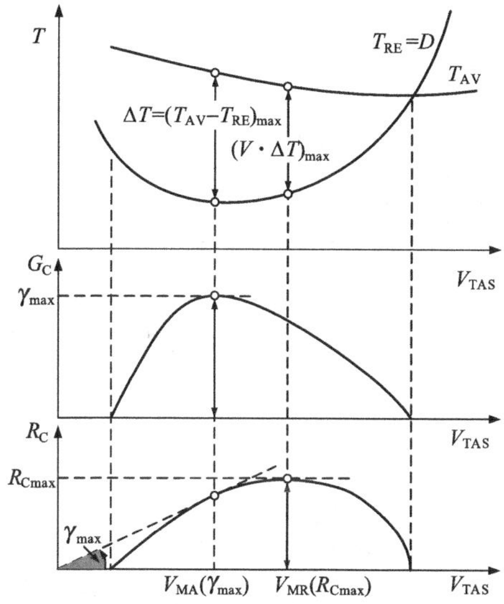

图 4.2 爬升梯度、爬升率及曲线图

4）影响爬升特性参数的因素

（1）高度的影响。

在其他条件相同时，爬升梯度和爬升率将随气压高度的增加而减小。这是由于空气密度随气压高度的上升而降低，爬升推力和阻力减小。但是，通常阻力减小的速度比可用推力减小的速度慢，因而推力和阻力间的差值是随着气压高度增加而减小的，由于剩余推力小，所以爬升梯度和爬升率随气压高度的上升而减小。

（2）温度的影响。

随着温度的升高，由于空气密度变低，因此与高度的影响相同，在其他条件相同时，爬升梯度和爬升率将随温度的升高而减小。

（3）重量的影响。

由式（4.15）和式（4.16）可以看出，对于发动机推力、高度和爬升速度一定时，爬升梯度和爬升率将随着重量的增加而减小。

（4）风的影响。

当只考虑顺风和逆风时，恒定的风分量对爬升高度没有影响，因此爬升率（dh/dt）保持不变，但飞机相对于地面的爬升梯度会改变，逆风时相对于地面的爬升梯度 γ_G 大于相对于空气的爬升梯度 γ_A，逆风时地面距离减小，顺风则相反，如图 4.3 所示。

当只考虑上升和下降风时，恒定的风分量不影响爬升阶段的水平距离，对爬升率和爬升梯度都将产生影响，如图 4.4 所示。

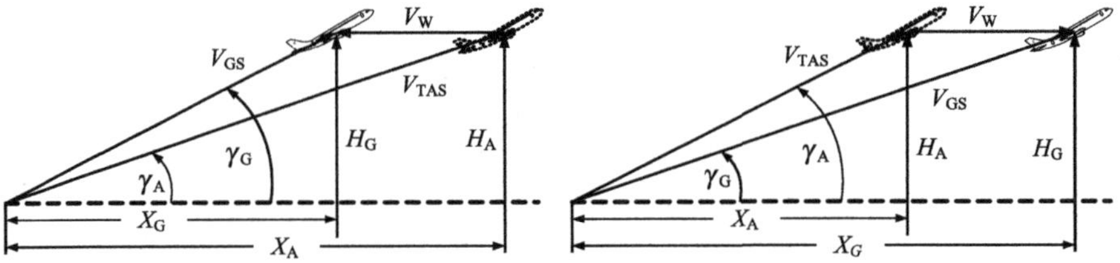

(a) 逆风分量对爬升特性参数的影响 (b) 顺风分量对爬升特性参数的影响

图 4.3 顺风和逆风分量对爬升特性参数的影响

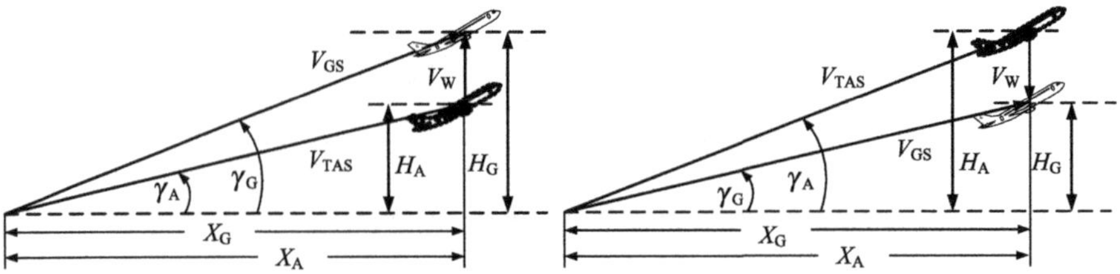

(a) 上升风分量对爬升特性参数的影响 (b) 下降风分量对爬升特性参数的影响

图 4.4 上升风和下降风分量对爬升特性参数的影响

上升风使相对于地面的爬升高度增加，使得相对于地面的爬升梯度 γ_G 大于相对于空气的爬升梯度 γ_A，因此爬升率增大，下降风的影响则恰好相反。

5）升限

当飞机的飞行高度逐渐增加时，空气密度随高度的增加而降低，从而影响发动机的进气量，进入发动机的进气量减少，导致其推力也将减小。达到一定高度时，因飞机的发动机推力不足，使其丧失爬升能力而只能维持平飞，此高度即为飞机的升限。升限可分为理论升限和实用升限两种。

（1）理论升限：是指发动机在最大油门状态下飞机仅能维持水平直线飞行的最大高度，即飞机的最大爬升率为零对应的高度。理论上在理论升限处，飞机只能以 V_{MR} 速度平飞。在实际飞行中，飞机是无法达到理论升限的，这是因为爬升率随气压高度的上升而减小，因而高度越高爬升得越慢，要想爬升至理论升限需用的爬升时间将趋于无穷大。

（2）实用升限：是指发动机在最大油门状态下，飞机爬升率为某一规定的最小值时对应的飞行高度。在实际飞行中，为了保持足够的机动性和安全裕量，通常根据飞机自身的特性，以飞机具有的最大上升率为 100ft/min（FPM）对应的高度（低速飞机），或以 300 ft/min、500ft/min 对应的高度（高速飞机）作为飞机的实用升限，如图 4.5 所示。

4.1.5　典型的爬升方式

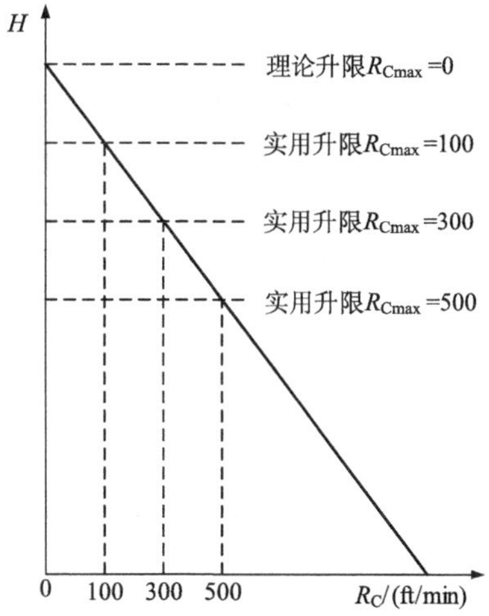

图 4.5　理论升限与实用升限

当飞机重量、环境条件和初始巡航状态（巡航高度和速度）等一定时，可以根据不同的要求和准则确定不同的爬升方式。航路爬升阶段自起飞结束的 1500ft 高度开始，但是为了便于计算和使用，飞机使用手册中的数据都是从起飞离地开始算起的。并且为了便于比较不同爬升方式的特性，规定一个相同的水平距离、高度和速度作为爬升结束的公共点，典型的爬升剖面如图 4.6 所示，各段的规定如下：

A 段：从起飞离地爬升到 1500ft，表速达到 250kn。

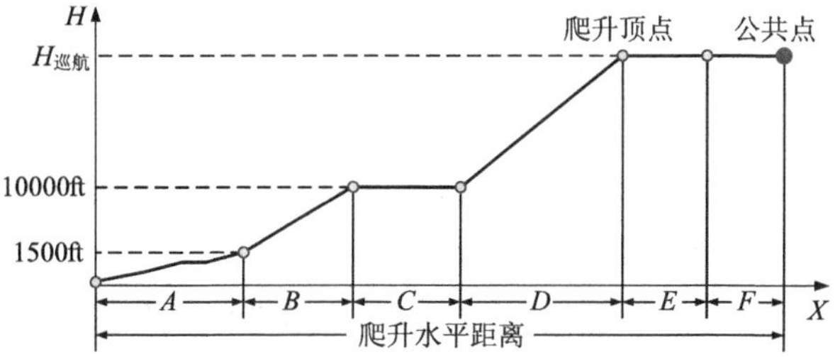

图 4.6　典型的爬升剖面

B 段：从 1500ft 爬升到 10000ft，通常按表速 250kn 爬升。

C 段：在 10000ft 高度上平飞加速度爬升速度。

D 段：按给定的表速和马赫数爬升到爬升顶点。

E 段：在初始巡航高度上加速到巡航马赫数。

F 段：巡航飞行到公共点。

根据不同的准则可以选择不同的爬升方式，常见的典型爬升方式有如下几种。

(1) 爬升距离最短的爬升方式：从起飞离地到爬升顶点的水平距离最小，即如图 4.6 中所示的 (*A*+*B*+*C*+*D*) 最小，该爬升方式就是爬升梯度最大的陡升爬升方式。

(2) 爬升时间最短的爬升方式：从起飞离地到爬升顶点的时间最短，该爬升方式就是爬升率最大的快升爬升方式。随着爬升高度的增加最大爬升率下降，对应的快升速度增加。

(3) 爬升燃油最省的爬升方式：从起飞离地到爬升顶点的燃油消耗最小。

(4) 爬升航段燃油最省的爬升方式：从起飞离地到公共点的燃油消耗最小。

(5) 爬升航段成本最低的爬升方式：从起飞离地到公共点的直接运营成本最低，该爬升方式也称为经济爬升。

(6) 减推力爬升方式：为了降低发动机涡轮温度和疲劳载荷，延长发动机寿命，节省维修成本。

(7) 以给定的指示空速/马赫数进行爬升：在中低空保持等表速上升，在高空保持等马赫数爬升。

4.1.6 几种典型爬升方式的分析

1) 爬升时间最短的爬升

爬升时间最短的爬升方式即是以爬升率最大的快升爬升方式，其优点在于可以在最短的时间达到给定的高度，因此航班占用航道的时间也最短，有利于提高航道的利用率；同时在一定程度上能节省燃料消耗，这是因为发动机在正常的飞行高度范围内，低空飞行时的耗油率高于高空。

随着爬升高度的不断增加，最大爬升率对应的真空速也是不断增大的，如图 4.7 所示。随着高度的增加，最大爬升率是减小的，而对应的真空速却是增加的。因此为了达到保持最大爬升率的速度需要随着爬升高度不断增加，爬升真空速也要不断增加，即飞机的真空速必须随飞行高度而不断地调整，同时指示空速也要随之不断改变。这在实际飞行中不便于飞行员操纵，也是难以实现的。但是由于飞机以保持等表速爬升时，实际上其对应的真空速是不断增加的，所以在实际使用中，采用以给定的指示空速/马赫数进行爬升是非常接近该爬升方式的。

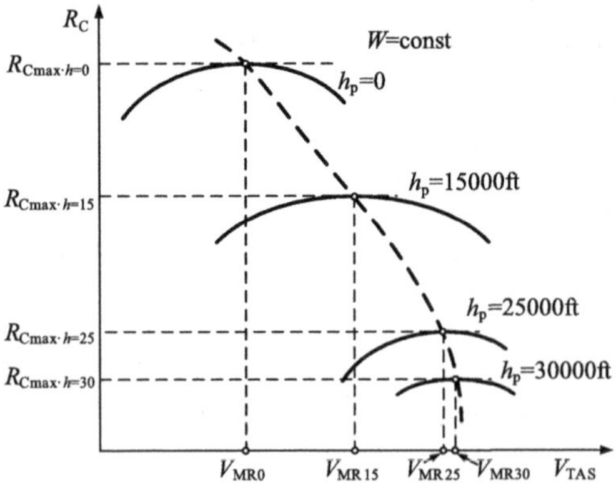

图 4.7 不同高度下真空速与爬升率的关系

2）以给定的指示空速/马赫数爬升

为了便于飞机的操纵和满足相关规章的要求，通常使用低空按恒定的指示空速（V_{IAS}）爬升和高空等马赫数爬升。这是因为根据 CCAR-91.117 规定“除经局方批准并得到空中交通管制的同意外，航空器驾驶员不得在修正海平面气压高度 3km（10000ft）以下以大于 460km/h（250kn）的指示空速运行航空器”。例如，A320 系列飞机的标准爬升剖面为：250kn/300kn/M0.78。按此爬升可以被划分为 4 个阶段（图 4.8）。

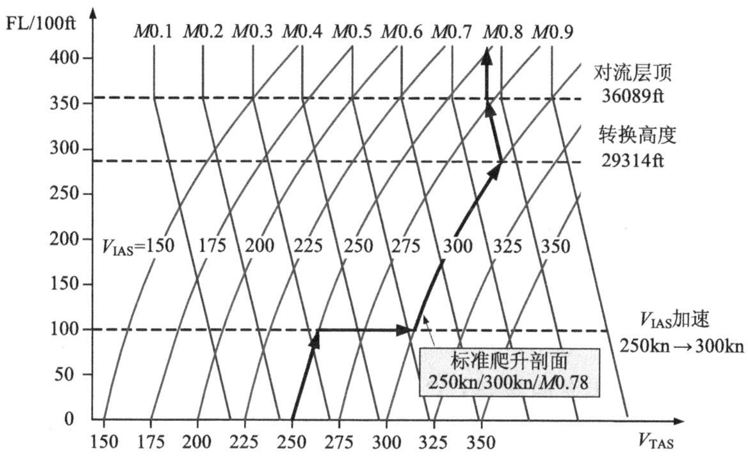

图 4.8 给定指示空速/马赫数爬升时真实空速随高度变化

第一阶段是飞行高度低于 10000ft：以恒定的 $V_{IAS}=250$kn 爬升。这是由于飞行速度受空中交通管制规定的限制。该段爬升过程中真空速是不断增加的。

第二阶段是在 10000ft 高度上平飞加速：爬升到 10000ft，飞机保持高度平飞加速到指示空速 $V_{IAS}=300$kn。

第三个阶段是由 10000ft 等表速爬升到高于转换高度：在 10000ft 高度平飞加速到指示空速 $V_{IAS}=300$kn 后，就以恒定的指示空速 $V_{IAS}=300$kn 爬升，只要马赫数小于 0.78 就保持这个速度，该阶段是真实空速不断增加的加速爬升。

第四个阶段是以恒定的马赫数爬升：当爬升到转换高度（即 $V_{IAS}=300$kn 等于 M0.78 的高度），以恒定的马赫数 M0.78 爬升。高于转换高度，为了避免速度抖振，必须将马赫数（真空速 V_{TAS}和声速之比）保持在一个恒定值。由于声速在对流层顶（31000m，36089ft）之下是随着高度增加而减小的，因此在由转换高度爬升到对流层顶之前是真实空速不断减小的减速爬升过程；对流层顶之上温度不变因而声速不变，故是一个等真实空速的爬升过程。

以给定的指示空速/马赫数爬升是接近于爬升率最大的快升爬升方式，其关

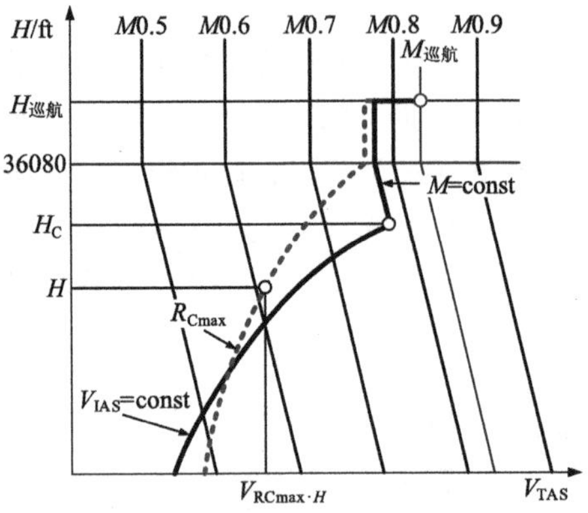

图 4.9　快升爬升与等表速/等马赫数爬升

系如图 4.9 所示。虚线描述的是在每一爬升高度 H 上均以快升速度爬升时的真实空速 $V_{RCmax\cdot H}$ 随高度变化的曲线，实线描述的是以恒定的指示空速/马赫数爬升时真实空速随高度变化的曲线。二者是非常接近的爬升方式，而后者更便于实际使用。

3）爬升段成本最低的爬升

爬升段成本最低即指爬升段的直接运营成本最低。爬升段的直接运营成本 C 可表示为

$$C = C_F \cdot W_F + C_t \cdot t$$

式中，C_F 为单位燃油成本；W_F 为爬升段消耗的燃油；C_t 为单位时间成本；t 为爬升时间。因此直接运营成本随时间的变化率为

$$\frac{\mathrm{d}C}{\mathrm{d}t} = C_F \frac{\mathrm{d}W_F}{\mathrm{d}t} + C_t = C_F(F_F + \mathrm{CI}) \tag{4.17}$$

式中，$F_F = \mathrm{d}W_F/\mathrm{d}t$ 为燃油流量；$\mathrm{CI} = C_t/C_F$ 为飞行成本指数，即时间成本与燃油成本之比。成本指数 CI 的数值较大，则说明时间成本高或燃油成本低，即时间成本占直接运营成本的主要部分；成本指数 CI 的数值较小，则说明时间成本低或燃油成本高，即燃油成本占直接运营成本的主要部分；将式（4.4）带入式（4.17）可得

$$\frac{\mathrm{d}C}{\mathrm{d}h} = \frac{C_F(F_F + CI)}{V\left(\frac{T-D}{W}\right)\Big/\left(1 + \frac{V}{g}\frac{\mathrm{d}V}{\mathrm{d}h}\right)} \tag{4.18}$$

式（4.18）描述的是直接爬升成本随爬升高度的变化率。成本最低的爬升应该是消耗相同的成本能产生最大的爬升率，或爬升率一定时消耗的直接成本最低，即 $(\mathrm{d}C/\mathrm{d}h)_{min}$ 时的爬升是直接运营成本最低的爬升。特别地，最省油的爬升即 CI=0，以爬升率最大对应的速度来实现，该爬升方式也被称为“经济爬升”；当 CI 最大时，爬升速度通常选择限制的最大使用速度 $V_{MO}-10$kn 来获得所需要的爬升。因此当燃油成本占直接成本的主要部分时，减少燃油消耗可降低成本，则选择低速爬升；当时间成本占直接成本的主要部分时，减少时间可使成本降低，则选择高速爬升。一般情况下通过在飞行管理系统中输入合理的成本指数来实现成本最低的爬升。

4.1.7 客舱压力高度的变化

为了给旅客提供舒适的飞行环境，随着飞机爬升高度的增加，客舱增压系统将不断调整客舱的气压高度。通常客舱气压高度被限制在某一个最大值之内，目的在于使旅客感觉舒适（多数飞机限制在 8000ft 左右），并使客舱内外的压力差符合客舱强度和刚度要求（通常压力差 ΔP 被限制在 8.6lbf/in^2（PSI）左右）。例如，空客 A320 的最大客舱气压高度为 8000ft，$\Delta P_{max}=$ 556hPa（8.06PSI）；空客 A340-200/300 的最大客舱气压高度为 7350ft，$\Delta P_{max}=$593hPa（8.6PSI）；通常客舱气压高度根据预先制定的规则随爬升高度进行变化（图 4.10），以便在爬升顶点达到计划的客舱气压高度。客舱气压高度的爬升率通常被限制在 500ft/min 或 600ft/min。

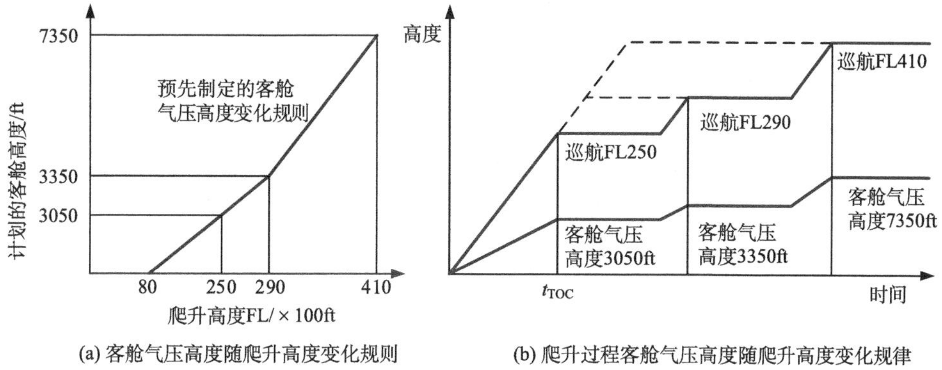

(a) 客舱气压高度随爬升高度变化规则　　(b) 爬升过程客舱气压高度随爬升高度变化规律

图 4.10 客舱气压高度变化

4.1.8 爬升性能参数的相关图表

通常飞机飞行手册中会以图或表格的形式给出典型爬升方式的性能数据，从中可以查出爬升时间、水平距离、燃油消耗和平均真空速等参数，以便于实际使用。

例如，某型号飞机，按规定程序巡航爬升（由 1500ft 爬升到初始巡航高度）时的性能参数如图 4.11～图 4.13 所示。若该飞机在 1500ft 开始爬升重量为 210000lb，按规定程序爬升至 37000ft 时需要的爬升时间是 0.33h（如图 4.11 箭头曲线所示）；消耗的燃油是 4450lb（如图 4.12 箭头曲线所示）；爬升阶段飞过的水平距离为 132n mile（如图 4.13 箭头曲线所示）。

有时飞机飞行手册也会提供表格形式的爬升性能数据。表 4.1 是 B737-800 的爬升性能数据表（部分）。

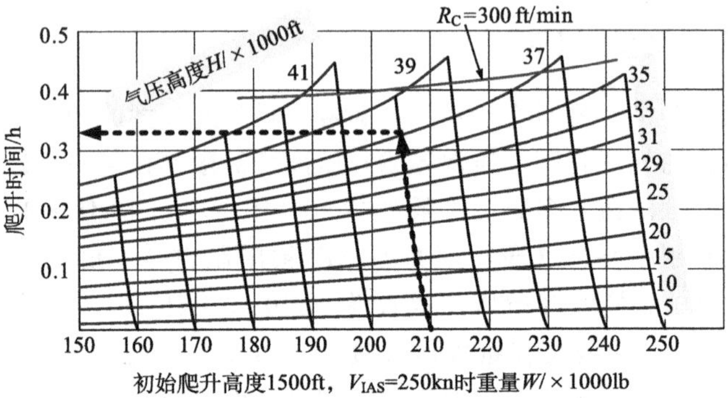

图 4.11 爬升时间曲线

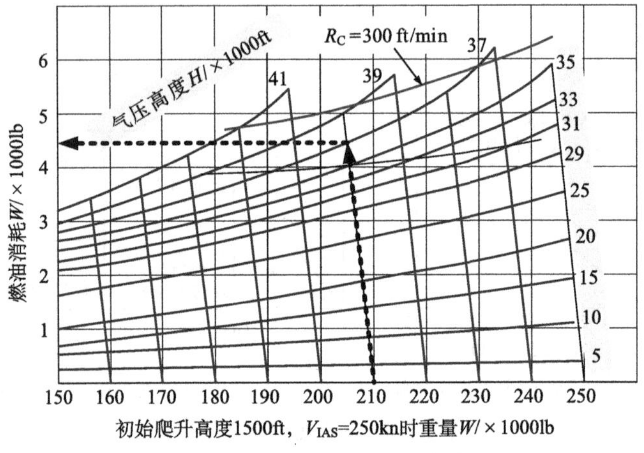

图 4.12 爬升燃油消耗曲线

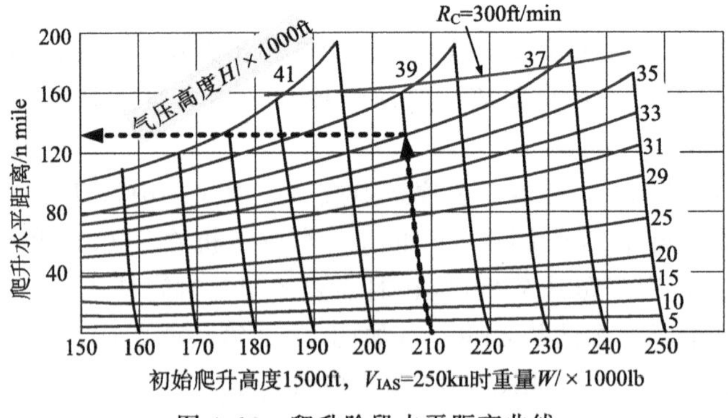

图 4.13 爬升阶段水平距离曲线

例 4-1 已知：标准大气条件 ISA，无风，起飞重量 70000kg，爬升顶点（TOC）高度 33000ft，机场海拔高度 6000ft。试确定：爬升时间、飞过的水平距离、消耗的燃油和平均速度（地速）。

解 根据已知条件由表 4.1 可得：

爬升时间：17min；

飞过的水平距离：98 n mile；

平均速度（地速）：382kn；

消耗的燃油：1600－200＝1400kg。其中修正量－200kg 是根据起飞机场海拔高度 6000ft 确定的。

表 4.1 B737-800 的爬升性能数据表

737-800W CFM56-7B24 CONFIG01 280 CAS / . 78 MACH ISA +0 DEG C WIND 0 kn							
PRESSURE ALTITUDE /ft	UNITS min/kg n mile/kn	BRAKE RELEASE WEIGHT/×1000kn					
		78	74	70	66	62	58
41000	TIME/FUEL DIST/SPD				28/ 2050 178/412	23/ 1800 145/408	20/ 1600 127/405
39000	TIME/FUEL DIST/SPD		31/ 2350 195/410	25/ 2000 155/404	22/ 1800 135/402	20/ 1650 120/400	18/ 1500 108/399
37000	TIME/FUEL DIST/SPD	27/ 2200 163/401	24/ 2000 143/398	21/ 1800 127/396	19/ 1650 115/395	18/ 1500 104/394	16/ 1400 94/393
35000	TIME/FUEL DIST/SPD	23/ 2000 135/392	21/ 1850 122/391	19/ 1700 111/389	17/ 1550 101/388	16/ 1450 92/387	15/ 1300 84/387
33000	TIME/FUEL DIST/SPD	21/ 1850 117/384	19/ 1700 107/383	17/ 1600 98/382	16/ 1450 89/381	15/ 1350 82/381	13/ 1250 75/380
31000	TIME/FUEL DIST/SPD	18/ 1700 99/374	17/ 1600 91/374	16/ 1450 84/373	14/ 1350 77/372	13/ 1250 71/372	12/ 1150 65/371
29000	TIME/FUEL DIST/SPD	16/ 1550 84/365	15/ 1450 77/364	14/ 1350 71/364	13/ 1250 66/363	12/ 1150 60/363	11/ 1050 56/362
27000	TIME/FUEL DIST/SPD	14/1450 71/356	13/1350 66/356	12/1250 61/355	11/1150 56/355	11/1050 52/354	10/1000 48/354
25000	TIME/FUEL DIST/SPD	13/1300 61/348	12/1250 56/348	11/1150 52/347	10/1050 48/347	10/1000 45/347	9/900 41/346
24000	TIME/FUEL DIST/SPD	12/ 1250 56/344	11/ 1200 52/344	11/ 1100 48/344	10/ 1050 45/343	9/ 950 41/343	8/900 38/342

续表

737-800W CFM56-7B24 CONFIG01 280 CAS / .78 MACH ISA +0 DEG C WIND 0 kn							
PRESSURE ALTITUDE /ft	UNITS min/kg n mile/kn	BRAKE RELEASE WEIGHT/×1000kn					
		78	74	70	66	62	58
20000	TIME/FUEL DIST/SPD	10/1050 41/331	9/1000 38/330	8/950 35/330	8/900 33/330	7/800 30/329	7/750 28/329
18000	TIME/FUEL DIST/SPD	9/950 34/324	8/900 32/324	8/850 30/324	7/800 28/324	7/750 26/323	6/700 24/323
10000	TIME/FUEL DIST/SPD	5/650 15/303	5/600 14/303	5/550 13/303	4/550 12/302	4/500 11/302	4/450 10/302
1500	TIME/FUEL	2/300	2/ 250	2/ 250	2/ 250	2/ 250	2/ 200

FUEL ADJUSTMENT FOR HIGH ELEVATION AIRPORTS EFFECT ON TIME AND DISTANCE IS NEGLIGIBLE	AIRPORT ELEVATION	2000	4000	6000	8000	10000	12000
	FUEL ADJUSTMENT	−50	−150	−200	−300	−350	−450

空客系列的飞机在飞行机组操作手册 FCOM (flight crew operating manual) 中，根据机型、起飞重量和爬升速度等条件，查出从海平面爬升到任一高度时所需的时间、水平距离、燃油消耗量和真实空速，同时还给出了是否使用空调和防冰等情况的燃油消耗的修正量。表 4.2 所示为空客 A319/320/321 的爬升性能表。

表 4.2 A320/319/321 爬升性能数据表

CLIMB-250kn/300kn/*M*.78							
MAX. CLIMB THRUST NORMAL AIR CONDITIONING ANTI-ICING OFF	ISA CG=33.0%			FROM BRAKE RELEASE TIME/min FUEL/kg DISTANCE/n mile TAS/kn			
FL	WEIGHT AT BRAKE RELEASE/×1000kg						
	66	68	70	72	74	76	78
390							
370	24 1748 152 385	25 1851 163 387	27 1966 175 389	29 2096 190 391			
350	21 1619 132 377	22 1703 140 378	24 1794 149 380	25 1892 158 381	26 2000 169 383	28 2121 182 385	30 2258 196 388

续表

CLIMB-250kn/300kn/*M*.78

MAX. CLIMB THRUST NORMAL AIR CONDITIONING ANTI-ICING OFF	ISA CG=33.0%	FROM BRAKE RELEASE TIME/min　FUEL/kg DISTANCE/n mile　TAS/kn

FL	WEIGHT AT BRAKE RELEASE/×1000kg						
	66	68	70	72	74	76	78
330	19　1515	20　1589	21　1668	22　1751	23　1840	25　1935	26　2040
	117　369	124　370	131　371	138　373	146　374	155　376	165　378
310	17　1419	18　1486	19　1556	20　1629	21　1706	22　1788	23　1876
	104　361	110　362	115　363	121　364	128　365	135　366	142　368
290	16　1322	16　1382	17　1444	18　1510	19　1578	20　1649	21　1725
	92　350	96　351	101　352	106　353	111　354	117　355	123　356
270	14　1206	14　1259	15　1313	16　1370	16　1429	17　1490	18　1555
	78　337	81　337	85　338	89　339	93　340	97　341	102　342
250	12　1103	13　1150	13　1198	14　1248	14　1300	15　1354	16　1410
	66　324	69　324	72　325	75　326	79　326	82　327	86　328
240	12　1055	12　1099	13　1145	13　1192	14　1241	14　1292	15　1344
	61　317	64　318	67　318	70　319	73　320	76　321	79　321
220	10　964	11　1004	11　1045	12　1087	12　1130	12　1175	13　1222
	52　304	54　305	57　306	59　306	62　307	64　308	67　308
200	9　880	10　916	10　953	10　991	11　1030	11　1070	11　1111
	45　292	46　292	48　293	50　294	52　294	54　295	57　296
180	8　802	8　834	9　867	9　901	9　936	10　972	10　1009
	38　280	40　280	41　281	43　281	45　282	46　283	48　283
160	7　727	8　756	8　786	8　816	8　848	9　880	9　913
	32　267	34　267	35　268	36　268	38　269	39　270	41　270
140	6　654	7　680	7　707	7　734	7　762	8　791	8　821
	27　253	28　254	29　254	30　255	32　255	33　256	34　257
120	6　583	6　606	6　630	6　654	7　679	7　705	7　731
	22　238	23　239	24　239	25　240	26　241	27　242	28　242
100	4　466	5　485	5　504	5　523	5　543	5　563	5　584
	16　211	16　212	17　213	18　213	18　214	19　215	20　216
50	3　301	3　313	3　325	3　337	3　349	3　362	3　375
	8　173	8　174	9　174	9　175	9　176	10　177	10　178
15	2　186	2　193	2　200	2　207	2　215	2　222	2　230
	4　122	4　122	4　123	4　124	4　125	4　126	4　127

LOW AIR CONDITIONING	HIGH AIR CONDITIONING	ENGINE ANTI ICE ON	TOTAL ANTI ICE ON
ΔFUEL=−0.4 %	ΔFUEL=+0.4%	ΔFUEL=+6%	ΔFUEL=+11%

例 4-2 已知空客 A320 飞机，其松刹车时飞机重量是 74t，温度为 ISA，重心位置：33%，空调正常，爬升速度 250kn/300kn/M0.78，防冰关闭，查出爬升到 33000ft 需要的时间、水平距离、消耗燃油和平均真实空速分别是多少？

解 由表 4.2 可以查出爬升到 33000ft，需要的时间：23min，飞过的水平距离：146 n mile，消耗燃油：1840kg，平均真实空速 V_{TAS} 为 374kn。

当爬升为非标准大气压时，有的机型会给出修正方法，有的机型使用不同温度时的类似于表 4.2 的不同爬升性能表。

4.2 下降性能

飞机下降也称下滑，是指飞机由巡航终点下降到机场进近开始点（着陆机场上空 1500ft 准备着陆）的飞行过程。飞机通常是沿倾斜向下的轨迹做等速直线飞行。下降是飞机降低高度的基本方法，本节描述飞机下降特性的主要参数、常用的下降方式及下降性能的基本计算方法。

4.2.1 下降受力分析

下降时飞机的受力关系如图 4.14 所示。其中下降（下滑）角（γ）为飞行速度矢量线与水平线的夹角。

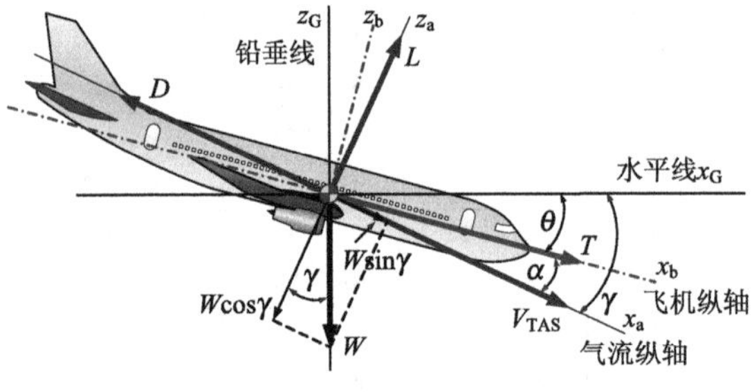

图 4.14 飞机下降飞行时受力分析

根据图 4.14 的受力关系，飞机下降时的动力学方程为

$$\begin{cases}\dfrac{W}{g}\dfrac{\mathrm{d}V}{\mathrm{d}t}=T\cos\alpha-D-W\sin\gamma\\[2ex]\dfrac{W}{g}V\dfrac{\mathrm{d}\gamma}{\mathrm{d}t}=L+T\sin\gamma-W\cos\gamma\end{cases}\tag{4.19}$$

式（4.19）第一个方程中，由于考虑到下降时下滑角 γ 为负值，故式中的重力分量仍写作 $-W\sin\gamma$。通常考虑到飞机爬升时的迎角（α）较小，因此 $\cos\alpha$

≈1，同时 $L \gg T\sin\gamma$，因此式（4.19）可以写作

$$\begin{cases}\dfrac{W}{g}\dfrac{\mathrm{d}V}{\mathrm{d}t}=T-D-W\sin\gamma \\ \dfrac{W}{g}V\dfrac{\mathrm{d}\gamma}{\mathrm{d}t}=L-W\cos\gamma\end{cases} \tag{4.20}$$

特别当飞机做定常爬升（爬升速度和爬升角不随时间变化，即 $\mathrm{d}V/\mathrm{d}t=0$，$\mathrm{d}\gamma/\mathrm{d}t=0$）时，爬升动力学方程（4.20）可以进一步简化为

$$\begin{cases}T=D+W\sin\gamma \\ L=W\cos\gamma\end{cases} \tag{4.21}$$

4.2.2　描述下降特性的主要参数

描述飞机下降特性的主要参数有下降梯度（下降角或下滑角）和下降率。当飞机做非定常下降时下降率与下降梯度如下。

下降率

$$R_{\mathrm{D}}=\frac{\mathrm{d}h}{\mathrm{d}t}=V\sin\gamma=\frac{\left(\dfrac{T-D}{W}\right)V}{1+\dfrac{V}{g}\dfrac{\mathrm{d}V}{\mathrm{d}h}}=\frac{\left(\dfrac{T}{W}-\dfrac{D}{L}\right)V}{1+\dfrac{V}{g}\dfrac{\mathrm{d}V}{\mathrm{d}h}}=\frac{\left(\dfrac{T}{W}-\dfrac{C_{\mathrm{D}}}{C_{\mathrm{L}}}\right)V}{1+\dfrac{V}{g}\dfrac{\mathrm{d}V}{\mathrm{d}h}} \tag{4.22}$$

下降梯度

$$G_{\mathrm{D}}=\frac{\dfrac{T-D}{W}}{1+\dfrac{V}{g}\dfrac{\mathrm{d}V}{\mathrm{d}h}}=\frac{\dfrac{T}{W}-\dfrac{C_{\mathrm{D}}}{C_{L}}}{1+\dfrac{V}{g}\dfrac{\mathrm{d}V}{\mathrm{d}h}} \tag{4.23}$$

式中，加速度因子$\left(1+\dfrac{V}{g}\dfrac{\mathrm{d}V}{\mathrm{d}h}\right)$的计算参见 3.4.2 小节。由于下降时发动机的推力常使用慢车推力，其值很小，则由式（4.22）和式（4.23）可以看出，下降率 R_{D} 和下降梯度 G_{D} 都是负值。

4.2.3　主要下降性能参数的计算

反映飞机下降性能的主要参数有下降时间、下降阶段飞过的水平距离和下降阶段的燃油消耗等。

1）下降时间

根据下降率的定义 $\mathrm{d}t=\mathrm{d}h/R_{\mathrm{D}}$ 可得飞机由高度 h_1 下降到高度 h_2 的时间为

$$t=\int_{h_1}^{h_2}\frac{1}{R_{\mathrm{D}}}\mathrm{d}h \tag{4.24}$$

对式（4.24）数值积分可以计算出爬升段所需要的时间。特别当飞机保持爬升率不变时有 $t=(h_1-h_2)/R_D$。实际工程计算中，也可以把由高度 h_1 下降到高度 h_2 等分成 n 个 Δh 高度（$h_2-h_1=n\cdot\Delta h$），在每个 Δh 高度上下降率取平均值 $R_{Davg\cdot k}$，则每段的下降时间 Δt_k 为 $\Delta t_k=\Delta h/R_{Davg\cdot k}$（$k=1,2,\cdots,n$）。特别在非标准大气条件时

$$\Delta t_k=\frac{\Delta h}{R_{Davg\cdot k}}\frac{T_{ns}}{T_{std}} \tag{4.25}$$

式中，T_{ns} 和 T_{std} 为飞行高度上的实际温度和标准大气的温度。则有爬升段的飞行时间为

$$t=\sum_{k=1}^{n}\Delta t_k \tag{4.26}$$

2）下降段的水平距离

把下降阶段飞过的水平距离记作 X，则有 $\frac{dX}{dh}=\frac{dX/dt}{dh/dt}=\frac{V\cos\gamma}{R_D}$，由此可得飞机由高度 h_1 下降到高度 h_2 飞过的水平距离为

$$X=\int_{h1}^{h2}\frac{V\cos\gamma}{R_D}dh \tag{4.27}$$

同样可以把由高度 h_1 下降到高度 h_2 等分成 n 个 Δh 高度（$h_2-h_1=n\cdot\Delta h$），考虑到飞机的下降角 γ 很小，近似取 $\cos\gamma\approx1$，在每个 Δh 高度上下降速度取平均值 $V_{avg\cdot k}$，则每个爬升段的水平距离 ΔX_k 为 $\Delta X_k=V_{avg\cdot k}\cdot\Delta t_k$，因此爬升段的水平距离为

$$X=\sum_{k=1}^{n}\Delta X_k \tag{4.28}$$

3）爬升阶段的燃油消耗

根据燃油流量 F_F（fuel flow）的定义可得燃油消耗 $dW_F=F_F\cdot dt$，把下降率公式中的 $dt=dh/R_D$ 带入其中可得 $dW_F=(F_F/R_D)\,dh$，由此可得飞机由高度 h_1 下降到高度 h_2 的燃油消耗 W_F 为

$$W_F=\int_{h1}^{h2}\frac{F_F}{R_D}dh \tag{4.29}$$

同样把由高度 h_1 下降到高度 h_2 等分成 n 个 Δh 高度，在每个 Δh 高度上燃油流量取平均值 $F_{Favg\cdot k}$，则每个下降段的燃油消耗 ΔW_{Fk} 为 $\Delta W_{Fk}=F_{Favg\cdot k}\cdot\Delta t_k$，故得下降段的燃油消耗为

$$W_{Fk}=\sum_{k=1}^{n}\Delta W_{Fk} \tag{4.30}$$

4.2.4　定常下降时的特性参数及影响因素分析

当飞机做定常直线下降（爬升速度和爬升角不随时间变化，即 $dV/dt=0$，$d\gamma/dt=0$）时，下降动力学方程为式（4.21），通常爬升角 γ 很小，因此近似取 $\cos\gamma\approx 1$，式（4.21）可写为

$$\begin{cases} T=D+W\cdot\gamma \\ L=W \end{cases} \tag{4.31}$$

1）定常下降时的下降梯度

由于下降角 γ 很小，因此有 $\sin\gamma\approx\tan\gamma\approx\gamma$，由式（4.31）可得定常下降时的下降梯度为

$$G_D=\frac{T-D}{W}=\frac{T}{W}-\frac{D}{L}=\frac{T}{W}-\frac{1}{K}=\left(\frac{T}{W}-\frac{1}{K}\right)\times 100\% \tag{4.32}$$

式中，$K=L/D=C_L/C_D$ 为升阻比。特别当以慢车推力（忽略推力）下降时有

$$G_D=-\frac{D}{W}=-\frac{D}{L}=-\frac{1}{K}=-\frac{1}{K}\times 100\% \tag{4.33}$$

由式（4.32）可知在飞机重量一定时，当以对应于最小阻力的速度 V_{MD} 下降，飞机的下降梯度为最小，即下降角最小。

2）定常下降时的下降率

飞机在定常下降时的下降率为

$$R_D=V\sin\gamma=V\gamma=V\cdot\frac{T-D}{W}=V\left(\frac{T}{W}-\frac{1}{K}\right) \tag{4.34}$$

特别当以慢车推力（忽略推力）下降时有

$$R_D=-\frac{VD}{W}=-\frac{VD}{L}=-\frac{V}{K} \tag{4.35}$$

由式（4.35）可知在飞机重量一定时，当以对应于速度与阻力乘积最小 $(VD)_{min}$ 的速度下降时，飞机的下降率最小。

3）定常下降参数随速度变化的规律

定常下降时飞机的阻力 D、阻力与速度乘积 DV、下降梯度 G_D、下降率 R_D 随真实空速 V_{TAS} 变化的规律特性，可以用图 4.15 所示的下降速度极曲线描述。通常把慢车推力（即推力值）可以忽略的下降称为滑翔飞行，以下降梯度最小的速度下降，可以使下降相同高度获得最长的水平距离，因此也称该速度为远翔或远滑速度 V_{FD}；以下降率最小的速度下降，可以得到下降相同高度时最长的留空时间，也称该速度为久翔或久滑速度 V_{MS}。通常情况下飞机的久滑速度小于远滑速度即 $V_{MS}<V_{FD}$（图 4.15）。

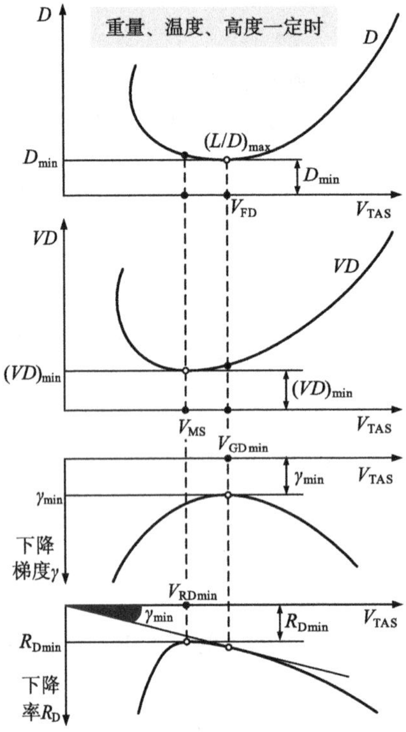

图 4.15 下降速度极曲线

4）影响下降特性参数的因素

（1）高度的影响。

飞机下降时随气压高度的减小密度不断增加，对于慢车推力的定常下降，根据下降梯度 $G_D = D/W$ 和下降率 $R_D = V \cdot D/W$，应该是随着密度的减小阻力减小，下降梯度和下降率是减小的，但是由于下降时通常是按高空等马赫数、中低空等指示空速下降的，因此飞机的真实空速在等马赫数下降时是随高度的下降而增加，但是在以恒定的指示空速下降时随高度的降低真实空速是增大的（如图 4.16（a）所示），而真实空速的增加会使阻力增大，因此高度对下降梯度和下降率的影响是复杂的，如图 4.16（b）和（c）所示。

因此在慢车推力定常下降时，下降特性参数（下降梯度和下降率）的变化规律比较复杂，不是按一个方向变化。主要原因在于它们的变化仅仅取决于阻力，而影响阻力的真实空速在下降时的变化与空气密度的变化不一致，因此阻力不是按一个方向变化的。

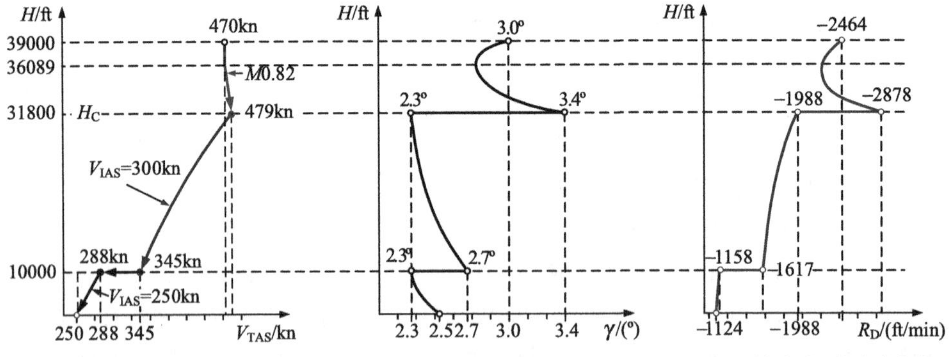

图 4.16 某型号飞机按 M0.82/300/250 典型剖面下降时的特性参数随下降高度变化

（2）温度的影响。

下降的过程中，在高度一定时温度上升将导致空气密度降低，会使阻力也减小，从而下降梯度和下降率将减小。但由于下降时真实空速 V_{TAS} 是变化的，对于通常使用的按给定的马赫数 M 和指示空速 V_{IAS} 下降，随温度上升其 V_{TAS} 是增加的，这又使阻力增加。因此下降梯度和下降率随温度的变化没有显著的规律性。

（3）重量的影响。

重量对下降梯度和下降率的影响取决于速度范围。在低速（指小于最小阻力速度 V_{MD}）飞行时，为了使升力等于重力 $W=L=0.5\rho V^2 SC_L$，则重量越重需要的升力系数 C_L 越大，因此使得升致阻力（诱导阻力）增大，在低速飞行时阻力中诱导阻力占主要成分，从而阻力明显增加（大于重量的增加），所以下降率和下降梯度随重量的增加而增大；而在高速（指大于最小阻力速度 V_{MD}，通常标准下降速度范围位于该区域）飞行时，满足 $W=L=0.5\rho V^2 SC_L$，重量越重需要的升力系数 C_L 也越大，但是由于该速度区域升致阻力（诱导阻力）占总阻力的成分少（参见图 4.17），因此总阻力增加较小（小于重量的增加），所以高速下降时相同的速度对应的下降率和下降梯度随重量的增加而减小，由图 4.17 可以看出，无论是低速和高速下降，保持相同的下降率或下降梯度时，随着重量的增加所需的下降速度是增加的。

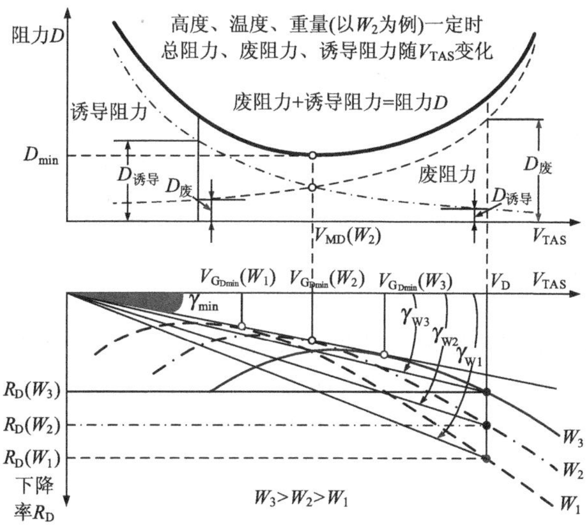

图 4.17　下降率最重量变化

（4）风的影响。

当只考虑顺风和逆风时，恒定的风分量对下降高度没有影响，因此下降率（dh/dt）保持不变，但飞机相对于地面的下降梯度会改变，逆风时相对于地面

的下降梯度 γ_G 大于相对于空气的爬升梯度 γ_A，逆风使地面距离减小，顺风的影响结果则恰好相反，如图 4.18 所示。

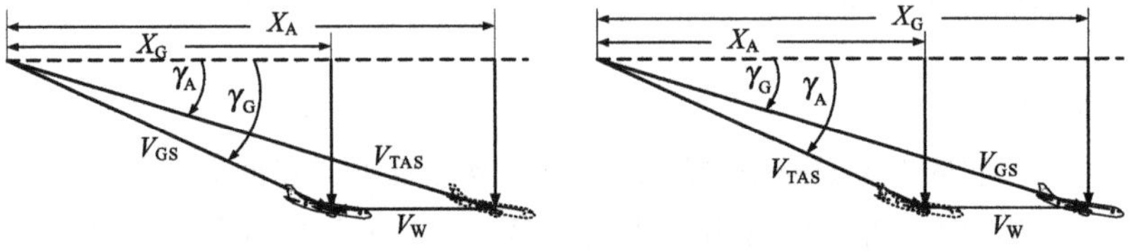

(a) 逆风分量对下降特性参数的影响　　(b) 顺风分量对下降特性参数的影响

图 4.18　顺风和逆风分量对爬升特性参数的影响

当只考虑上升和下降风时，定常的风分量不影响爬升阶段的水平距离，对爬升率和爬升梯度都将产生影响，如图 4.19 所示。上升风使下降的高度减小，因此下降率减小，相对于地面的爬升梯度 γ_G 小于相对于空气的爬升梯度 γ_A，下降风的影响则恰好相反。

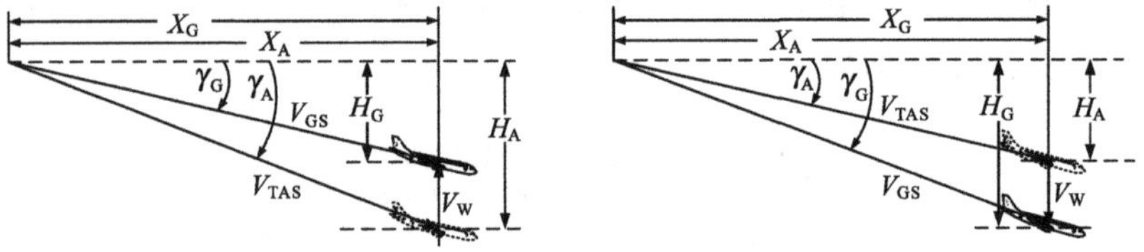

(a) 上升风分量对下降特性参数的影响　　(b) 下降风分量对下降特性参数的影响

图 4.19　上升风和下降风分量对下降特性参数的影响

4.2.5　典型的下降方式

飞机下降方式的选择通常需要在确保飞行安全和满足限制条件的前提下，综合考虑旅客的舒适性、操纵效率和经济效益等因素。

(1) 下降率不宜过大。既要满足旅客舒适性要求，又要与客舱压力变化相适应。

(2) 便于操纵。通常可以采用高空等马赫数、中低空等指示空速下降。

(3) 为了节省燃油，下降完成后应尽快进入进近和着陆，以避免长时间的低空飞行导致燃油消耗更大，因此需要合理地选择下降点。

(4) 满足客舱结构强度对内外压力差限制的要求。

根据上述限制和要求，常用的下降方式如下。

1) 以给定的马赫数/指示空速进行下降的程序

为了便于飞行员操纵，下降时常采用高空等马赫数、中低空等指示空速的方式。图 4.20 是 A320 的标准下降（M0.78/300/250）剖面，下降时真实空速随下降高度变化特点与爬升时恰好相反。

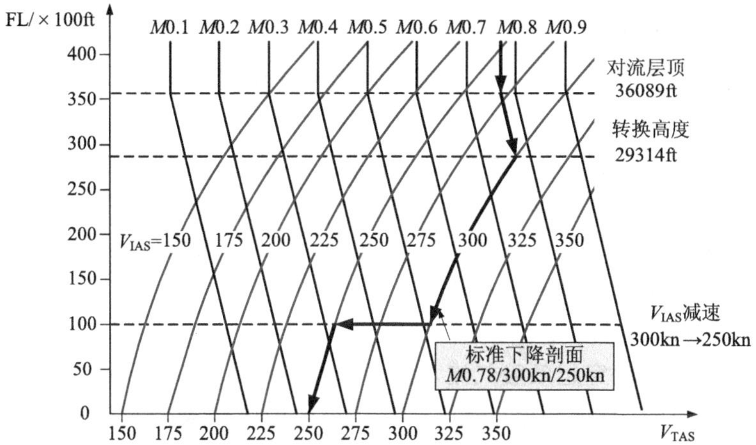

图 4.20　A320 的标准下降（M0.78/300/250）剖面下降时真实空速随高度变化

2）以最小下降梯度下降

当飞机以最大升阻比对应的速度即最小阻力速度（亦称远滑速度）下降时，下降梯度将最小（$\gamma_{min}=-1/K$），下降相同的高度将能获得最大的水平距离，或在飞行相同的距离上能保持最大的高度。正常情况下该种下降方式需要的下降时间较长，使用的意义不大。但是在巡航阶段一发停车时（尤其是飞越高山地区），以该速度下降将是有利的。通常称航线上一发停车后下降到单发升限高度的过程为飘降，飘降速度选择远滑速度是最有利的。

3）最低成本的下降

与爬升段成本最低的爬升作同样的分析，可得

$$\frac{dC}{dh}=\frac{C_F(F_F+CI)}{V\left(\frac{T-D}{W}\right)\Big/\left(1+\frac{V}{g}\frac{dV}{dh}\right)}$$

该式描述的是下降段直接成本随下降高度的变化率。需要注意的是，由于下降阶段推力值远小于阻力值，计算出来的是负值。特别地，当取 CI=0 为最省油的下降，以允许的最小速度下降来实现（通常选择高于最小阻力速度）；若时间成本占主要部分，则需要使用最大的成本指数，实现最快下降（即最大下降率速度），可以选择最大的下降速度来实现，通常选择最大允许使用速度 $V_{MO}-$10kn。因此当燃油成本占直接成本的主要部分时，减少燃油消耗可降低成本，则选择低速下降；当时间成本占直接成本的主要部分时，减少时间可使成本降

低，则选择高速下降。一般情况下通过在飞行管理系统中输入合理的成本指数来实现成本最低的下降。

4）紧急下降

紧急下降是指在巡航阶段客舱增压故障时导致客舱释压、或是需要回避航路冲突等特殊情况而使用的非正常下降。遇到客舱释压时，由于氧气供应的限制，应尽快下降到不需供氧的安全高度 FL100（10000ft）或以下。为此要用最大下降率下降（下降时间最短），选择允许的最大马赫数/速度（M_{MO}/V_{MO}）下降是最佳速度方案，因为它能够提供最大的下降率。需要时可以通过放减速板增加阻力，使得下降率得以增加。在避免航路冲突时，如需采取下降高度的方式避让，同样选择最大下降率下降是最有利的。

5）穿越颠簸气流时的下降

飞机下降时若要穿越颠簸气流，其下降速度将受到限制。颠簸气流中的突风（风速和方向随时变化的不稳定气流）对飞行的影响较大，尤其是垂直突风会引起迎角改变，从而导致升力和载荷发生较大的变化。通常垂直向上的突风使升力增大，垂直向下的突风使升力减小。突风引起的升力和载荷的改变量取决于突风导致的迎角改变量，一般突风引起的迎角改变量与飞机的飞行速度和突风的大小成正比。因此飞行速度越大、突风速度越大，产生的升力和载荷的改变量就越大。载荷的改变量必须限制在允许的机动载荷范围内。突风值的大小是随机的和不可控制的，因此需要通过适当地控制飞行速度来降低突风引起的升力和载荷的变化，使突风载荷在允许的机动载荷范围内，即在穿越颠簸气流下降时速度不能过大；同时穿越颠簸气流的下降速度也不宜过小，因为飞机低速飞行（对应的飞行迎角较大）时如遇到较大的突风，则可能会因为较大的迎角增量导致飞机失速。因此在下降时穿越颠簸气流的速度要限制，既要防止速度过大引起超出机动载荷限制的过载，又要避免速度过小有可能造成的失速，通常在机型的使用手册中会给出穿越颠簸气流的参考速度。

4.2.6 典型下降方式和成本指数

飞机的典型下降剖面如图 4.21 所示。低速下降的特点是相对省油、时间长、水平距离较长、下降率和下降梯度较小，对应于较小成本指数；高速下降的特点是耗油多、时间较短、水平距离较短、下降率和下降梯度大，对应较大的成本指数。从巡航结束的公共点到下降着陆为止的过程，可以根据时间和燃油成本所占的比例，选择合理的成本指数实现最低成本的下降。

4.2.7 客舱压力高度下降

巡航飞行时高度一般都在 40000ft 左右，客舱压力高度按规章要求不超过

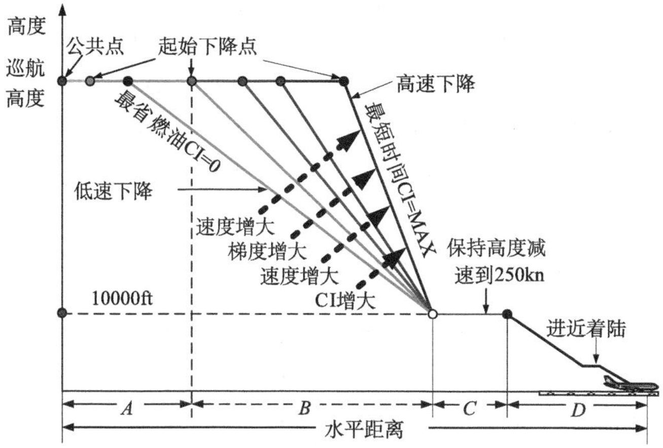

图 4.21 典型下降剖面

8000ft。受飞机结构强度限制客舱内外的压差通常不大于 8.35～8.6PSI（576～593hPa）。同时要求在机场跑道着陆时保持客舱内外压力相等或不大于 0.1～0.15PSI（7～10hPa，在低空相当于 200～300ft）。为了保障旅客的舒适性，通常客舱压力高度变化率被限制在 300～350ft/min，因此飞机的高度下降率要与客舱压力高度下降率相匹配，有时会限制飞机的下降速度。特别地，如果客舱压力高度下降时间大于飞机的下降时间时，需要二次增压，如图 4.22 所示。通常客舱压力高度的下降规律由飞行管理计算机控制，但要考虑到既满足座舱结构的强度刚度对舱内外压力差的要求，又要使乘客能长时间承受的压力变化率。

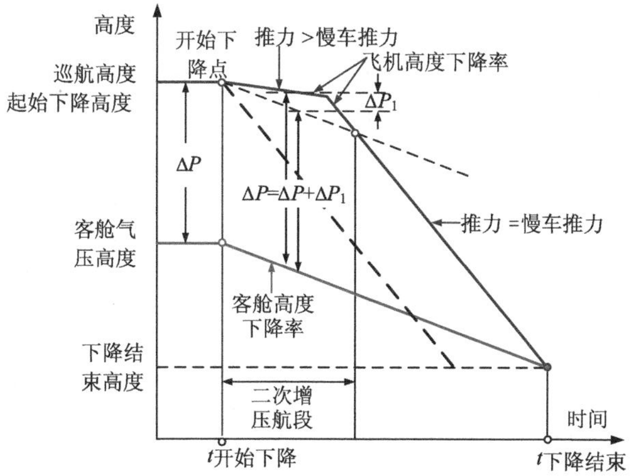

图 4.22 客舱二次增压

特别需要注意，在某些特殊的情况下（如高原机场着陆时），飞机在巡航高度层时客舱的压力高度（小于 8000ft）低于着陆机场的压力高度（高于 8000ft）。这时，飞机必须在下降期间增加压力高度（即需要减小客舱压力）。这样当飞机以负的下降率（即垂直速度为负值）下降飞行高度时，客舱的压力高度需要以正的上升率（垂直速度为正值）随之变化，其目的在于满足在机场跑道着陆时保持客舱内外压力相等。

4.2.8 下降性能参数相关图表的使用

为了便于实际使用，下降性能的相关数据可以从相关的手册中查到。空客系列飞机的飞行机组使用手册 FCOM、波音机型的使用手册中都提供了下降性能表。从表中可查出对给定机型、下降速度规律时，从某高度下降到另一高度的下降性能：下降所需时间、下降段的水平距离、燃油消耗量等，以及有关空调、防冰和非标准大气时的修正量等。表 4.3 为空客 A219/320/321 以 *M*.78/300kn/250kn 下降时的下降性能数据表。其使用方法参见下例。

表 4.3 空客 A219/320/321 以 *M*.78/300kn/250kn 下降时的性能数据表

DESCENT-*M*.78/300kn/250kn									
IDLE THRUST NORMAL AIR CONDITIONING ANTI-ICING OFF				ISA CG=33.0%			MAXIMUM CABIN RATE OF DESCENT 350ft/min		
WEIGHT /×1000kg	45				65				IAS /kn
FL	TIME /min	FUEL /kg	DIST. /n mile	N1	TIME /min	FUEL /kg	DIST. /n mile	N1	
390	16.1	181	102	73.0	17.0	125	103	IDLE	241
370	14.6	152	90	74.0	16.2	121	98	IDLE	252
350	12.9	115	77	75.9	15.6	118	93	IDLE	264
330	11.7	90	69	IDLE	14.9	114	88	IDLE	277
310	11.2	87	65	IDLE	14.3	110	83	IDLE	289
290	10.8	84	61	IDLE	13.7	107	79	IDLE	300
270	10.2	81	57	IDLE	12.9	103	73	IDLE	300
250	9.6	77	53	IDLE	12.1	98	67	IDLE	300
240	9.3	75	50	IDLE	11.7	95	64	IDLE	300
220	8.6	71	46	IDLE	10.9	90	59	IDLE	300
200	8.0	67	42	IDLE	10.1	84	53	IDLE	300

续表

DESCENT-*M*. 78/300kn/250kn									
IDLE THRUST NORMAL AIR CONDITIONING ANTI—ICING OFF				ISA CG=33.0%			MAXIMUM CABIN RATE OF DESCENT 350ft/min		
WEIGHT /×1000kg	45				65				IAS /kn
FL	TIME /min	FUEL /kg	DIST. /n mile	N1	TIME /min	FUEL /kg	DIST. /n mile	N1	
180	7.4	63	38	IDLE	9.3	79	48	IDLE	300
160	6.8	58	34	IDLE	8.5	73	43	IDLE	300
140	6.1	53	30	IDLE	7.6	66	37	IDLE	300
120	5.5	49	26	IDLE	6.8	60	32	IDLE	300
100	4.8	44	22	IDLE	5.9	53	27	IDLE	300
50	1.8	17	8	IDLE	2.2	21	9	IDLE	250
15	.0	0	0	IDLE	.0	0	0	IDLE	250

CORRECTIONS	LOW AIR CONDITIONING	ENGINE ANTI ICE ON	TOTAL ANTI ICE ON	PER 1° ABOVE ISA
TIME	—	+10 %	+10 %	—
FUEL	−2%	+ 60%	+ 75%	+ 0.60%
DISTANCE	—	+10 %	+10 %	+ 0.60 %

例 4-3　已知 A320 下降时起始下降点（*T*/*D*）的重量为 65000kg，温度为 ISA+8，空调正常，防冰关闭，重心位于 MAC33%，下降速度选择为 *M*0.78/300kn/ 250kn。求其从 FL370 下降到 FL15 时的下降参数。

解　根据表 4.3 可知，在标准大气 ISA 时：

下降时间：16.2min；

水平距离：98n mile；

消耗燃油：121kg。

但是由于已知下降时的温度是 ISA+8，为非标准条件，因此需要修正。根据表 4.3 给出的修正原则，时间不需修正；燃油消耗和下降水平距离需要修正。

根据燃油消耗修正方法——每高于标准大气 1°C 增加 0.60 %，因此燃油消耗为

$$121+（8\times0.60\ \%）\times121=127\text{kg}$$

根据距离修正方法——每高于标准大气 1°C 增加 0.60 %，因此下降水平距

离为

$$98+(8\times0.60\%)\times98=103\text{n mile}$$

表 4.4 为波音 B757-200 下降性能表，从表中可以查出下降时间、耗油和水平距离。但是其中只给出了着陆重量对水平距离的影响，而对时间和燃油的影响没有给出。这主要是因为下降时间和燃油消耗受重量的影响较小，因此用一个比较保守的数值即可，而重量对水平距离的影响较大，而且水平距离会影响进近的调速距离及进近着陆航迹的远近，因此表中给出了不同着陆重量时的下降水平距离，目的在于准确地确定起始下降点的位置。

表 4.4 波音 B757-200 下降性能数据表

PRESS ALT /ft	TIME /min	FUFL /lb	DISTANCE NAM LANDING WEIGHT /lb		
			200000	170000	140000
41000	23	795	125	116	104
39000	**22**	**775**	**119**	**111**	**98**
37000	22	760	113	105	93
35000	22	750	108	100	89
33000	20	735	103	95	85
31000	20	725	99	91	81
29000	19	710	92	85	76
27000	18	695	86	80	71
25000	17	680	80	74	66
23000	17	665	74	68	61
21000	16	645	68	63	56
19000	15	630	62	57	52
17000	14	610	56	52	47
15000	13	595	50	47	43
10000	11	540	36	34	31
5000	7	440	17	16	15
1500	**5**	**370**	**6**	**6**	**6**

例 4-4 已知 B757-200 飞机按 *M*0.78/290kn/250kn 方式下降，着陆重量为 185klb，机场气压高度为 6000ft，求从 FL390 下降到机场着陆需要的时间、消耗的燃油、飞过的水平距离。

解 根据表 4.4 知，下降时间、燃油消耗可以忽略重量的影响，但是需要对机场高度进行修正。参见图 4.23，由于机场气压高度 6000ft，因此飞机从 39000ft 到着陆机场上空 1500ft，实际上相当于下降到气压高度 7500ft。根据表 4.4 可以按线性插值得到 7500ft 高度上的性能参数及着陆重量为 185000lb 时的相关参数，如表 4.5 所示。

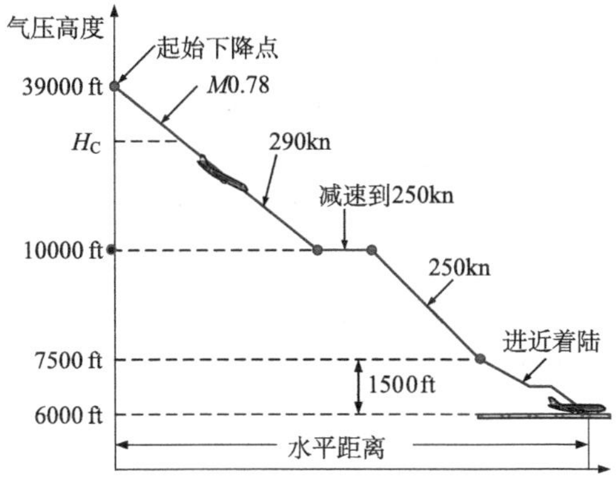

图 4.23 B757-200 下降水平距离示意图

表 4.5 根据表 4.4 经插值计算得到的 7500ft 上的性能参数

PRESS ALT /ft	TIME /min	FUFL /lb	DISTANCE NAM			
			LANDING WEIGHT /lb			
			200000	**185000**	170000	140000
39000	22	775	119	**115**	111	98
10000	11	540	36	**35**	34	31
7500	**9**	**490**	**26.5**	**25.75**	**25**	**23**
5000	7	440	17	**16.5**	16	15
1500	5	370	6	**6**	6	6

由此可得各下降参数。

下降到机场着陆需要的时间为：由 39000ft 下降到机场上空 1500ft（即 7500ft 高度上）的时间，再加上由机场上空 1500ft 到着陆的时间，即(22－9)＋5＝18(min)。

同样，消耗的燃油为：(775－490)＋370＝655(lb)。

同理得着陆重量为 185000lb 时的水平距离为：(115－25.75)＋6＝95.25n mile。

第 5 章　飞机的巡航性能

飞机的巡航阶段是指从飞机爬升阶段结束时刻到开始下降时刻之间的飞行过程，通常保持升力和重力相等，推力和阻力相等，接近于定常直线飞行的飞行状态（图 5.1）。飞机的航班飞行过程中巡航阶段一般是飞行时间最长、航程最长、消耗燃油最多的阶段。巡航阶段主要讨论飞机的航程、航时和燃油消耗。巡航性能分析的目的在于选择巡航高度和巡航速度，以最小的直接运营成本（DOC）完成巡航阶段的飞行，进而获得更高的经济性。正常巡航性能还要考虑一发停车时的飘降、巡航高度及航迹的越障等问题。

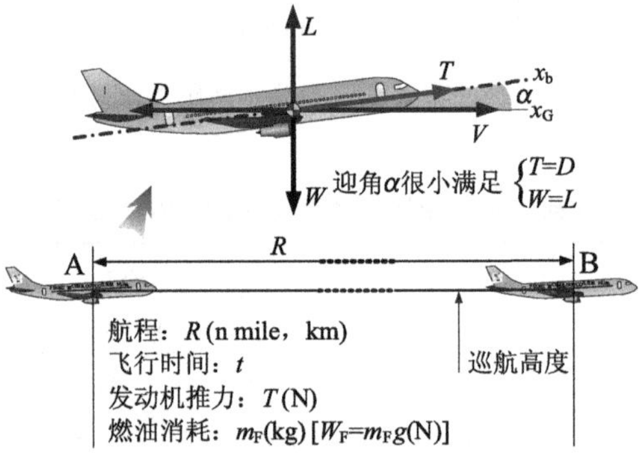

图 5.1　巡航参数

5.1　巡航性能计算的基本公式

5.1.1　航程计算的几个基本参数

飞机巡航阶段获得的航程从本质上看，是通过发动机把燃油的能量转变为对飞机做功。巡航飞行实现最小的直接成本，就是在燃油消耗和时间消耗之间的权衡和优化。表征燃油消耗和时间消耗的主要参数是燃油流量、比航程（燃油里程）、公里耗油量、燃油消耗率等。

(1) 燃油流量 F_F(fuel flow)，是指飞行单位时间（常取 1h 为基本单位）所消耗的燃油质量（kg），即是发动机消耗燃油的速率，则有

$$F_F = \frac{m_F}{t} = \frac{dm_F}{dt} = \frac{dW_F}{g\,dt} \tag{5.1}$$

（2）比航程 S_R(specific range)，是指消耗单位燃油（kg）所飞过的水平距离（km 或 n mile)，也称为航程燃油比，则有

$$S_R = \frac{R}{m_F} = \frac{dR}{dm_F} = g \cdot \frac{dR}{dW_F} \tag{5.2}$$

（3）燃油消耗率 C_{TSFC}(thrust specific fuel consumption)，是指发动机产生单位推力在单位时间所耗油量，则有

$$C_{TSFC} = \frac{m_F}{T \cdot t} = \frac{F_F}{T} \tag{5.3}$$

5.1.2 航程公式

（1）根据比航程的航程计算公式。

在式（5.2）中，考虑到巡航阶段燃油 $W_F(=m_F g)$的消耗即为飞机重量 $W(=mg)$ 的改变量（其值是减小的），因此有 $dW=-dW_F$，则由式（5.2）可得

$$dR = \frac{S_R}{g} \cdot dW_F = -\frac{S_R}{g} \cdot dW = -\frac{S_R W}{g} \cdot \frac{dW}{W} \tag{5.4}$$

记飞机起始巡航的重量为 $W_1(=m_1 g)$，巡航结束重量为 $W_2(=m_2 g)$，则 $W_1 > W_2$。在式（5.4）中把（$W \cdot S_R$）近似看作常数，取巡航段的平均值（$W \cdot S_R)_{avg}$，则由式（5.4）积分可得航程 R 为

$$R = \frac{1}{g} \cdot (S_R W)_{avg} \cdot \ln \frac{W_1}{W_2} \tag{5.5}$$

由航程计算公式（5.5）可以看出，携带燃油越多即（W_1/W_2）越大航程越大；而当消耗燃油相同即（W_1/W_2）不变时，（$W \cdot S_R$）越大则获得的航程越大。

（2）航程公式的进一步分析——飞机的气动效率（$M \cdot K$）对航程的影响。

由式（5.2）可得

$$S_R = g \cdot dR/dW_F = (dR/dt)/[dW_F/(g \cdot dt)] = V/F_F$$

将式（5.3）代入可得

$$S_R = \frac{V}{F_F} = \frac{V}{T \cdot C_{TSFC}}$$

巡航飞行时有 $T=D$，$W=L$，则 $T=(W \cdot D)/L$ 而 $V=a \cdot M=a_0\sqrt{\theta} \cdot M$（其中 a_0 为标准大气海平面的声速，θ 为巡航高度上的温度比），将 T 和 V 的表达式代入上式可得

$$S_R=\frac{V}{T\cdot C_{TSFC}}=\frac{a_0\sqrt{\theta}M}{C_{TSFC}}\frac{1}{W}\frac{L}{D}=\frac{a_0\sqrt{\theta}}{C_{TSFC}}\cdot\left(M\frac{L}{D}\right)\cdot\frac{1}{W} \tag{5.6}$$

将式（5.6）代入式（5.4）可得

$$\mathrm{d}R=-\frac{S_R}{g}\mathrm{d}W=-\frac{1}{g}\frac{a_0\sqrt{\theta}}{C_{TSFC}}\cdot M\frac{L}{D}\cdot\frac{\mathrm{d}W}{W} \tag{5.7}$$

通常巡航飞行时（$a_0\sqrt{\theta}/C_{TSFC}$）和（$M\cdot L/D=M\cdot K$）变化很小，近似取平均值或认为其为常数，则飞机由起始巡航的重量为W_1巡航飞行到结束重量为W_2的航程可由式（5.7）积分得

$$R=\frac{1}{g}\left(\frac{a_0\sqrt{\theta}}{C_{TSFC}}\right)\cdot\left(M\frac{L}{D}\right)\cdot\ln\frac{W_1}{W_2}=\frac{1}{g}\left(\frac{a_0\sqrt{\theta}}{C_{TSFC}}\right)\cdot(MK)\cdot\ln\frac{W_1}{W_2} \tag{5.8}$$

由式（5.8）可见，巡航时携带燃油越多即（W_1/W_2）越大，则航程越远；当巡航装载的燃油一定时，飞机的气动效率越高即（$M\cdot K$）越大或选择与（$M\cdot K$）最大时对应的速度巡航飞行，则航程越大。对于发动机而言其燃油消耗率越小，或是选择其值较小的最有利高度飞行时，航程越大。

5.1.3 影响航程的因素

根据燃油里程的定义可知，巡航飞行时合理地选择高度和速度，当使燃油里程最大时，则意味着消耗相同的燃油能获得最远的航程。因此影响航程的因素可以归结为影响燃油里程的因素。根据巡航飞行时$W=L$可得巡航速度为$V=\sqrt{\frac{2W}{\rho SC_L}}$，则由式（5.6）可得

$$S_R=\frac{V}{T\cdot C_{TSFC}}=\frac{1}{C_{TSFC}}\cdot\sqrt{\frac{2W}{\rho SC_L}}\cdot\frac{1}{T}\cdot\frac{W}{W}=\frac{1}{C_{TSFC}}\cdot\sqrt{\frac{2W}{\rho SC_L}}\cdot\frac{1}{T}\cdot\frac{L}{W}$$

再将$W=L$，$T=D=0.5\rho V^2SC_D$，代入上式则得

$$S_R=\sqrt{\frac{2}{S}}\cdot\frac{1}{\sqrt{W}}\cdot\frac{\sqrt{C_L}}{C_D}\cdot\frac{1}{C_{TSFC}}\cdot\frac{1}{\sqrt{\rho}} \tag{5.9}$$

利用式（5.9）和式（5.4）可得航程计算公式

$$R=\frac{2\sqrt{2}}{g\sqrt{\rho S}}\cdot\frac{1}{C_{TSFC}}\cdot\frac{\sqrt{C_L}}{C_D}\cdot(\sqrt{W_1}-\sqrt{W_2}) \tag{5.10}$$

由式（5.9）和式（5.10）可知，影响航程的因素包括飞机的重量、速度、高度和发动机的燃油消耗率，在相同条件下，各因素的影响特性如下。

（1）飞机的重量。巡航重量增加，燃油里程会降低，因此航程会减小。

（2）巡航速度。选择与其动力参数（$\sqrt{C_L}/C_D$）取最大值时对应的速度（即

最大航程 V_{MRC}），此时的航程最大。参见图 5.2，速度 V_{MRC} 对应于平飞推力曲线上的 A 点，该点的 φ 角最小。而 $\tan\varphi=T_{RE}/V$，由于巡航时有 $T_{RE}-D$ 和 $W=L$，该两式相除可得巡航需用推力的表示式为 $T_{RE}=W/(L/D)=W/(C_L/C_D)$；又由 $W=L$ 可得巡航时的速度为 $V=\sqrt{\dfrac{2W}{\rho SC_L}}$，因此有

$$\tan\varphi=\frac{T_{RE}}{V}=\frac{W}{\dfrac{C_L}{C_D}}\cdot\frac{1}{\sqrt{\dfrac{2W}{\rho SC_L}}}=\frac{1}{\dfrac{\sqrt{C_L}}{C_D}}\sqrt{\frac{W\rho S}{2}} \tag{5.11}$$

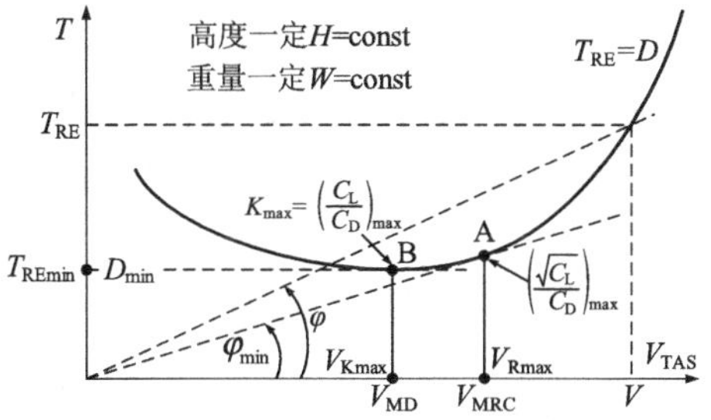

图 5.2　推力曲线上的远航速度

由于巡航飞行时 W、ρ、S 都是常数，由式（5.11）可知，当 φ 最小时，$\tan\varphi$ 也最小，则此时对应的（$\sqrt{C_L}/C_D$）最大，根据式（5.9）可知燃油里程此时也是最大的，故航程也是最大的，所以最小的 φ 对应的速度就是最大航程速度 V_{MRC}。通常最大航程速度大于最小阻力速度 V_{MD}（亦称有利速度即以最大升阻比 K_{max} 飞行时对应的速度），且 $V_{MRC}=1.316V_{MD}$。

（3）巡航高度。巡航高度越高密度（ρ）越小，燃油里程越大，因此航程越远。

（4）燃油消耗率。一般燃油消耗率越小，航程越大。

（5）最大航程与航程因子的关系。

通过前面的推导或比较式（5.4）及式（5.7）可得

$$WS_R=a_0\cdot\frac{1}{C_{TSFC}/\sqrt{\theta}}\cdot\left(M\frac{L}{D}\right)=a_0\cdot\frac{1}{C_{TSFC}/\sqrt{\theta}}\cdot(MK) \tag{5.12}$$

通常称式（5.12）中的 WS_R 或 $a_0\dfrac{1}{C_{TSFC}/\sqrt{\theta}}\cdot(MK)$ 为航程因子，它是一个综合反映飞机的气动效率、发动机特性的参数，特别对于现代大多数民航客机的巡航高度均在平流层，因此温度保持不变（$\theta=$const）、发动机的燃油消耗率也近似为常数，航程因子主要取决于 MK（称之为巡航因子）。因此在平流层保

持等高巡航时，可以通过寻找与最大的 $(MK)_{max}$ 对应的速度飞行，以获得最大的航程。

5.1.4 巡航速度的选择及其影响因素

从上面的分析可以看出，选择合理的巡航速度和高度是提高航班飞行效益的基础。常用的巡航速度包括基于燃油里程分析的最大航程速度和远程速度，以及基于飞行成本指数（即使航班直接成本最低）的经济巡航速度。

1）最大航程速度及其影响因素

最大航程速度 V_{MRC}（maximum range cruise）亦即最大航程马赫数 M_{MR}（maximum range mach number），是指在相同的巡航条件下，能使飞机航程最大的巡航速度或巡航马赫数。即以最大航程速度 V_{MRC} 或最大航程马赫数 M_{MR} 巡航飞行，相同条件下能实现给定距离时的油耗是最少的，亦或给定耗油量时飞机的航程最大。

如前所述，最大航程速度 V_{MRC} 或最大航程马赫数 M_{MR} 是对应于燃油里程最大时的速度。当飞机的巡航高度和重量一定时，可以得到燃油里程随马赫数（速度）变化的曲线（图 5.3），从中可以得到燃油里程最大时对应的最大航程速度 V_{MRC} 或最大航程马赫数 M_{MR}。

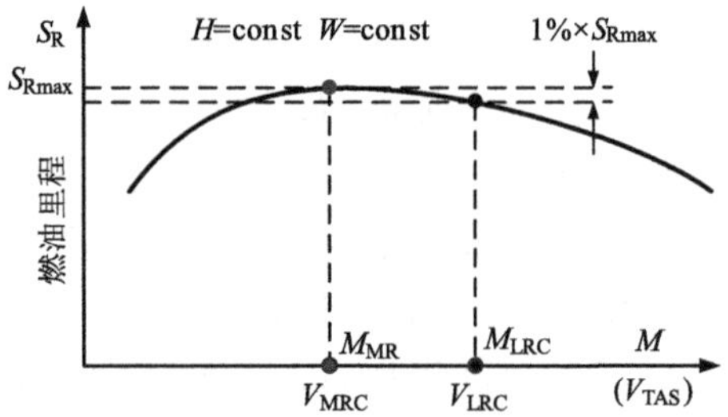

图 5.3 给定高度和重量时的燃油里程曲线

（1）重量对最大航程速度的影响。

当飞机的巡航高度一定时，不同重量下的燃油里程曲线会发生变化（图 5.4）。通常其他条件一样时，随着巡航重量的增加，燃油里程不断减小、最大航程速度或马赫数逐步增大。

（2）高度对最大航程速度的影响。

当飞机的巡航重量一定时，不同巡航高度对应的燃油里程曲线变化规律如图 5.5 所示。通常其他条件一样时，随着巡航高度的增加，燃油里程也不断增加、最大航程速度或马赫数也会逐步增大。

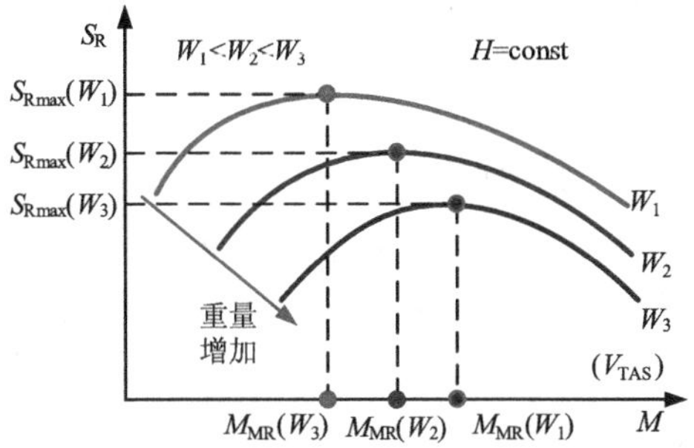

图 5.4 重量对燃油里程和最大航程马赫数的影响

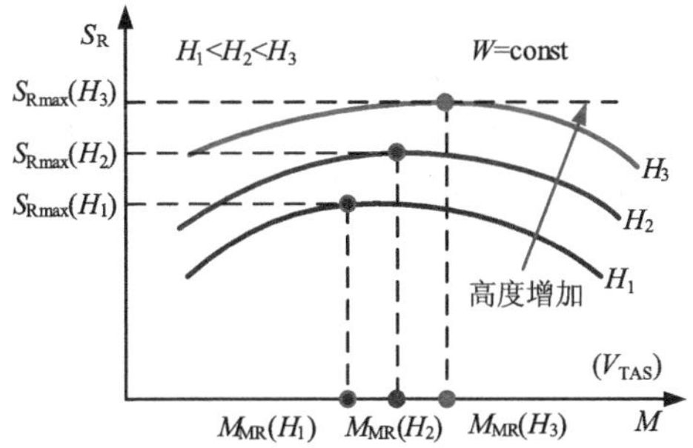

图 5.5 高度对燃油里程和最大航程马赫数的影响

2) 远程速度及其影响因素

在相同条件下，飞机以最大航程速度 V_{MRC} 亦即最大航程马赫数 M_{MR} 巡航飞行时，虽然燃油里程最大并能获得最大的航程，但是由前面的分析可知，巡航阶段飞机的重量是逐渐减小的，其燃油里程是增加的而最大航程速度是减小的，这将导致与飞行速度不稳定区（操纵特性和稳定性都与正常飞行不同的区域，如图5.2所示的小于最小阻力速度的区域）接近，因此不利于飞行。根据燃油里程曲线，在最大燃油里程速度附近区域里，燃油里程随速度的变化比较平缓，通常选择降低1%的燃油里程所对应的较大的速度巡航飞行，即对应于99%最大燃油里程的速度，该速度称为远程速度 V_{LRC}（long-range cruise）或远程巡航马赫数 M_{LRC}。由于 V_{LRC} 或 M_{LRC} 相比 V_{MRC} 或 M_{MR} 增加较多，虽然燃油里程降低了1%但是巡航速度获得了增加，远离了速度不稳定区域，因而稳定性和操纵性会更好，同时飞行时间得以减小，从而补偿了燃油的损失，因此远程速度 V_{LRC} 或远程巡航马赫数 M_{LRC} 是既省油且飞行品质又好的巡航速度，是实际飞行中常使用的巡航方式。

相同条件下，巡航高度和重量对其影响特性与最大航程速度相同，即高度一定时，M_{LRC}随重量减小而减小，燃油里程增大；重量一定时，M_{LRC}随高度减小而减小，燃油里程也减小。

3）经济巡航马赫数

经济巡航马赫数M_{ECON}是指航班飞行的直接运营成本DOC（direct operating costs）最小时的巡航马赫数或速度。通常直接运营成本DOC主要包含三部分：固定成本，如税金、保险费等，通常是保持不变的常数；与飞行时间相关的成本，如小时维护成本、折旧、人员的小时费、空管和机场等服务费，一般与飞行时间成正比；与油耗相关的成本，与燃油价格相关，主要取决于航程。航班的直接运营成本记作C，可表示为

$$C = C_F W_F + C_t t + C_0 \tag{5.13}$$

式中，C_F为燃油成本系数（¥/kg或$/100lb）；$W_F$为消耗的燃油（kg）；$C_t$为时间成本系数（$/h，¥/h）；t为飞行时间（h）；C_0为固定成本（¥或$）。

直接运营成本DOC与巡航马赫数的关系如图5.6所示。使得直接成本最低即图中DOC_{min}对应的巡航速度即为经济巡航马赫数M_{ECON}。

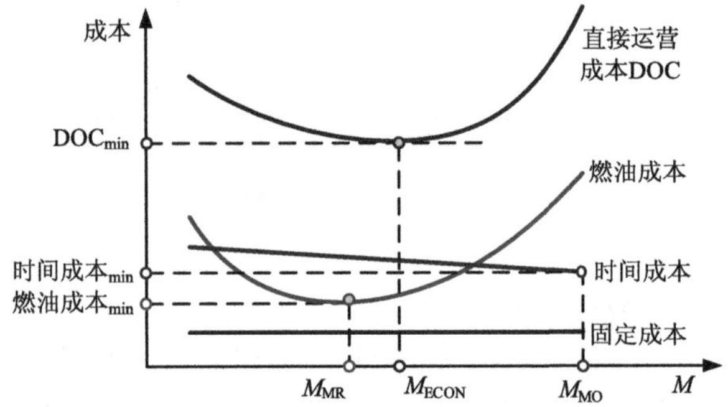

图5.6 直接运营成本DOC与巡航马赫数的关系

最佳巡航马赫数或速度的选择，实际上就是使式（5.13）的直接成本最小。

(1) 影响成本指数的主要因素。

由式（5.13）可得直接运营成本随巡航距离的变化率（即单位巡航距离的直接运营成本）为

$$\frac{dC}{dR} = C_F \frac{dW_F}{dR} + C_t \frac{dt}{dR} = C_F \frac{1}{dR/dW_F} + C_t \frac{dt}{dR}$$
$$= C_F \frac{1}{C_R} + C_t \frac{1}{V} = C_F \left(\frac{1}{C_R} + \frac{CI}{V} \right) \tag{5.14}$$

式中，$CI = C_t / C_F$为飞行成本指数（cost index），即时间成本系数与燃油成本系数之比，其量纲为［M/T］，常用单位是kg/min或100lb/h。直接运营成本低

应该使式（5.14）确定的 dC/dR 小，由此可知直接运营成本随燃油里程的增大而减小（燃油成本），随飞行速度的增加而减小（时间成本）。飞行速度的影响大小取决于成本指数。特别地：

CI=0，飞行时间成本为 0，此时 $M_{ECON}=M_{MR}$（燃油里程最大时的远航马赫数）。

$CI=CI_{max}$，飞行时间成本高，燃油成本低，M_{ECON}=最大允许速度，实现飞行时间最短巡航飞行。最大允许速度通常选为（$M_{MO}-0.02$）或（$V_{MO}-10kn$）。

（2）最低成本指数的巡航速度。

把飞行时间 $t=R/V=R/(a \cdot M)$ 和燃油消耗 $W_F=R/S_R$ 带入式（5.13）可得

$$C=C_F \cdot \frac{R}{S_R}+C_t \cdot \frac{R}{a_0\sqrt{\theta}M} \tag{5.15}$$

式（5.15）中航程 R 是确定的巡航距离，通常为常数，燃油里程 S_R 是随巡航马赫数而变化的，因此 S_R 是马赫数的函数。使 $dC/dM=0$ 时的巡航马赫数应该是成本最低的。因此由式（5.15）计算 dC/dM，并令其等于 0 可求得直接运营成本最低时成本指数与马赫数的关系为

$$CI=-\frac{a_0\sqrt{\theta}M^2}{S_R^2} \cdot \frac{dS_R}{dM} \tag{5.16}$$

根据给定高度和重量时燃油里程随马赫数的变化关系（图 5.3）可以得到 dS_R/dM 随 M 的变化关系。进而由式（5.16）可以计算出给定高度下的 CI 随 M 的变化曲线，如图 5.7 所示。同样在给定高度时，针对不同的巡航重量和成本指数，按图 5.4 可以得出如图 5.8 所示的不同成本指数的燃油里程曲线。一般最经济巡航马赫数的选择取决于实际飞行时的 CI 值的大小。

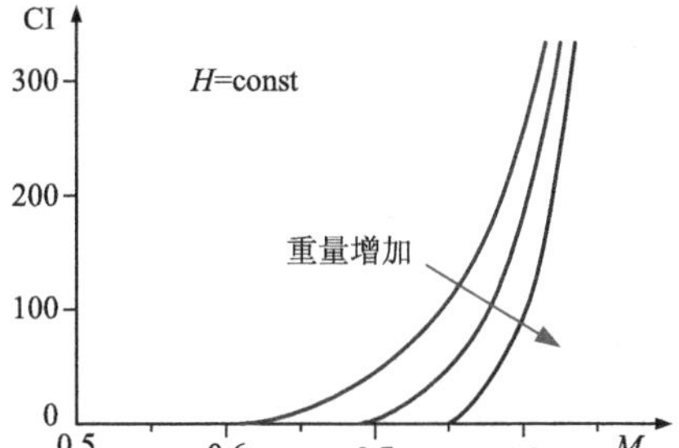

图 5.7　给定高度下的 CI 随 M 的变化曲线图

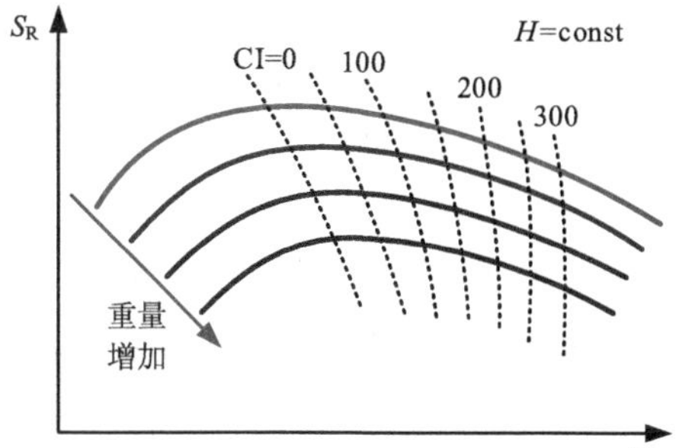

图 5.8　给定高度不同成本指数的燃油里程曲线

例 5-1 已知 B767-200 飞机，在标准气象条件下，巡航时飞机重量 310000lb，时间成本系数 $C_t = \$500/h$，燃油成本系数 $C_F = \$10/100lb$。已知巡航高度上燃油流量随马赫数的关系为

M	0.75	0.77	0.79	0.81	0.83
F_F/(lb/h)	9706	9911	10159	10720	11727

试计算巡航距离 100n mile 时的最经济巡航马赫数。

解 根据已知条件，巡航成本指数 $CI = C_t/C_F = 5$，计算步骤和结果如表 5.1所示。

表 5.1 巡航成本指数 CI=5 时巡航成本计算结果

M	0.75	0.77	0.79	0.81	0.83	备注
V_{TAS}/kn	432.157	443.681	455.205	466.730	478.254	35000ft 声速 576.209kn
t/h	0.231	0.225	0.220	0.214	0.209	t=100n mile/ V_{TAS}
F_F/(lb/h)	9706	9911	10159	10720	11727	
W_F/lb	2242	2230	2235	2294	2451	$W_F = t \cdot F_F$
时间成本（$）	116	113	110	107	105	$t \cdot C_t$
燃油成本（$）	224	223	224	229	245	$W_F \cdot C_F$
总成本（$）	340	336	334	336	350	$C = C_F W_F + C_t t$
时间成本最低（$）					105	最大巡航马赫数
燃油成本最低（$）		223				远航马赫数
总成本（$）			334			经济马赫数

根据表 5.1 所示的计算结果可知，在给定条件下最经济的巡航马赫数为 0.79。同时还可以看出若不计时间成本即 CI=0 时，最经济的巡航马赫数为远航马赫数；若不计燃油成本，即 CI 值趋近于无穷大时，最经济的巡航马赫数为允许的最大巡航马赫数。

4）等马赫数巡航

当给定高度按等马赫数 M_C 巡航飞行时，随着飞机重量逐渐减小，所选择的巡航马赫数 M_C 与最大航程马赫数 M_{MR} 之间的差距不断变大，参见图 5.9。由于远离燃油里程最大值，结果将使燃油消耗不断增加。

5.1.5 巡航高度的选择及其影响因素

巡航高度的选择，通常要满足最佳的经济性，同时还要考虑到空中交通管制的限制、飞机自身的限制及气象条件的影响。

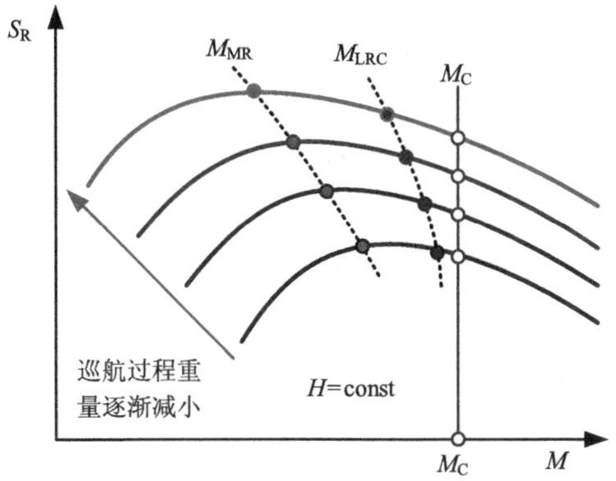

图 5.9　等马赫数 M_C巡航

1）最佳巡航高度

由燃油里程计算式（5.9）可见，巡航高度会影响到燃油里程，进而影响巡航飞行的经济性。在保持恒定马赫数巡航飞行时，对于每个给定重量，燃油里程 S_R随气压高度的变化特性如图 5.10 所示。当选定巡航马赫数后，对应于每一个巡航重量，都有一个使 S_R最大的高度，该高度常被称为“最佳巡航高度”，其实质是使燃油里程最大的高度。当按恒定的 M 数巡航飞行时，随着燃油的消耗，飞机的重量不断减小，其对应的最佳（最省油或最大航程）巡航高度是逐渐增加的，燃油里程的最大值也是随之增大的。

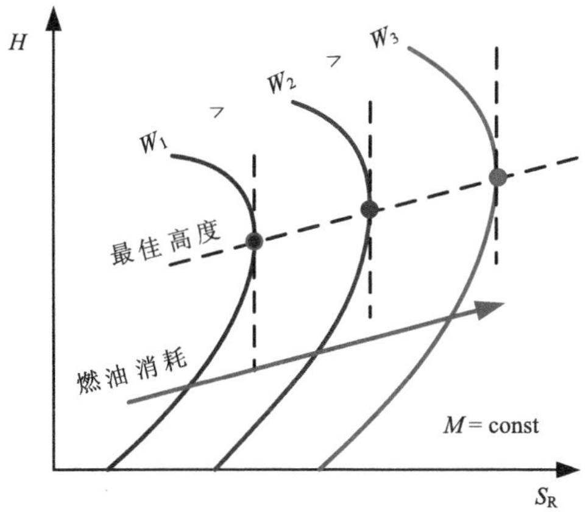

图 5.10　给定巡航马赫数的最佳巡航高度

2）高度与气动效率

飞机高速巡航时必须考虑空气压缩性的影响，即随着飞行马赫数的增加波阻逐渐增大，使得飞机的总阻力增加。通常当飞行马赫数小于0.4时，完全可以略去空气压缩性的影响；当马赫数在0.4～0.76时，空气压缩性对阻力的影响逐渐显现；当马赫数超过0.76后，空气的压缩性对阻力有显著影响。一般当飞行马赫数大于0.6后，飞行过程燃油消耗的计算必须计及波阻的影响。而对于同一架飞机在按不同马赫数飞行时，其高速极曲线是不同的，如图5.11所示。从中可以看出不同的马赫数对应的最大升阻比也不同。

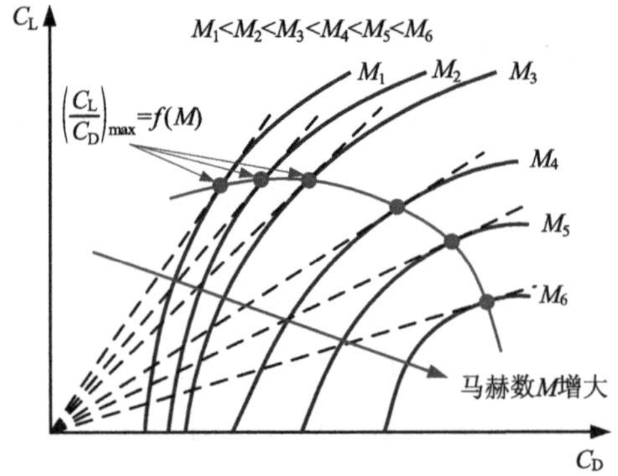

图5.11 高速极曲线

在最佳巡航高度上保持燃油里程最大对应的巡航速度，既选择以（MK）取最大值时对应的速度飞行，同时要满足$W=L$，因此有

$$W=\frac{1}{2}\rho V^2 SC_L=\frac{S}{2}\rho_0 a_0^2\cdot\delta\cdot M^2 C_L\Rightarrow\frac{W}{\delta}$$

$$=\frac{S}{2}\cdot\rho_0 a_0^2\cdot M^2 C_L=0.7p_0 S\cdot M^2 C_L \tag{5.17}$$

式中a_0、ρ_0、p_0分别为标准大气海平面的声速、密度、压强；δ为飞行高度上的密度比。称W/δ为飞机的换算重量。当给定飞机巡航重量和巡航高度即W/δ后，由飞机的高速极曲线（图5.11）数据和式（5.17），可以求得其最大气动效率（MK）所对应的最佳巡航马赫数M_{MR}，如图5.12所示。

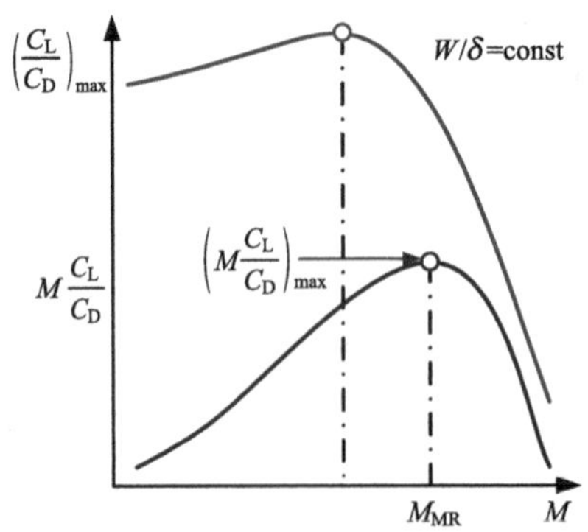

图5.12 最大气动效率（MK）对应的M_{MR}

3）推力限制的高度

每台发动机均有一个受到限制的最大巡航额定推力，通常该最大推力是随着气

压高度的增加而减小的，当飞机按给定重量飞行时，最大推力限制的最大飞行马赫数如图 5.13 所示。由于这个额定最大推力取决于涡轮能够承受的最大温度，通常当外界温度增加时，该最大推力将减小（图 5.14），因此在高温时由于推力的减小会限制飞机可能飞行的高度。当给定重量并保持高度时，温度增加使推力减小，将使平飞 M 数减小；当给定重量和 M 数时，温度增高使可用推力减小，在其他条件不变时只有降低高度来增大空气密度以使升力增加，因而导致飞行高度降低。

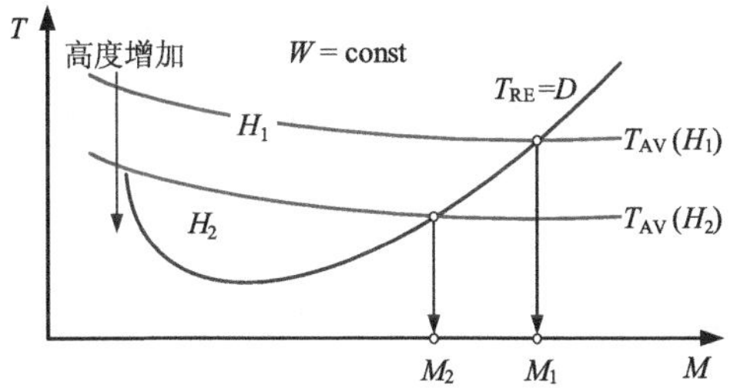

图 5.13 高度对推力限制的最大马赫数的影响

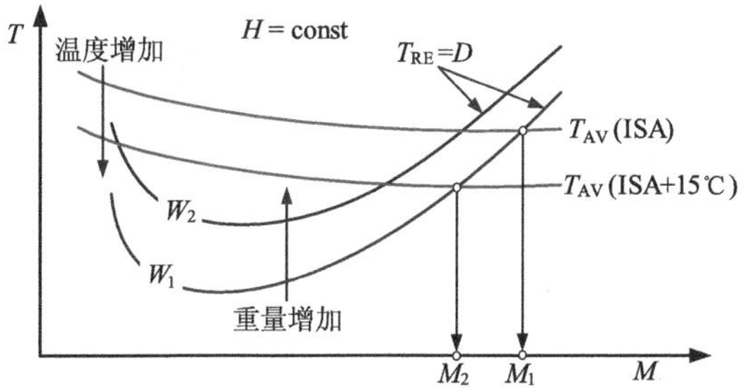

图 5.14 温度对推力限制的最大马赫数的影响

当巡航飞行的重量和马赫数一定时，在最大巡航推力下，飞机能够维持的最大飞行高度称为最大巡航高度。当飞机以给定的马赫数巡航飞行时，由于高度和温度越高，需要的推力越大，因此不同温度下最大巡航高度随重量变化的规律如图 5.15 所示。当给定温度（如实际温度小于 ISA＋10℃）时重量越重（$W_2 > W_1$）对应的最大巡航高度越低（$H_1 < H_2$）；当给定重量（如 W_2）时，温度越高（ISA＋10℃＜ISA＋20℃），其最大巡航高度越低（$H_3 < H_1$）。

最大巡航高度与最佳巡航高度取决于所选择的巡航方式，其关系如图 5.16 所示。

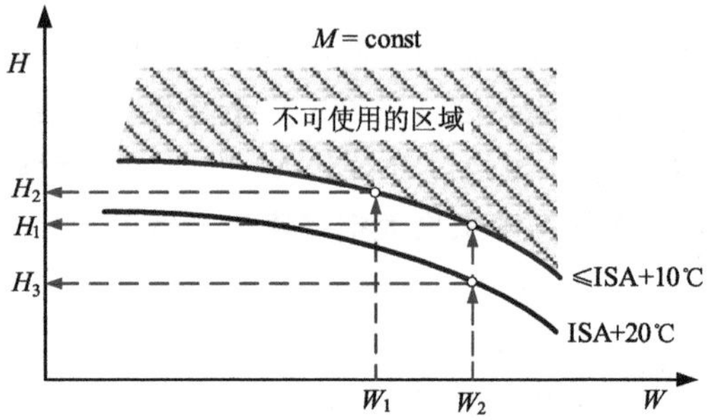

图5.15 不同温度下最大巡航高度随重量变化的规律

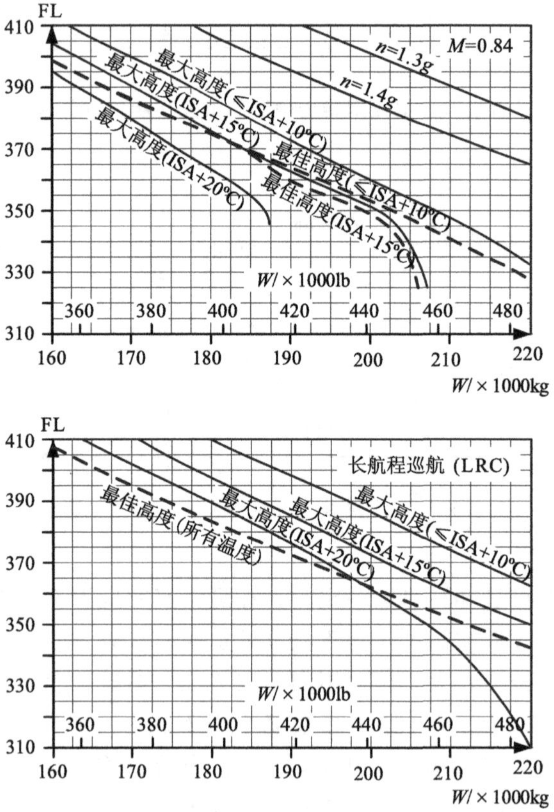

图5.16 某型号飞机的最大和最佳巡航高度

4）风的影响最佳巡航高度

当只考虑巡航阶段的水平风时，根据地速 $V_G = V_{TAS} \pm V_W$（顺风时取正，逆风时取负），飞机相对于地面飞过的距离取决于地速，因此有风时飞机相对于地面的燃油里程 S_{RG} 为

$$S_{RG} = \frac{R_G}{m_F} = \frac{R_G/t}{m_F/t} = \frac{V_G}{F_F} = \frac{V_{TAS} \pm V_W}{F_F} \tag{5.18}$$

由此可见，顺风时飞机的地速增大，使地面燃油里程 S_{RG} 增大，从而消耗相同燃油飞过的航程增加，而逆风则相反，参见图 5.17。在实际飞行中有时会遇到这样的情况，在最佳高度（航程最大）飞行时有不利的逆风（使航程减小），而在某个非最佳高度（航程不是最大）上有顺风（使航程增加），则在那个高度上飞行更有利，这主要取决于综合的影响结果。为了比较风对航程的影响，通常把非最佳高度上使飞机的航程与最佳高度上的航程相等的风速称为风速因子或得失相当的风速。根据巡航方式和巡航重量，飞行手册上会给出“风-高度换算表”或“风速因子表”（如表 5.2 所示，其使用方法参见例 5-2），表中针对不同的巡航方式，对应于每一给定重量，可以读出不同高度上的风速值，该值意为在该高度上相当于最佳巡航高度的有利风速。例如，等马赫数 M0.84 巡航，重量 220000kg，则由表 5.2 可得对应于巡航高度为 FL390 的风速因子值为 29kn，其含义为在给定条件下在 FL390 高度巡航时若有 29kn 的顺风，则其航程与最佳高度巡航的航程一样。又如 LRC 巡航，重量 180000kg 在 FL390 高度得到的风速因子是 0，则表明此巡航条件下静风时 FL390 为最佳巡航高度。一般只有在非最佳高度上的实际风远大于有利的得失相当风时，才去考虑是否改变飞行高度，因为当飞机从一个高度改飞到另一个高度时也会消耗额外的燃油。

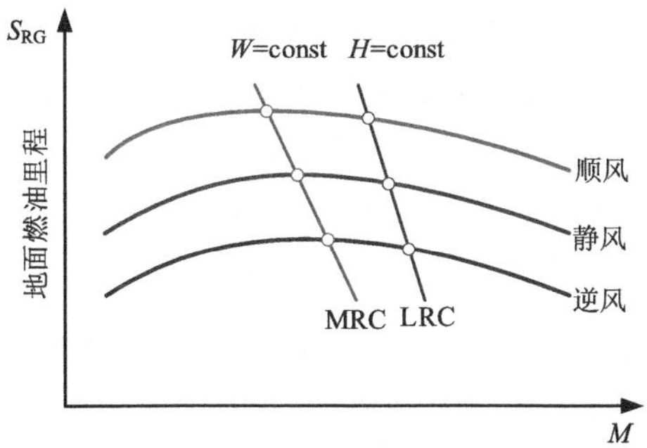

图 5.17　水平风对地面燃油里程的影响

表 5.2 巡航高度和风效果转换表（777-200ER/PW4090）

LRC 巡航									
气压高度/×1000ft	巡航重量/×1000kg								
	300	280	260	240	220	200	180	160	140
43						73	21	1	4
41					72	24	2	0	17
39				66	24	3	0	11	33
37			56	21	3	0	8	26	51
35	89	45	16	2	0	7	23	44	69
33	33	11	1	0	7	21	39	62	86
31	7	0	0	8	20	37	57	79	101
29	0	2	9	21	36	54	74	94	115
27	3	11	23	37	53	71	90	109	127
25	14	25	38	53	70	87	104	121	137
$M=0.84$									
气压高度/×1000ft	巡航重量/×1000kg								
	300	280	260	240	220	200	180	160	140
43						86	26	0	7
41					86	30	3	3	27
39				96	29	4	0	18	55
37			67	26	4	0	14	44	88
35		54	20	3	0	12	37	75	124
33	40	14	0	0	12	34	67	109	161
31	8	0	2	13	33	63	100	145	197

例 5-2 已知 777-200 巡航飞行的风速因子如表 5.2 所示。LRC 方式巡航飞行，巡航重量 200000kg。若已知各高度上实际风的情况如下：FL410 逆风 40kn，FL390 逆风 30kn，FL370 逆风 15kn，FL350 顺风 0kn，FL330 顺风 10kn。试确定考虑风速影响后在哪个高度上巡航更有利。

解 根据给定条件，查表 5.2，计算步骤和结果见表 5.3。

表 5.3 风速因子对巡航高度影响计算结果

步骤	410	390	370	350	330
根据巡航方式（LRC）和重量 200000kg 查得各高度的风速因子	24	3	0	7	21
各高度上的实际风速	−40	−30	−15	0	+10
各高度上的得失相当风速=实际风速−风速因子	−64	−33	−15	−7	−16

从表 5.3 的计算结果可知，在题中给定的条件下，在 FL350 高度巡航是最有利的。

5.2　典型巡航方式及其特点

巡航飞行时通常要满足 $T=D$，$W=L$，因此巡航方式的选择要考虑到气动效率、推力设定和高度选择，任何巡航方式都需要考虑三者之间的协调变化。任何最优的巡航方式都是针对某一个指标（如燃油消耗最小）意义上的最佳。巡航方式的选择必须满足安全和规章要求，同时要考虑到操作上的简便性。

5.2.1　马赫数保持不变的巡航方式

保持马赫数不变的巡航方式可以分为最大航程巡航 MRC（max range cruise）和远程巡航 LRC（long range cruise）。在保持马赫数不变巡航飞行时，为了取得最大航程，考虑到巡航飞行高度一般在平流层内，因此温度不变（即有 θ 为常数），燃油消耗率 C_{TSFC} 变化很小也可以看作常数。根据式（5.8）可知，获得最大航程必须以最大气动效率 $(MK)_{max}$ 时对应的马赫数巡航飞行。同时由式（5.17）可以看出巡航时要满足 $W/\delta=0.7p_0SM^2C_L$，而一般巡航飞行时间较长，燃油消耗较多，因此飞机重量不断减小对巡航参数的影响必须计及。为了综合考虑气动效率、高度的影响，往往根据飞机的相关参数绘制出远程性能曲线确定 M_{MRC} 和 M_{LRC}。图 5.18 所示即为某型号飞机远程性能曲线。从中可以看出当换算重量 $W/\delta=0.9\times10^6$ lb 时恰好穿过气动效率最大的 $(MK)_{max}=13.84$ 点，因此巡航时实现保持最大航程巡航马赫数（远航速度）$M_{MRC}=0.793$ 飞行，必

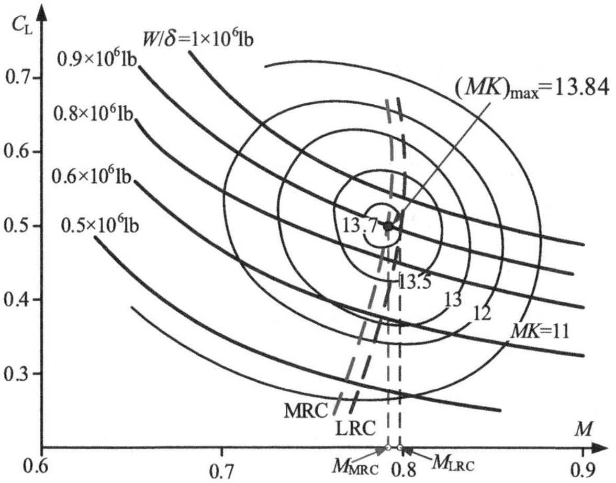

图 5.18　某飞机的远程性能曲线

须要保证换算重量（$W/\delta=0.9\times10^6$lb）保持不变，据此可以计算出不同巡航重量下的最大航程高度如表5.4所示。

表5.4 某型飞机不同重量时的最大航程巡航高度（$W/\delta=0.9\times10^6$lb，标准大气）

$W/\times1000$lb	160	170	180	190	200	210	220
δ	0.178	0.189	0.200	0.211	0.222	0.233	0.244
H/ft	40700	39600	38400	37200	36000	35200	34200

对于远程巡航（LRC）巡航速度，降低$(MK)_{max}$1%（相当于燃油里程降低1%）对应的即为远程巡航马赫数，该型号飞机为$(MK)_{LRC}=13.7$，穿过$(MK)_{LRC}=13.7$的换算重量$W/\delta=0.9\times10^6$lb，对应的$M_{LRC}=0.798$，同样可以得到如表5.5所示的不同巡航重量下的远程高度。

表5.5 某型飞机不同重量时的远程巡航高度（$W/\delta=0.91\times10^6$lb，标准大气）

$W/\times1000$lb	160	170	180	190	200	210	220
δ	0.176	0.187	0.198	0.209	0.220	0.231	0.242
H/ft	41000	39800	38600	37500	36400	35400	34400

通过以上计算和分析，一般远程马赫数大于最大航程马赫数，即$M_{LRC}>M_{MRC}$。由于巡航阶段随着燃油的消耗，飞机的重量不断减小，因此无论是等马赫数的最大航程还是远程巡航，都要不断增加巡航高度，以满足换算重量（$W/\delta=$const）保持不变，因此巡航高度将越来越高，实践中往往是通过阶梯巡航来实现的。

5.2.2 飞行高度保持不变的巡航方式

在实际飞行中，空管部门通常会要求飞机在某个指定的固定高度飞行。保持高度不变的巡航，通常也分为最大航程（MRC）巡航和远程（LRC）巡航。

1）高度不变的最大航程（MRC）巡航

高度固定时，同样是根据飞行条件确定燃油里程最大或航程因子（MK）最大，对应的速度为远航速度（V_{MRC}）或马赫数（M_{MRC}），飞机保持在（$\sqrt{C_L}/C_D$）最大值对应的迎角下飞行，但同样要满足升力等于重力，即$W/\delta=0.7p_0SM^2C_L$，随着飞机的重量在燃油不断消耗后逐渐减轻，高度保持不变，则δ为常数，因此换算重量W/δ将随之不断减小，从而逐渐偏离了燃油里程或巡航因子的最佳值（图5.9）。并且随着重量的逐渐减轻，所需升力也不断减小，为了满足迎角保持不变，则巡航速度需要相应地减小，阻力也会随之减小，因此需要不断调整推力值。更由于速度的减小使得其更接近第二速度范围，速度稳定性变差。一般最大航程速度 M_{MRC} 就是“飞行管理系统（FMS）”中成本指数 CI 设为 0 时所飞的速度。

2）高度不变的远程巡航（LRC）

给定高度下的远程巡航（LRC）是选择最大燃油里程或航程因子降低 1%后对应的巡航速度 V_{LRC} 或 M_{LRC}。通常该速度会比最大航程速度 V_{MRC} 或 M_{MRC} 增加 2%～4%，但燃油消耗仅仅略增 1%，同时该速度能远离“操作反区”，更易于操纵且速度稳定性更好。实际飞行中的远航速度 V_{LRC} 或 M_{LRC} 可以从 FMS 页面直接选取，更经常使用。同样随着飞机重量的不断减小，换算重量 W/δ 亦将随之减小，所需升力逐渐减小，在保持迎角不变的情况下远航速度 V_{MRC} 或 M_{MRC} 也要相应地减小。

5.2.3　马赫数和飞行高度保持不变的巡航方式

由以上分析可以看出，无论是固定马赫数还是固定高度下的 MRC 或是 LRC 巡航，其巡航速度都必需随着飞机重量和巡航高度而变化（W/δ），是一个需要不断改变的“动态”数值。比较直接和便于操作的巡航方式是采用固定高度、固定速度（马赫数）的巡航方式即马赫数和巡航高度均固定不变的巡航。而且该巡航方式可以通过自动驾驶仪提供的高度保持（ALT HOLD）和马赫数保持（MACH HOLD）两项功能直接完成。在制定飞行计划时，按预计航线根据选定的马赫数得到其飞行的真实空速，进而计算出该次任务的飞行时间、需要的燃油量。采用马赫数和飞行高度保持不变的巡航方式巡航的特点是，随着燃油的消耗飞机的巡航重量不断减小，保持高度不变则需要随之减小升力，而速度也要保持不变，因此只有减小升力系数，即逐渐减小飞行迎角，这样阻力系数也会随之减小，因此飞机的阻力也减小。而依然要保持速度恒定，故推力也要随着阻力的减小而减小。通常飞机制造商都会提供几种不同高度、马赫数的巡航性能数据以供不同情况选用。该种巡航方式的马赫数会大于最大航程速度和远航速度，一般在时间成本占直接成本的主导地位时，马赫数和飞行高度保持不变的巡航方式更具有优势。

5.2.4　按发动机额定推力巡航方式

这是通常在飞行环境高温限制了推力、发动机性能下降或是飞机载重较大时使用的巡航方式。现代民航运输机上安装的大型涡轮风扇发动机通常设计有“巡航模式”，在该模式下发动机可以不受时间限制连续工作，发动机的自动装置（主要是“主控油器”或“EPR 限制计算器”）根据实际大气条件实时计算出其工作参数。该种巡航方式会使燃油消耗较大，通常是在选用其他巡航方式时，出现在给定的高度上巡航时发动机推力不足的情况下使用。按发动机额定推力的巡航有保持高度不变和马赫数不变两种方式。保持巡航高度不变，随着飞机重量的减轻，不变的推力使飞行速度（马赫数）不断增加；固定马赫数巡航飞行时，随着巡航重量的减小（重力小于升力）使得飞行高度不断增加。

5.2.5 成本指数巡航

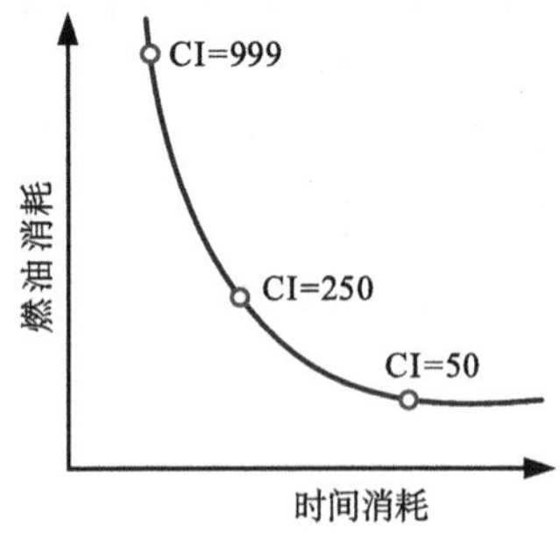

图 5.19 成本指数 CI 与燃油消耗和时间

成本指数（$CI=C_t/C_F$）是对航班直接运营成本的一种简化归类，即把直接运营成本归结为燃油成本和时间成本，也是一种对航班直接运营成本的综合分析，其值取决于时间成本和燃油成本在航班直接运营成本中所占的权重。从 CI 的量纲［M/T］或常用单位（kg/min 或 100lb/h）可以看出，其本质反映的是一种“燃油流率”或“燃油流量”——单位时间（min 或 h）消耗的燃油质量（kg 或 100lb）。实际使用中要将某一个确定的成本指数 CI 值输入计算机，由 FMS 根据该 CI 值确定巡航速度。通常 CI 值较大时，表示需要节省时间，燃油成本较低，飞行速度快但是燃油消耗较多；CI 值较小时，表示需要节省燃油，时间成本较低，飞行速度较慢但是节省消耗。因此成本指数 CI 是对“飞行速度”和“飞行时间”的一种折中考虑（图 5.19）。各航空公司需要根据自身的成本构成状况对速度和时间的利弊权衡具体确定。成本指数巡航与前述几种巡航方式可通过燃油里程（图 5.20）进行综合比较。

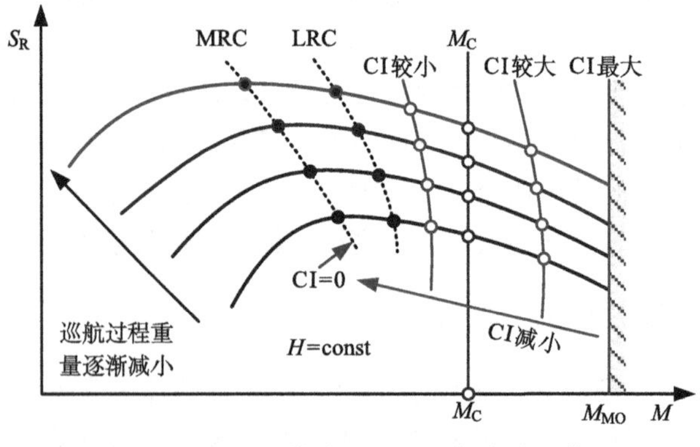

图 5.20 基于燃油里程的巡航方式比较

5.2.6 阶梯式爬升巡航

在前述的巡航方式中，经常遇到的一个问题是，随着燃油的消耗，保证最佳巡航参数值的换算重量（W/δ）不断减小，为此需要不断增加飞行高度。而频繁地改变巡航高度会带来飞机操纵上的麻烦，同时更重要的是受空中交通管制的限制很难实现这样的飞行。可以尽可能接近最佳巡航高度，按照飞行高度层间隔规定的要求，每次以 1000ft 或 2000ft 的“台阶”向最佳高度逐步过渡的方式实现阶梯式爬升（图 5.21）。每次上升到一个新的巡航高度层保持在最佳高度±2000ft 范围内是最有利的，以便尽可能地降低燃油消耗。对于大多数现代民航运输飞机，在高于最佳巡航高度 2000ft 时约损失燃油里程 2%，而在低于 2000ft 时约损失 1%。一般按照 $S_R \geqslant 99\% S_{Rmax}$ 的原则确定是最理想的，同时要考虑到发动机最大推力限制的高度，并考虑到实际风的影响。

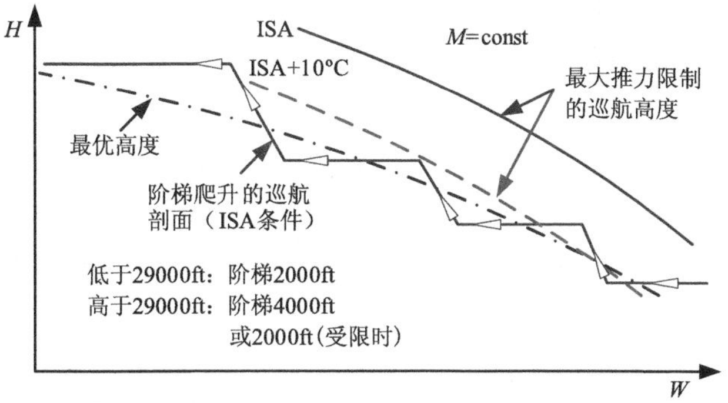

图 5.21　阶梯爬升的巡航剖面

5.2.7　短航程巡航

短航程是指航班飞行距离比较短（一般飞机航程小于 250n mile），与通常的远距离航班飞行的显著区别在于巡航段占的比例较小。短航程的航班飞行上升和下降段所飞过的航程距离可能占总航程距离的 60%～70%。因此在分析计算短航程巡航的燃油消耗等成本时必须考虑上升和下降段的影响。

1）短航程的巡航速度

短航程的最佳巡航速度，应该通过优化整个飞行剖面计算得出。实践表明通过飞行剖面优化得出的最佳速度，与前述的按爬升、巡航、下降分别得出的最佳速度很接近。通常飞行手册中会提供相应的程序。特别需要指出的是，短航程的巡航高度往往较低，因此通常按指示空速，不是按马赫数巡航。

2）短航程的巡航速度

短航程的巡航高度，一般都要比常规意义上的巡航高度低，通常航程越短则巡航高度越低，如图 5.22 所示。对于短航程飞行，飞行手册会提供专用的图标供使用者查找。其飞行剖面通常会包括必要的上升、下降和足够的巡航距离，这样便于飞行员做好下降的准备，图 5.23 所示为某飞机的短航线巡航高度图。

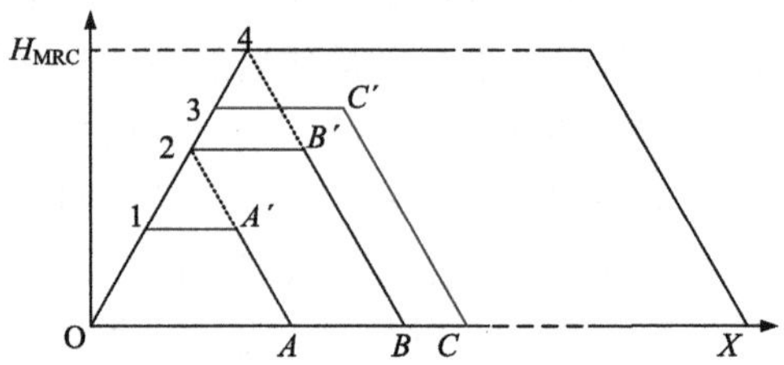

图 5.22 短航程时巡航高度和距离的关系

例 5-3 飞机起飞重量为 200000lb，标准大气条件，航线距离 200n mile，利用图 5.23 给出的巡航高度图，确定其巡航高度。

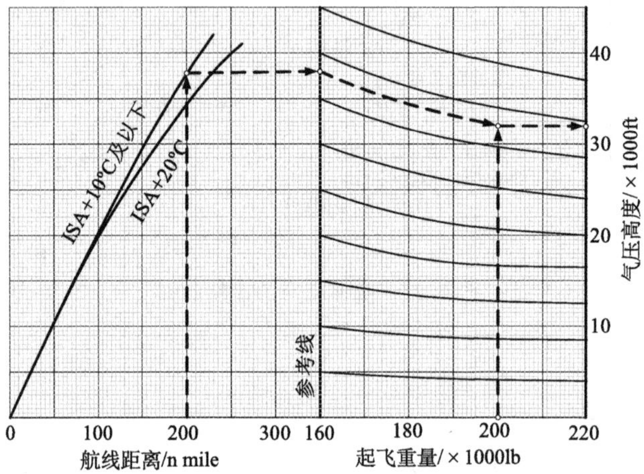

图 5.23 某飞机的短航线巡航高度图

解 按图 5.23 中的虚线所示，可得给定条件下的巡航高度为 32000ft。

5.3 一发停车的巡航性能

5.3.1 一发停车的飞行性能变化

1）可用推力减小而需用推力增加

现代民航运输机如果在巡航期间一台发动机失效，则可用推力减小，对于双发飞机可用推力将减小一半。同时失效的发动机还会产生额外的阻力——风车阻力，这主要是由于其涡轮和风扇的自转产生的。由于推力的不对称作用，使得飞机需要带坡度或侧滑保持平衡稳定的飞行，由此会产生附加阻力——操纵阻力，因此飞机的阻力将增大，故平飞需用推力也增大。

2）高度能力下降

由于单发失效后可用推力减小但阻力（需用推力）增加，其剩余推力显著减小，导致其在最大连续推力作用下的极限飞行高度（升限）下降，表 5.6 所示为 B757-200 在全发工作和单发失效后的极限飞行高度。

表 5.6　B757-200 在全发工作和单发失效后的极限飞行高度

重量/×1000lb	气压高度/ft（ISA+10℃）	
	全发工作（巡航推力）	单发失效（最大连续推力）
240	37100	20500
230	37900	21700
220	38800	23000
210	39700	24400
200	40600	25700
190	41600	27100
180	42000	28400
170	42000	29900
160	42000	31500
150	42000	33000

3）巡航性能变差，远航高度降低

单发失效后飞机的可用推力减小，而由于阻力增加，其有利迎角时的升力系数增大，且最大升阻比减小，飞机保持平飞的需用推力随阻力的增大也增加，使得有利速度和远航速度减小，如图 5.24 所示。

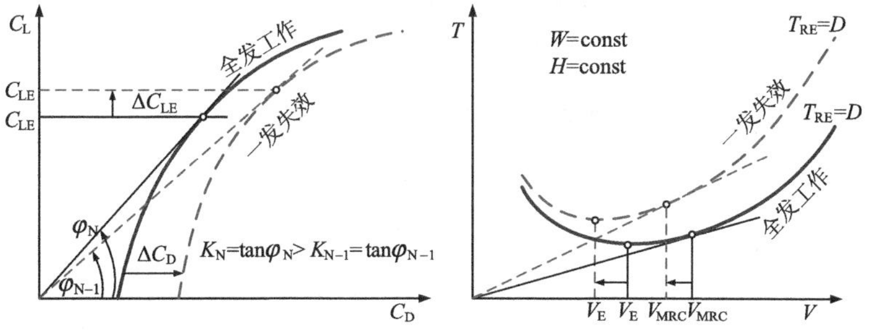

(a) 全发和单发失效后的极曲线　　(b) 全发和单发失效后的需用推力

图 5.24　全发和单发失效后的气动力特性与需用推力的变化

随着单发失效后阻力增大、升阻比减小，由式（5.6）和式（5.8）可知其燃油里程和航程都将减小。由于可用推力减小和阻力增大，剩余推力将减小，因此爬升梯度和爬升率随之下降，因此升限降低，最大航程高度也下降。

5.3.2 飘降

航线上单发失效后，飞机需要下降到一个较低高度并以较小速度飞行的过程称为飘降，如图 5.25 所示。通常飘降的策略和程序包括：

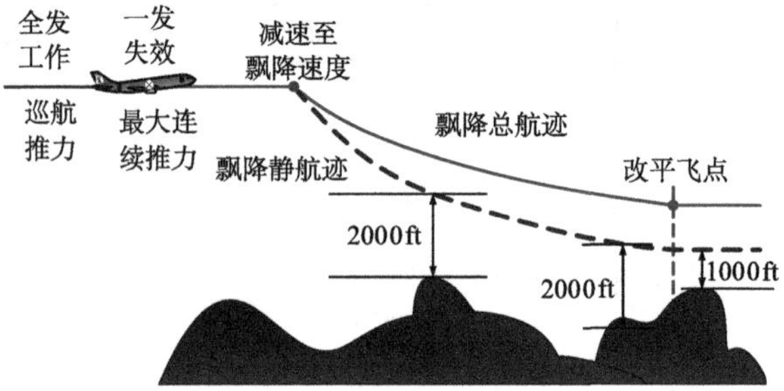

图 5.25 单发失效的飘降过程

- 剩余的发动机选择最大连续推力（MCT）。
- 减速到飘降速度，一般该速度为最大升阻比速度（有利速度）。
- 以飘降速度下降至单发失效后的升限（飘降升限）。
- 选择最大升阻比速度作为飘降速度，可以使飘降过程的下降梯度最小，需要的推力也最小。

1）飘降的限制

按照 CCAR-25 部和 CCAR-121 部的相关规定，飞机飘降时要按净（飞行）航迹飞越障碍物。净航迹数据必须是总航迹梯度（飞机真实数据）减去一定规定的数值爬升梯度（表 5.7）后计算得到的。

表 5.7 飘降静航迹计算时规定的数值爬升梯度

		四发飞机	三发飞机	双发飞机
规定的数值爬升梯度	单发停车	1.6%	1.4%	1.1%
	双发停车	0.5%	0.3%	

计算出来的静航迹数据，要在考虑预定航迹两侧各 25km（13.5n mile）范围内的所有地形和障碍物的情况下，满足以下要求之一。

（1）高于障碍物 1000ft 的高度上有正梯度，并且在准备着陆的机场上空

1500ft 的高度上有正梯度。

(2) 在飘降阶段至少高出障碍物 2000ft，并且在准备着陆的机场上空 1500ft 的高度上有正梯度。

特别在改平飞高度处要求净航迹至少高出障碍物 1000ft，在改平高度后的飞行中必须高出所有障碍物至少 1000ft。

2) 飘降曲线和改平飞高度

为了便于越障检查，飞机的使用手册上会给出飘降曲线和改平飞高度表。

(1) 飘降曲线。

飞机的单发失效飘降曲线如图 5.26 所示。首先要根据空调、防冰的使用情况和实际温度进行修正，得出等效重量，再按图示中的虚线指引，可以得到飘降过程需要的时间、燃油消耗、飞过的地面距离等参数。

例如，飞机单发失效开始飘降重量 93000kg，发动机和机翼防冰打开，从 39000ft 飘降到 23000ft。ISA 温度，飘降过程有 50kn 逆风，根据图 5.26 求飘降参数。

解　根据图 5.26 所示，发动机和机翼防冰打开需增加 7000kg 等效重量修正量，因此飞机的等效重量是 93000＋7000＝100000kg。沿图中的虚线指引可查得，飘降消耗燃油 1360kg，时间 26min，飘降地面距离 145n mile。

(2) 改平飞高度。

在检查单发失效越障能力时，尤其是飞跃高原航线，可以根据如表 5.8 所示的改平飞高度表进行更详细的计算分析。

表 5.8　单发失效改平飞高度表

飞机重量/1000kg		最佳飘降速度/kn	改平飞高度		
开始飘降	改平飞		≤ISA＋10℃	ISA＋15℃	ISA＋20℃
120	116	257	20400	19300	18000
110	106	247	22800	21900	20900
100	96	236	25400	24600	23600
90	87	224	28000	27300	26500
80	77	211	31000	30200	29500
70	67	198	34200	33500	32800

3) 飞机在改平飞高度上的巡航飞行

由于飞机单发失效后，可用推力减小而阻力增大，即需用推力也增大，因此需用推力与速度比值最大（即 $(T_{RE}/V)_{max}$）时所对应的最大航程速度 V_{MRC} 减小（图 5.24 (b)），进而单发失效的最佳巡航高度也下降，同时单发失效后的有利

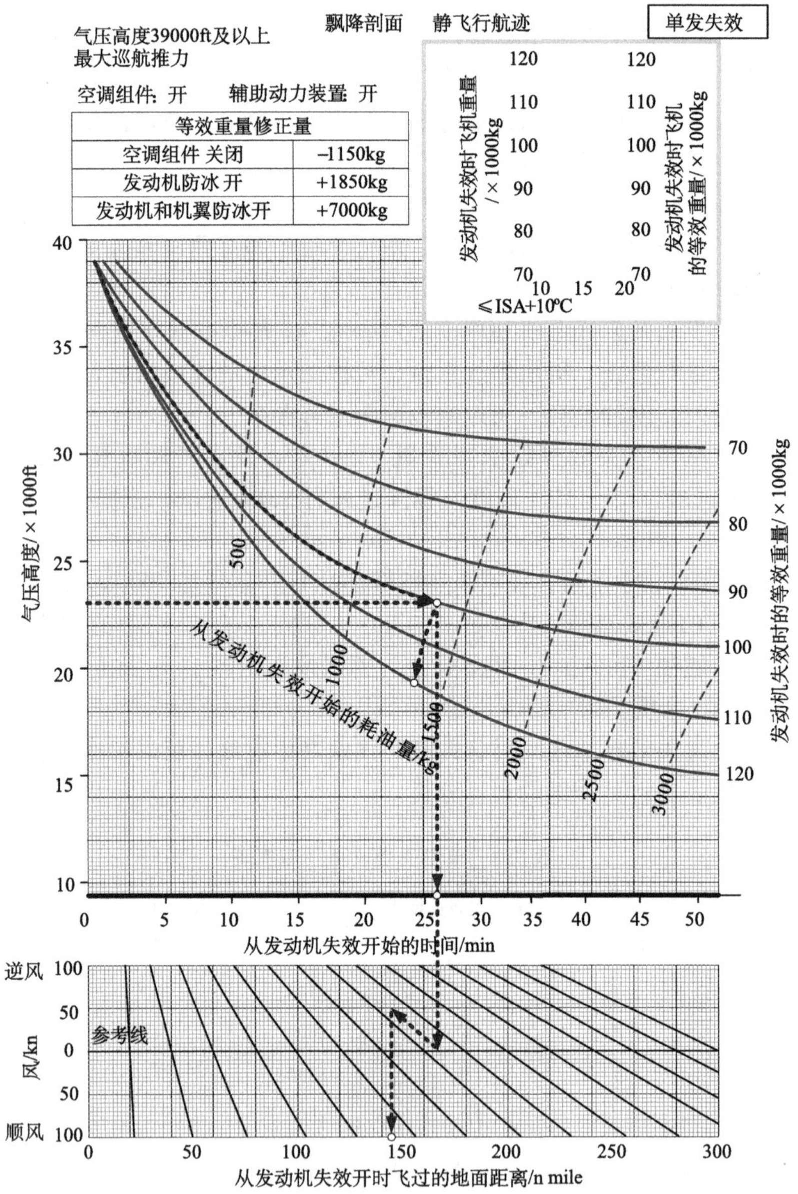

图 5.26 单发失效的飘降曲线

速度也减小。常用的单发失效巡航方式包括如下几种。

(1) 根据改平飞高度和飞机重量，在改平飞高度上，按高度保持不变的 MRC 或 LRC 巡航速度巡航。

(2) 根据实际飞行条件，下降到最大航程高度，以该高度的远程巡航速度V_{LRC}巡航。

(3) 飘降到改平飞高度后，继续保持飘降速度巡航飞行，这样随着燃油消耗使飞机重量逐渐减小，则其巡航高度将不断增高。

4) 飘降检查

飞机在飞越高原和山区时，如果巡航中出现单发故障情况，必须按上述的越障要求，对净航迹进行越障计算分析。在分析计算时要考虑如下内容：

(1) 确定航路上的关键点——无返回点A和继续点B。

航路飘降的关键点是指在该点如果发动机单发失效且飞机开始飘降，其净航迹将能以最小2000ft的裕度越过影响最大的障碍物。需要指出的是，在确定各个关键点的计算时，要按最恶劣的气象条件和在该点飞机可能的最大重量进行分析计算。

无返回点A：在航线上飞机单发失效后，在该点如果想返回，则其净航迹能以不低于2000ft的裕度越过最高的障碍物，而在该点之后若想返回时，就不能保证满足2000ft的净航迹越障度，如图5.27所示A点。即无返回点是在其后飞机就不能返回的点，是可以返回飞行的最远点。

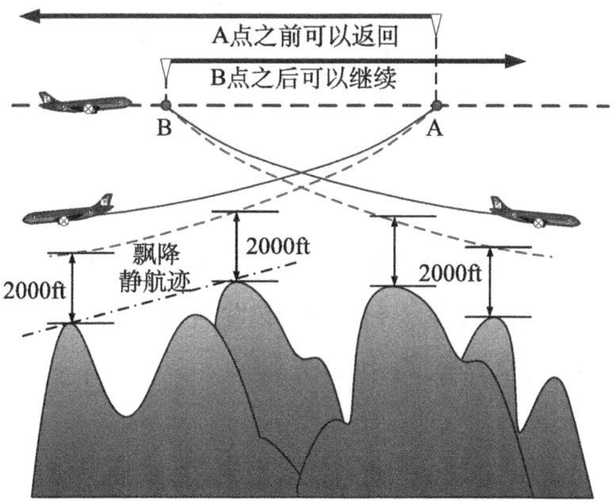

图5.27　无返回点A在继续点B之后

继续点B：在航线上飞机单发失效后，在该点如果想继续向前飞行，则其净航迹能以不低于2000ft的裕度越过最高障碍物，如图5.27所示B点。即继续点是指在其之后可以继续向前飞行的点，是可以继续向前飞行的最近点。

(2) 飘降净航迹与障碍物的比较分析。

根据飞机重量和气象条件，获得的无返回点A和继续点B在航路上的可能位置有如下两种情况。

情况1：若无返回点A在继续点B之后（沿飞机前进方向），如图5.27所示。单发故障时，若在B点前飞机则只能返回；若在A点后则飞机只能继续；当在AB之间飞行时，飞机既可返回也可继续。

情况2：若无返回点A在继续点B之前（沿飞机前进方向），如图5.28所示。单发故障时，若在A点前飞机则只能返回；若在B点后则飞机只能继续；当在AB之间飞行时，从图5.28可以看出飞机前进和返回都无法满足越障的要求。此时必须建立一个逃离程序（改航），以确保满足安全越障裕度的要求。若无法实现，则要考虑减小起飞重量或选择其他航路。

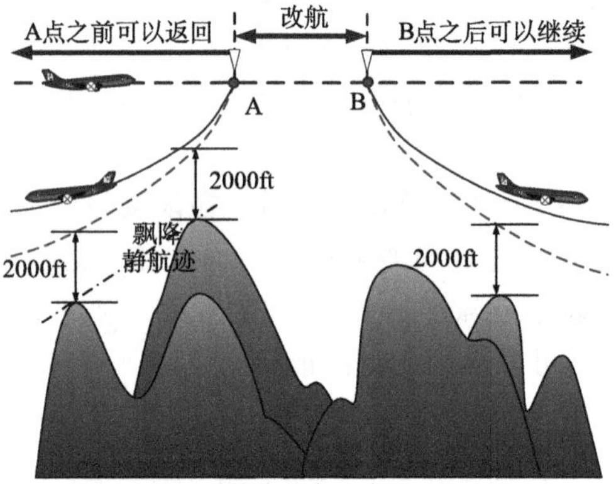

图5.28　无返回点A在继续点B之前

5）返航点与等时点

飞机在单发失效后，飘降过程要符合越障限制的要求，同时还应确定航线上的返航点和等时点，主要目的在于确定在单发失效点上是返航还是继续飞往目的地，因此返航点与等时点也是航路上的关键点。

（1）返航点。

返航点PSR（point of safe return）是指若在该点飞机单发失效，消耗掉全部剩余燃油（保留储备燃油）飞机能返回到出发机场最远的检查点。通常由该点也能继续飞行到目的地机场。即该点是飞机单发失效后能返回到出发机场的最远点，亦即由返航点返回起飞机场的距离是飞机返航的最远距离。一般飞机过了返航点则只能选择继续飞行。因此返航点是从燃油角度考虑的关键点，是航班飞行中的一个重要检查点。返航点的计算可以根据距离计算，也可以根据时间计算。

· 根据距离计算返航点的思想是，计算全发工作时的出航航程曲线，再计算单发失效后的返航航程曲线，如图5.29所示，这两条曲线相交处即为返航点。方法如下：

① 计算出航航程曲线：记飞机起飞重量为 W_0，全部可用燃油为 W_F，若假设单发失效时消耗了的燃油 W_{FN} 为全部可用燃油的一半（即 $W_{FN}=0.5\times W_F$），则单发失效时，即全发巡航结束时飞机的重量为 $W_{EN}=W_0-0.5\times W_F$。根据全发巡航起始重量 W_0 和 W_{EN}，利用积分航程表或燃油里程曲线或航程公式可以算得出航的空中航程 R_{AN}，经风修正可得地面航程 R_{GN}。

② 计算返航航程曲线：单发失效后飞机返航飞行时，其起始重量恰好等于全发巡航结束时的重量（即 $W_{SN-1}=W_{EN}$）；消耗全部可用燃油时的重量为 $W_{EN-1}=W_{EN}-W_F$，则根据单发失效后的起始巡航重量 W_{SN-1} 和 W_{EN-1}，同样可以计算出返航飞行的空中航程 R_{AN-1}，经风修正可得返航飞行的地面航程 R_{GN-1}。

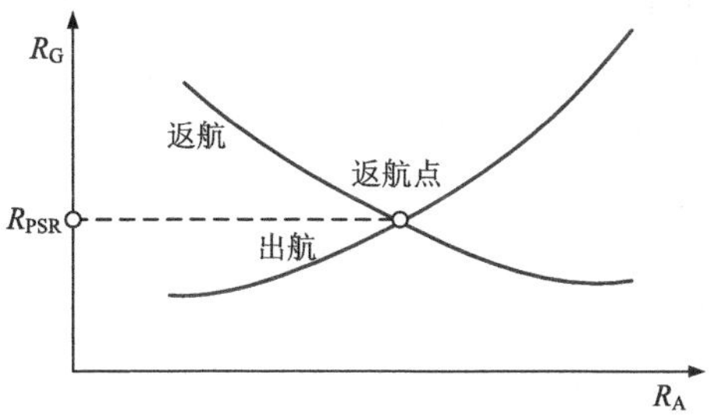

图 5.29　出航航程曲线与返航航程曲线

③ 以空中距离为横坐标、地面距离为纵坐标，可以分别得出全发出航和单发失效返航的一个点。

④ 假设不同的单发失效时消耗的燃油量，重复上述①～③步骤，可以得到如图 5.29 所示出航航程曲线与返航航程曲线，这两条曲线的交点对应的地面距离相等，即为返航点。

· 根据时间计算返航点。记飞机消耗完全部可用燃油的飞行时间为 t_E，单发失效时即全发飞行的时间为 t_R，则剩余的飞行时间为 t_E-t_R；全发巡航地速为 V_{GN}，单发失效后返航的真实空速为 V_{GN-1}。根据到返航点全发的出航航程等于单发失效的返航航程，记出发机场到返航点的距离为 R_{PSR}，则有

$$R_{PSR}=V_{GN}\cdot t_R=V_{GN-1}\cdot(t_E-t_R) \tag{5.19}$$

由此可解得到返航点的飞行时间为

$$t_R=\frac{V_{GN-1}\cdot t_E}{V_{GN}+V_{GN-1}} \tag{5.20}$$

例 5-4　已知某飞机计划燃油 82000lb，备用燃油 12000lb；全发出航真实空速为 474kn，逆风 50kn，燃油流量为 11500lb/h；单发失效后返航真实空速为 466kn，顺风 70kn，燃油流量为 10300lb/h。试计算其返航点。

解 记返航点距离出发机场的距离为R_{PSR}，根据已知条件可得：

全发出航地速$V_{GN}=474-50=424$（kn）；

单发失效后的返航地速$V_{GN}=466+70=536$（kn）；

可用燃油$W_F=82000-12000=70000$（lb）；

出航时的海里耗油量＝燃油流量/地速＝11500/424＝27.123（lb/n mile）；

出航消耗的燃油＝出航航程×出航时的海里耗油量＝$R_{PSR}\cdot 24.262$（lb）；

返航时的海里耗油量＝ 10300/536＝19.216（lb/n mile）；

返航消耗的燃油＝返航航程×出航时的海里耗油量＝$R_{PSR}\cdot 19.216$（lb）；

可用燃油W_F＝出航消耗的燃油＋返航消耗的燃油，由此解得R_{PSR}＝可用燃油/（出航时的海里耗油量＋返航时的海里耗油量）＝1510（n mile）；

飞机飞到返航点的时间$t_R=R_{PSR}\div V_{GN}=3.56\text{h}=213\text{min}$；

飞机返航需要的时间＝$R_{PSR}\div V_{GN-1}=2.82\text{h}=169\text{min}$。

（2）等时点。

等时点PET（point of equal time）是指如果在该点单发失效，飞机返回出发机场和继续飞到目的地机场所需的时间相等。显然如果航路上是静风条件，则等时点即为航路中点，一般情况下如图5.30所示。以飞往目的地机场时顺风为例，记航程为R，返航航程为R_{RET}，则继续飞往目的地的航程为$R-R_{RET}$；巡航真实空速为V_A，风速为V_W，则反航地速为$V_{GR}=V_A-V_W$，继续飞往目的地的地速为$V_{GD}=V_A+V_W$。根据等时点的定义，返航时间与继续飞到目的地的时间相等，因此有

$$\frac{R_{RET}}{V_A-V_W}=\frac{R-R_{RET}}{V_A+V_W} \tag{5.21}$$

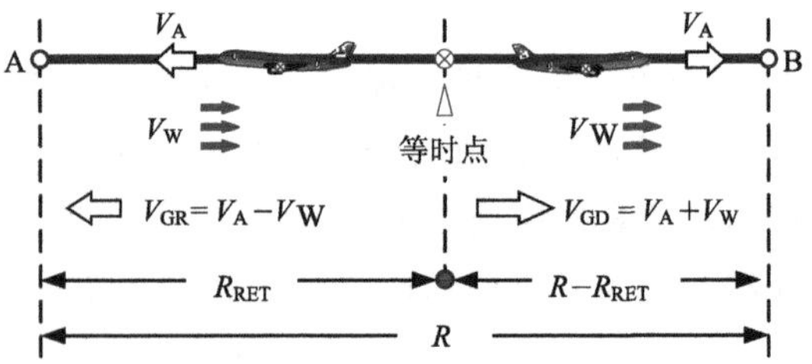

图5.30 等时点示意图

由此可以求得等时点距离起飞机场的距离为

$$R_{RET}=\frac{R(V_A-V_W)}{2V_A} \tag{5.22}$$

如果飞往目的地方向是逆风，则式（5.22）中取（V_A+V_W）。

5.4 等待飞行

有时飞机到目的地机场或备降场上空，由于气象、地面或空中交通管制等原因，不能立刻进近着陆，则需要作等待飞行。通常做由两个直线航段和两个180°的转弯组成的跑马场型航线飞行。在确定等待飞行速度时，通常掌握的原则是获得最长的等待时间（最大持续等待飞行时间），这时一般以消耗单位燃油能持续飞行时间最长为选取速度的原则，以该速度做等待速度将是最有利的。考虑到发动机的耗油特性，理论上选用发动机最小燃油流量时的速度是等待时间最长的速度，称该速度为久航速度。但是由于该速度一般处于操纵反区，因而其操纵性和稳定性不好。通常选用比该速度稍大的最大升阻比速度作为等待速度。实际等待飞行时，同时还要考虑到等待区域障碍物和转弯坡度等的限制，还必须要考虑空中交通管制的要求。等待飞行性能的计算与分析，可以从飞机的飞行手册中查得所需的相关数据，表 5.9 所示为 B757-200 的等待飞行性能数据。

表 5.9 B757-200（RB211-535E4）等待飞行操作性能表（襟翼收上）

重量 WEIGHT /×1000lb		气压高度 PRESSURE ALTITUDE /ft								
		1500	5000	10000	15000	20000	25000	30000	35000	40000
260	EPR	1.03	1.03	1.05	1.07	1.11	1.16	1.25		
	KIAS	241	241	242	243	245	247	250		
	FF/ENG	4580	4490	4350	4290	4260	4310	4430		
240	EPR	1.02	1.03	1.04	1.06	1.09	1.14	1.21	1.32	
	KIAS	231	232	233	234	235	237	239	246	
	FF/ENG	4270	4170	4020	3960	3930	3950	4020	4180	
220	EPR	1.02	1.03	1.04	1.05	1.08	1.12	1.18	1.29	
	KIAS	221	222	223	224	225	226	228	231	
	FF/ENG	3960	3860	3700	3620	3600	3600	3680	3760	
200	EPR	1.02	1.02	1.03	1.04	1.07	1.10	1.16	1.24	1.37
	KIAS	213	213	213	213	214	215	217	220	234
	FF/ENG	3650	3560	3390	3320	3300	3290	3310	3360	3730
180	EPR	1.01	1.02	1.02	1.04	1.05	1.08	1.13	1.20	1.31
	KIAS	205	205	205	205	205	205	205	207	211
	FF/ENG	3350	3290	3120	3010	2970	2960	2960	2970	3190

续表

重量 WEIGHT /×1000lb		气压高度 PRESSURE ALTITUDE /ft								
		1500	5000	10000	15000	20000	25000	30000	35000	40000
160	EPR	1.01	1.01	1.02	1.03	1.04	1.06	1.10	1.16	1.26
	KIAS	197	197	197	197	197	197	197	197	197
	FF/ENG	3070	2990	2830	2710	2650	2640	2620	2640	2800
140	EPR	1.01	1.01	1.01	1.02	1.03	1.04	1.07	1.12	1.19
	KIAS	188	188	188	188	188	188	188	188	188
	FF/ENG	2770	2690	2540	2420	2350	2320	2300	2300	2410

注：EPR——压强比表示的推力；KIAS——飞行速度（指示空速），kn；FF/ENG——单台发动机燃油流量，lb/h，燃油流量是按跑马场航线飞行计算的结果。

表 5.9 中是对应于飞机等待结束时的重量和等待高度下的三个数据，其中，第一行给出的是推力设定值 EPR（发动机的压力比，即喷口截面压强与压气机进口截面压力之比），第二行是等待飞行时的指示空速（kn），第三行是每台发动机的燃油流量（kg/h）。该表的使用方法见例 5-5。

例 5-5 已知 B757-200 在备降场上空高度为 1500ft 做等待飞行，等待时间 45min，机场的气压高度 5000ft，等待结束时飞机的重量是 210000lb，试确定等待油量。

解 计算步骤与方法见表 5.10。

表 5.10 B757-200 给定条件下等待燃油计算

<table>
<tr><th>步骤</th><th>方法</th><th>结果</th></tr>
<tr><td>第一步：确定等待高度</td><td>机场高度＋等待高度</td><td>1500＋5000＝6500（ft）</td></tr>
<tr><td>第二步：根据等待结束时的重量，使用线性插值计算对应的燃油流量</td><td>根据表 5.9 中的数据可查得：<table><tr><th></th><th>5000</th><th>10000</th></tr><tr><td>220000</td><td>3860</td><td>3700</td></tr><tr><td>200000</td><td>3560</td><td>3390</td></tr></table>据此表线性插值计算在 6500ft 等待飞行，结束重量为 210000lb 时的燃油流量</td><td>210000lb 时在 5000ft 和 10000ft 高度的燃油流量为<table><tr><th></th><th>5000</th><th>10000</th></tr><tr><td>200000</td><td>3860</td><td>3700</td></tr><tr><td>210000</td><td>3710</td><td>3545</td></tr><tr><td>220000</td><td>3560</td><td>3390</td></tr></table>由此再线性插值可得，在 6500ft 高度上，结束重量为 210000lb 时的燃油流量是 3660.5lb/h</td></tr>
<tr><td>第三步：计算等待中的平均重量</td><td>等待结束重量＋消耗的燃油</td><td>210000＋2×[3660.5×(45÷60)]＝215491(lb)</td></tr>
</table>

续表

步骤	方法	结果
第四步：根据第三步计算出来的平均等待重量，再计算平均等待燃油流量	根据表 5.9 中的数据可查得： 　　5000　10000 220000　3860　3700 200000　3560　3390 据此表线性插值计算在 6500ft 等待飞行，平均重量为 215491lb 时的燃油流量	平均重量 215491lb 时在 5000ft 和 10000ft 高度的燃油流量为： 　　5000　10000 200000　3860　3700 210000　3792　3630 220000　3560　3390 由此再线性插值可得平均重量 215491lb 时，在 6500ft 高度上的燃油流量 3743.4lb/h
第五步：根据平均等待燃油流量，计算出等待燃油	燃油流量×时间	等待燃油＝2×[3743.4×(45÷60)]＝5615(lb)

通常等待性能相关的图表，分为飞机处于光洁形态的全部发动机正常工作、单发失效，以及全部发动机正常工作但起落架放下等情况给出，要根据实际情况查找相应的图表。

5.5　巡航性能参数计算

巡航飞行时，需要确定的性能参数为巡航距离（航程）、燃油消耗和飞行时间。通常在确定了巡航方式和巡航条件下，飞行手册中提供了的相关图表，从中可以查得相关的性能数据。

5.5.1　积分航程表及其使用

飞行手册中通常根据巡航方式给出相应的积分航程表，表 5.11 所示为 B757-200 的积分航程表（部分示例），采用的是 LRC 巡航、巡航高度 35000ft、温度为标准大气温度。积分航程表中的数据是对应条件下飞机的航程能力。根据起、始巡航重量和巡航距离三个参数中的任意 2 个，便可以查出第三个参数，进而根据巡航方式下的巡航速度可以求得巡航时间。例如，当飞机在 35000ft 高度按 LRC 巡航，开始巡航重量是 255600lb，则从表中可以查出其航程能力为 5724n mile，当巡航到重量为 248400lb 时对应的航程能力是 5405n mile，则此期间飞机的巡航距离为 319n mile（＝5724－5405）。期间消耗燃油为 7200lb（＝255600－248400）。

表 5.11 B757-200（RB211-535E4）积分航程表（LRC FL350 ISA（-54.31℃））

W/lb	0	400	800	1200	1600	2000	2400	2800	3200	3600
140000	0	22	45	67	89	112	134	156	178	201
144000	223	245	267	289	311	333	355	377	399	421
148000	443	465	487	509	531	552	574	596	618	639
152000	661	683	705	726	748	770	791	813	834	856
156000	878	899	921	942	964	985	1007	1028	1050	1071
160000	1093	1114	1135	1157	1178	1200	1221	1242	1263	1285
⋮	⋮	⋮	⋮	⋮	⋮	⋮	⋮	⋮	⋮	⋮
244000	5208	5226	5244	5262	5280	5298	5316	5334	5351	5369
248000	5387	5405	5423	5441	5459	5476	5494	5512	5530	5547
252000	5565	5583	5601	5618	5636	5654	5671	5689	5706	5724
256000	5742	5759	5777	5794	5812	5829	5847	5864	5882	5899
260000	5917									

注：实际温度比标准大气温度高（低）1℃，增加（减少）燃油 0.12%。

飞行手册上的积分航程表，有时也会给出巡航时间数据，如表 5.12 所示，这样将更方便使用。

表 5.12 B757-200（RB211-535E4）积分航程表

（M0.8 FL350 ISA（OAT＝−54.31℃）V_{TAS}＝461kn）

W/lb	0	400	800	1200	1600	2000	2400	2800	3200	3600
140000	0 0.00	29 0.062	57 0.125	86 0.187	115 0.249	143 0.311	172 0.373	201 0.435	229 0.497	258 0.595
144000	286 0.621	315 0.683	343 0.754	372 0.807	400 0.868	429 0.930	457 0.992	486 1.053	514 1.115	542 1.176
148000	571 1.238	599 1.299	627 1.361	656 1.422	684 1.483	712 1.544	740 1.606	769 1.667	797 1.728	825 1.789
152000	853 1.850	881 1.911	909 1.972	937 2.033	965 2.093	993 2.154	1021 2.215	1049 2.276	1077 2.336	1105 2.397
156000	1133 2.457	1161 2.518	1189 2.578	1217 2.639	1245 2.699	1272 2.759	1300 2.819	1328 2.880	1356 2.940	1383 3.000
160000	1411 3.060	1439 3.120	1466 3.180	1494 3.240	1522 3.300	1549 3.359	1577 3.419	1604 3.479	1632 3.538	1659 3.598

续表

W/lb	0	400	800	1200	1600	2000	2400	2800	3200	3600
164000	1687 3.658	1714 3.717	1742 3.777	1769 3.836	1796 3.895	1824 3.955	1851 4.014	1878 4.073	1906 4.132	1933 4.191
⋮	⋮	⋮	⋮	⋮	⋮	⋮	⋮	⋮	⋮	⋮
224000	5472 11.866	5494 11.915	5517 11.963	5539 12.012	5562 12.061	5584 12.109	5606 12.158	5629 12.206	5651 12.254	5673 12.302
228000	5695 12.350	5717 12.398	5740 12.446	5762 12.494	5784 12.542	5806 12.589	5828 12.637	5849 12.684	5871 12.732	5893 12.779
232000	5915 12.826	5936 12.873	5958 19.920	5980 12.967	6001 13.014	6023 13.060	6044 13.107	6066 13.154	6087 13.200	6109 13.246
236000	6130 13.292	6151 13.339	6172 13.385	6193 13.430	6215 13.476	6236 13.522	6257 13.568	6278 13.613	6299 13.659	6320 13.704

注：实际温度比标准大气温度高（低）1℃，增加（减少）燃油 0.12%。

5.5.2 巡航操纵表

为了便于飞行中驾驶员使用，飞机的飞行机组操作手册中提供了相应巡航方式的巡航操纵表，给出了相关的性能数据。表 5.13 所示为空客 A319/320/321 的巡航操纵表。

表 5.13 空客 A319/320/321 的巡航操纵表（*M*0.78）

CRUISE-*M*.78												
MAX. CRUISE THRUST LIMITS（最大巡航推力） NORMAL AIR CONDITIONING（正常空调） ANTI-ICING OFF（防冰关）							ISA CG=33.0%		N1（%） kg/h/ENG n mile/1000kg		MCH IAS/kn TAS/kn	
WEIGHT /×1000kg	FL290		FL310		FL330		FL350		FL370		FL390	
50	84.0 1276 180.9	.780 302 462	84.0 1189 192.5	.780 289 458	84.0 1112 204.0	.780 277 454	84.1 1044 215.4	.780 264 450	84.7 992 225.6	.780 252 447	85.9 955 234.1	.780 241 447
52	84.2 1288 179.2	.780 302 462	84.2 1202 190.3	.780 289 458	84.3 1127 201.4	.780 277 454	84.5 1060 212.0	.780 264 450	85.1 1011 221.3	.780 252 447	86.3 977 229.0	.780 241 447
54	84.4 1300 177.5	.780 302 462	84.5 1216 188.1	.780 289 458	84.6 1142 198.6	.780 277 454	84.8 1079 208.4	.780 264 450	85.5 1031 217.0	.780 252 447	86.9 1003 223.1	.780 241 447

续表

CRUISE-*M*. 78

MAX. CRUISE THRUST LIMITS（最大巡航推力）
NORMAL AIR CONDITIONING（正常空调）
ANTI-ICING OFF（防冰关）

ISA CG=33.0%

N1（%） MCH
kg/h/ENG IAS/kn
n mile/1000kg TAS/kn

WEIGHT /×1000kg	FL290		FL310		FL330		FL350		FL370		FL390	
56	84.7	.780	84.8	.780	84.9	.780	85.2	.780	85.9	.780	87.6	.780
	1314	302	1231	289	1159	277	1097	264	1052	252	1036	241
	175.7	462	185.9	458	195.7	454	204.8	450	212.6	447	216.0	447
58	84.9	.780	85.1	.780	85.2	.780	85.6	.780	86.4	.780	88.3	.780
	1328	302	1246	289	1176	277	1117	264	1075	252	1070	241
	173.9	462	183.6	458	192.8	454	201.3	450	208.1	447	209.0	447
60	85.2	.780	85.3	.780	85.6	.780	85.9	.780	86.9	.780	89.2	.780
	1342	302	1262	289	1195	277	1137	264	1102	252	1110	241
	172.0	462	181.3	458	189.8	454	197.6	450	203.0	447	201.5	447
62	85.5	.780	85.6	.780	85.9	.780	86.3	.780	87.6	.780	90.1	.780
	1357	302	1279	289	1214	277	1158	264	1135	252	1153	241
	170.1	462	178.8	458	186.8	454	194.1	450	197.1	447	194.0	447
64	85.7	.780	85.9	.780	86.2	.780	86.7	.780	88.2	.780		
	1373	302	1297	289	1234	277	1182	264	1170	252		
	168.2	462	176.4	458	183.8	454	190.2	450	191.2	447		
66	86.0	.780	86.2	.780	86.6	.780	87.2	.780	89.0	.780		
	1389	302	1316	289	1254	277	1209	264	1209	252		
	166.2	462	173.9	458	180.9	454	186.0	450	185.0	447		
68	86.2	.780	86.5	.780	86.9	.780	87.8	.780	89.8	.780		
	1406	302	1335	289	1275	277	1242	264	1252	252		
	164.2	462	171.4	458	177.9	454	181.0	450	178.7	447		
70	86.5	.780	86.8	.780	87.3	.780	88.4	.780	90.8	.780		
	1424	302	1355	289	1299	277	1277	264	1298	252		
	162.1	462	168.9	458	174.6	454	176.1	450	172.3	447		
72	86.8	.780	87.1	.780	87.7	.780	89.0	.780				
	1442	302	1375	289	1325	277	1314	264				
	160.0	462	166.4	458	171.2	454	171.1	450				
74	87.1	.780	87.5	.780	88.2	.780	89.8	.780				
	1462	302	1397	289	1357	277	1356	264				
	157.9	462	163.9	458	167.1	454	165.7	450				

续表

CRUISE-M.78						
MAX. CRUISE THRUST LIMITS（最大巡航推力） NORMAL AIR CONDITIONING（正常空调） ANTI-ICING OFF（防冰关）				ISA CG=33.0%	N1（%） MCH kg/h/ENG IAS/kn n mile/1000kg TAS/kn	
WEIGHT /×1000kg	FL290	FL310	FL330	FL350	FL370	FL390
76	87.4 .780 1482 302 155.8 462	87.8 .780 1419 289 161.3 458	88.8 .780 1392 277 162.9 454	90.5 .780 1400 264 160.5 450		
LOW AIR CONDITIONING ΔFUEL=－0.5 %		ENGINE ANTI ICE ON ΔFUEL =＋2 %			TOTAL ANTI ICE ON ΔFUEL =＋5 %	

表 5.13 给出的是飞机按等马赫数 M.78 巡航飞行时的操纵性能数据，由该表可以查得各重量和高度对应的相关性能数据。例如，重量为 60000kg 在 37000ft 高度按 M.78 巡航飞行的性能数据含义为：

第一项 86.9——发动机的低压转子的转速 N1（%）；

第二项 0.780——巡航马赫数；

第三项 1102——单台发动机的燃油流量，kg/h/ENG；

第四项 252——飞行的指示空速，kn；

第五项 203.0——燃油里程，n mile/1000kg；

第六项 447——真实空速，kn。

第 6 章　飞机的着陆性能

6.1　概　　述

飞机在结束下降阶段的飞行后，进场开始进近与着陆飞行过程。进近与着陆是非常重要的飞行阶段。现代民航运输机在进近与着陆期间，多是按仪表飞行程序飞行。仪表进近飞行过程，实质上是根据飞行仪表的指示和对障碍物保持规定的越障余度，进行的一系列机动飞行。在进近过程中飞机由下降转构型逐步转变为着陆形态，并完成高度表和发动机推力状态的调定、不断调整高度和速度并对准跑道。因此在进近阶段对飞机的操纵多且要求精确度高，而限制和影响因素也多，飞行员为了准确操作飞机，必须注意力高度集中。通常航空公司对进近过程的飞行，制定有严格的标准和操作规程。飞机的进近与着陆过程如图 6.1 所示。

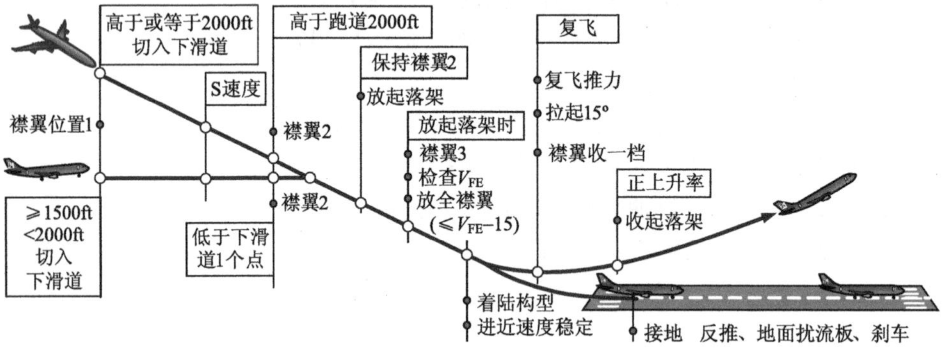

图 6.1　进近与着陆过程示意图

6.2　复飞及其要求

6.2.1　稳定的进近

为了确保着陆安全，必须建立稳定的进近。对运输类飞机来说，稳定进近是飞机安全进近和着陆的一个重要条件。稳定进近的特征是保持恒定俯仰角和下降率的进近剖面，直到开始着陆动作。除非某些特定的情况下需要其他特殊的进近剖面，一般正常情况下稳定进近是最安全的剖面。

当仪表气象条件下飞机距离跑道入口处高度1000ft（目视气象条件下500ft）至着陆接地区满足了以下条件的进近称为稳定的进近。

(1) 飞机在正确的航迹上（即航道正确，径向线或其他航迹引导已经调定、调谐，并已被识别且飞行员正在跟踪该引导）。

(2) 飞机建立正常的着陆形态。

(3) 截获下滑道或飞越最后进近定位点后，操纵飞机的飞行员仅需要正常的修正来保持正确的航迹和所需的下降剖面，直至在接地区内着陆。正常的修正是指对坡度、下降率和推力管理进行的修正，主要包括：①航道/下滑道引导，航道和下滑道偏差必须在±1个点范围内；在盘旋进近过程中，五边高于机场标高300ft高度，应保持机翼水平。②坡度，进近期间允许使用机组操作手册中规定的最大坡度，但不应大于30°。③下降率，保持在目标下降率±300ft/min以内。④推力管理，飞行员可使用被批准的手册中所允许的推力范围。

(4) 飞机速度在经批准的飞机飞行手册中规定的范围内。

(5) 下降率不大于1000ft/min。如果进近中遇到非预计的并持续大于1000ft/min的下降率，则应执行复飞，条件允许下再尝试第二次进近。

(6) 推力调定适合于选择的着陆形态，并在允许的推力范围之内。

在进近期间，飞行机组应该考虑飞机的动态和风的条件，对进近计划的实施情况予以特别关注。操纵飞机的飞行员应根据情况及时调整下降率。除特别情况外，维持恒定俯角和恒定下降率终止于接地点的下降剖面是最安全的。

如果建立了目视参考，即基于看到的跑道、相应的跑道灯光或标志，飞行员如果不能使用正常修正动作安全着陆，则应实施复飞。

如果未建立目视参考，在接近最低下降高度时或批准的最低下降高度的缓冲高度时，或是到达了复飞点仍未建立目视参考，飞行员应该实施复飞程序。

在仪表气象条件下飞机距离跑道入口高度1000ft时，目视气象条件下飞机距离跑道入口高度500ft时，飞机应建立稳定进近，如果在此高度以下仍处于不稳定进近时，飞行机组应立即启始复飞程序。

6.2.2 进近期间的速度要求

1) 最小可选速度V_{LS}

一般在飞行阶段，应该选择一个不低于V_{LS}的飞行速度，通常该速度是用飞机的实际构型下的失速速度来定义的，即

$$V_{LS}=1.23V_{S1g}, \quad V_{LS}=1.3V_{SFAR}$$

在进近着陆期间，为了实现保持稳定的进近，通常在高于目的地机场跑道50ft，保持校准空速不小于最小可选速度V_{LS}。

2）最后进近速度 V_{APP}

最后进近速度 V_{APP} 是在进近着陆期间，起落架放下，襟翼、缝翼位于着陆形态，且高于跑道 50ft 的速度。V_{APP} 受到 V_{LS} 的限制，需满足：

$$V_{APP} \geqslant V_{LS}$$

通常在定义 V_{APP} 时，要在 V_{LS} 之上保留一个余度，即

$$V_{APP} = V_{LS} + \Delta V_{W}$$

式中，ΔV_{W} 为风修正量，其值被限制在 5～15kn 范围内。综合考虑风和阵风，以及使用自动推力或补偿机翼积冰等情况来确定。

3）基准速度 V_{REF}

基准速度 V_{REF} 也称为着陆参考速度，要求 $V_{REF} \geqslant V_{LS}$，且不小于飞机恒速协调转弯时规定的机动能力速度。该速度是在规定着陆构型下，保障距跑道 50 ft 时稳定进近的速度。一般若在空中发生故障、应急或非正常形态，依据该基准速度进行性能计算。

6.2.3 进近爬升与着陆爬升

飞机在进近和着陆期间，如果没有建立起稳定的进近或发生如上所述的需要复飞的情况时，或是发生跑道入侵等特殊情况时，飞机需要停止进近转而复飞。复飞实质上是由于特殊原因而中断进近着陆，并转入爬升飞行的过程，目的在于重新进近着陆。复飞航段是按进近程序飞行的一个组成部分，因此有相应的规定的复飞程序。复飞程序自开始爬升点到规定的终止高度，该终止高度应足以允许飞机开始一次新的进近、等待或重新开始航路飞行。一般根据飞机的构型不同，复飞可以分为进近爬升和着陆爬升。它们的异同及需要满足的规章要求如表 6.1 所示。

表 6.1 进近爬升与着陆爬升

		进近爬升	着陆爬升
形态	起落架	收上	放下
	襟翼	进近襟翼	着陆襟翼
	发动机	关键发动机失效	全发工作
	推力	其余发动机处于复飞推力（功率）状态	从最小飞行慢车位置开始移向复飞设置位置，8s 后达到复飞推力（功率）
限制和要求	速度	$1.23V_{S1g} \leqslant V \leqslant 1.41V_{S1g}$ $V \geqslant V_{MCL}$	$1.13V_{S1g} \leqslant V \leqslant 1.23V_{S1g}$ $V \geqslant V_{MCL}$
	爬升梯度	双发飞机：定常爬升梯度≥2.1% 三发飞机：定常爬升梯度≥2.4% 四发飞机：定常爬升梯度≥2.7%	定常爬升梯度不得小于 3.2%

6.2.4　复飞爬升梯度计算及其影响因素

复飞时对进近爬升与着陆爬升，规章都对其爬升梯度提出了严格的限制要求。其计算方法与起飞过程的爬升梯度（即式（3.31））相同，为了便于分析重新写出该式

$$G_C = \frac{T-D}{W} \cdot \frac{1}{1+\frac{V}{g}\frac{\mathrm{d}V}{\mathrm{d}h}} \tag{6.1}$$

式中，加速度因子的计算公式如表 3.3 所示，加速度因子随表速的变化特性如图 3.31 所示。从式（6.1）可以看出，影响飞机复飞爬升梯度的主要因素中，机场的气压高度、机场温度、飞机重量的影响特性与 4.1.4 小节中所述相同；复飞爬升的梯度还会受襟翼位置的影响，通常襟翼位置越大，阻力越大，因而爬升梯度会减小；防冰系统若打开，会导致发动机推力减小，因而会使爬升梯度减小；另外复飞爬升时若速度随高度增加（$\mathrm{d}V/\mathrm{d}h>0$）则爬升梯度会减小。

6.3　着陆性能

6.3.1　着陆距离的计算及其影响因素

按照民航规章（CCAR-25 部）的要求，飞机的着陆距离是从高于着陆表面 15m（50ft）到飞机着陆至完全停止所需的水平距离。

1）着陆过程和着陆距离的组成

飞机的着陆过程包括空中段和地面段（图 6.2）。空中段自距离跑道面 50ft 开始，通常以参考速度并保持−3°下滑角直到接地为止；地面阶段由过渡段（接地后发动机推力由空中慢车改为地面慢车状态，并立刻拉出反推、打开扰流板、使用刹车等操作结束后，一般时间很短约 2s 或更短）和减速段（在制动措施、摩擦力等作用下减速滑跑直至停下）组成。

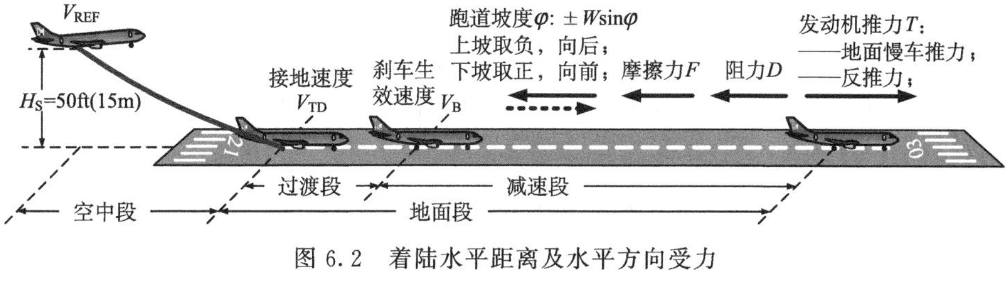

图 6.2　着陆水平距离及水平方向受力

2）着陆距离的计算公式

（1）空中段距离 R_{LA} 的计算。

参见图 6.2，记飞机在距跑道 50ft 高时的速度为 V_{REF}，接地速度为 V_{TD}，飞机的阻力为 D，由于此时发动机为慢车推力，近似取 $T=0$，则根据能量守恒原理有

$$D \cdot R_{LA}=\left(\frac{W}{2g}V_{REF}^2+W \cdot H_S\right)-\frac{W}{2g}V_{TD}^2 \tag{6.2}$$

由此式可以解得空中段距离 R_{LA} 的计算公式为

$$R_{LA}=\frac{W}{D}\left[\frac{1}{2g}(V_{REF}^2-V_{TD}^2)+H_S\right] \tag{6.3}$$

（2）过渡段地面距离 R_{LGT} 的计算。

该段长度取决于过渡段的起始速度（即接地速度和刹车生效速度），以及所经历的时间 t_T，可用下式近似计算：

$$R_{LGT}=\left(\frac{V_{TD}+V_B}{2}+V_W\right) \cdot t_T \tag{6.4}$$

式中，V_W 为实际的风速。

（3）减速段地面距离 R_{LGB} 的计算。

减速段的计算与起飞地面滑跑距离计算类似，可得减速段的加速度为

$$\begin{aligned} a &= \frac{g}{W}[T-\mu_B(W-L)-D-W\sin\varphi] \\ &= \frac{g}{W}\left[(T-\mu_B W)-(C_D-C_L)\frac{\rho_0\sigma}{2}SV^2-W\sin\varphi\right] \end{aligned} \tag{6.5}$$

式中，μ_B 为使用减阻措施（包括刹车）后的摩擦系数；φ 为跑道坡度，上坡着陆取正值，下坡着陆取负值。需要注意的是，式中的气动力系数需要计及地效影响，一般是通过试飞得出的。

根据 $dR_{LGB}/dV=(dR_{LGB}/dt)/(dV/dt)=V/a$，可得减速段地面距离 R_{LGB} 为

$$R_{LGB}=\int_{V_B}^{V_W}\frac{V \pm V_W}{a}dt \tag{6.6}$$

式中，V_W 为实际的风速，顺风时取正，逆风时取负；a 为按式（6.5）计算的加速度。

通过以上分析，可得着陆距离的计算公式为

$$R_L=R_{LA}+R_{LGT}+R_{LGB} \tag{6.7}$$

3）影响着陆距离的因素

根据着陆距离的计算分析及其计算公式可知，影响着陆距离的因素主要有进

场速度（接地速度）、进场高度、减阻措施、襟翼的使用等操作，以及飞机本身特性等方面的因素；机场的气压高度和温度、风等气象条件；还包括机场跑道条件，如跑道坡度、跑道道面状况等。

（1）进场速度的影响。很显然，飞机的进场速度越大则接地速度越大，使得空中段距离和减速度距离都会增大，因此着陆距离会增加。

（2）进场高度的影响。在保持$-3°$下滑角的前提下，高度越高，则接地点越远，空中距离增加，因此着陆距离会增大。同时接地点远相当于减小了可用着陆距离。

（3）减阻措施和刹车的影响。飞机接地后，需要使用扰流板、反推和刹车等增加阻力，使飞机快速停下来，减小着陆距离。通常情况下刹车的减阻作用最大，扰流板次之，反推的减阻作用相对前两种最小。但是在大速度下和湿跑道条件下，反推的作用会提高。

现代运输机的制动系统主要由刹车及刹车防滞系统、扰流板、反推组成。刹车是着陆中的基本制动手段，尤其是在低速滑跑时，大部分的减速力来自于刹车。现代大型运输机普遍采用自动刹车功能，它不仅能有效地减轻机组在着陆阶段的工作负荷，而且可以缩短刹车启动的延迟时间进而缩短着陆距离；刹车防滞系统通过调节刹车压力从而使机轮维持最佳打滑率，以获得最高的刹车效率和方向控制能力，并能有效地防止机轮锁死、拖胎等现象。刹车防滞系统可以确保在任何道面上都能获得最佳的减速效果，若防滞系统失效，将使着陆距离显著增加。扰流板的基本作用在于通过破坏机翼上表面绕流从而减小升力，并增大气动阻力。从其减速的效果来看，最关键的作用还是破坏机翼升力，提高作用于机轮上的正压力而增强刹车的效果。

（4）襟翼设定偏度大小的影响。一般襟翼偏度越大，阻力系数增大，越有利于缩短着陆距离。但阻力增加则升阻比减小，这将导致复飞时的爬升梯度减小，因此襟翼偏度大，会使受进近和着陆爬升梯度限制的最大着陆机重减小。

（5）气压高度和温度的影响。由于着陆期间给定的速度是表速，而表速相同时，气压高度越高，对应的真实空速越大，飞机的动能也越大，因此会使着陆距离增大；温度高时大气的密度将减小，因此其影响与高度增加是一样的。同时高度和温度高，会使进近爬升和着陆爬升的梯度减小，因此还将导致复飞梯度限制的最大着陆机重减小。

（6）风的影响。从着陆距离的计算分析中可知，逆风使得着陆距离减小，而顺风将导致着陆距离增加。规章规定，在计及风对着陆距离的影响时，对有利减小着陆距离的逆风，取风速的一半计算，而对于不利的顺风，则按1.5倍的风速计算。

（7）跑道坡度的影响。上坡（记坡度为φ）着陆时，重力的分量$W\sin\varphi$作用方向向后，使阻力增大，因此着陆距离将减小；下坡则相反。

(8) 道面状况的影响。在积水、融雪等液态污染道面着陆时，一方面污染使摩擦系数降低，从而着陆距离加长；但同时产生的附加阻力又会使着陆距离缩短，因此液态污染道面对着陆距离的影响，需要通过试飞得出。结冰等硬质污染道面，由于摩擦系数减小，导致着陆距离增加。

6.3.2 规章对着陆距离的要求

为了保障飞机的着陆安全，规章中规定了可用着陆距离、审定着陆距离、实际着陆距离和所需着陆距离等。不同的着陆距离是在不同的条件下获得的。

1) 可用着陆距离

可用着陆距离 LDA (landing distance available) 是指公布的跑道可用着陆距离。该距离可能会比跑道的总长度更短。

(1) 着陆航迹上没有障碍物。

在着陆航迹上没有障碍物的情况下，可用着陆距离就是跑道的实际长度(TORA)，但停止道不能用于着陆计算。

(2) 着陆航迹下有障碍物。

若在进近净空区内有障碍物，则需要定义一个跑道入口内移的跑道，它的位置是以影响最大的障碍物形成 2%的正切平面然后再加 60m 的余度，如图 6.3 所示。

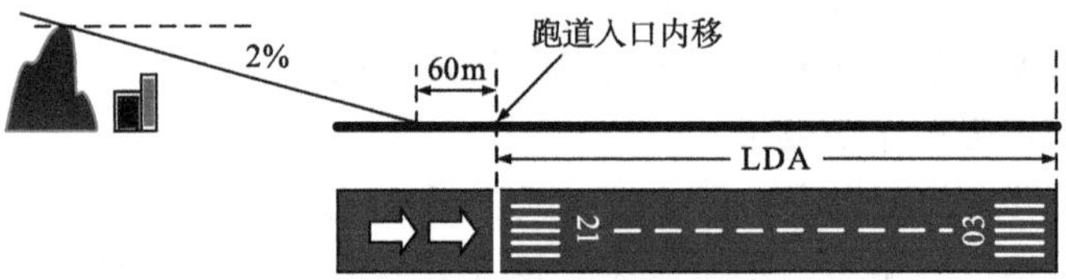

图 6.3 着陆航迹下有障碍物时的可用着陆距离

2) 审定着陆距离

根据 CCAR-25.125 规定，审定着陆距离 CLD (certificated landing distance) 也称演示着陆距离 DLD (demonstrated landing distance)，是按人工驾驶着陆、人工最大刹车、以入口速度 (V_{REF})、50ft 高进跑道、水平干跑道、标准大气温度计算的从跑道入口到全停时用的距离。它未包含任何安全裕量，也不使用自动刹车、自动着陆系统、平视引导系统或反推，审定着陆距离通常不等于实际着陆距离。

3) 实际着陆距离

实际着陆距离 ALD (actual landing distance) 是根据报告的气象和道面条

件、标高、跑道坡度、飞机重量、飞机构形、进场速度、自动着陆系统或平视引导系统的使用，以及预计着陆时将要使用的减速设备等条件所对应的着陆距离。该距离中不包括任何的安全裕量，代表了飞机在此条件下的最佳性能。

4）所需着陆距离

所需着陆距离 RLD（required landing distance）是在审定着陆距离（CLD）的基础上再加上适用的运行规章所定义的飞行前的计划安全裕量所得到的着陆距离。即有

$$\mathrm{RLD}=\mathrm{CLD}+\text{安全裕量}$$

（1）干跑道条件下的所需着陆距离（$\mathrm{RLD}_{干}$）。

按 CCAR-121.195 的规定，干跑道条件下放行要求的所需着陆距离为审定着陆距离除以 0.6，即

$$\mathrm{RLD}_{干}=\mathrm{CLD}/0.6=1.67\times\mathrm{CLD}\leqslant\mathrm{LDA}$$

（2）湿跑道条件下的所需着陆距离（$\mathrm{RLD}_{湿}$）。

湿跑道条件下，规定的签派放行要求的所需着陆距离为干道面所需着陆距离的 1.15 倍，即

$$\mathrm{RLD}_{湿}=1.15\times\mathrm{RLD}_{干}=1.92\times\mathrm{CLD}\leqslant\mathrm{LDA}$$

在任何跑道条件下，规章中的要求都是所需着陆距离必须小于等于可用着陆距离，即

$$\mathrm{RLD}\leqslant\mathrm{LDA}$$

6.3.3 着陆重量的限制

通过以上分析可知，为了保障飞机在进近着陆阶段的飞行安全，必须综合考虑着陆场地长度（即可用着陆距离 LDA）、复飞爬升梯度要求、结构强度及快速过站等因素限制的最大着陆重量，从中选择最小的作为实际的最大着陆重量。

1）着陆场地长度限制的最大着陆重量

飞机着陆时的重量越重，则所需着陆距离越长，因此着陆重量是限制飞机所需着陆距离的重要因素。在满足所需着陆距离小于等于可用着陆距离（RLD ≤ LDA）的前提下，能够安全着陆的最大重量，就是着陆场地长度（即可用着陆距离 LDA）限制的最大着陆重量。通常飞行手册中可以查得场地长度限制的最大起飞重量，如图 6.4 所示。

由图 6.4 可见，其上影响着陆距离的风、跑道状况、襟翼位置、刹车防滞系统工作状况等因素绘制在一起，便于查找和使用。

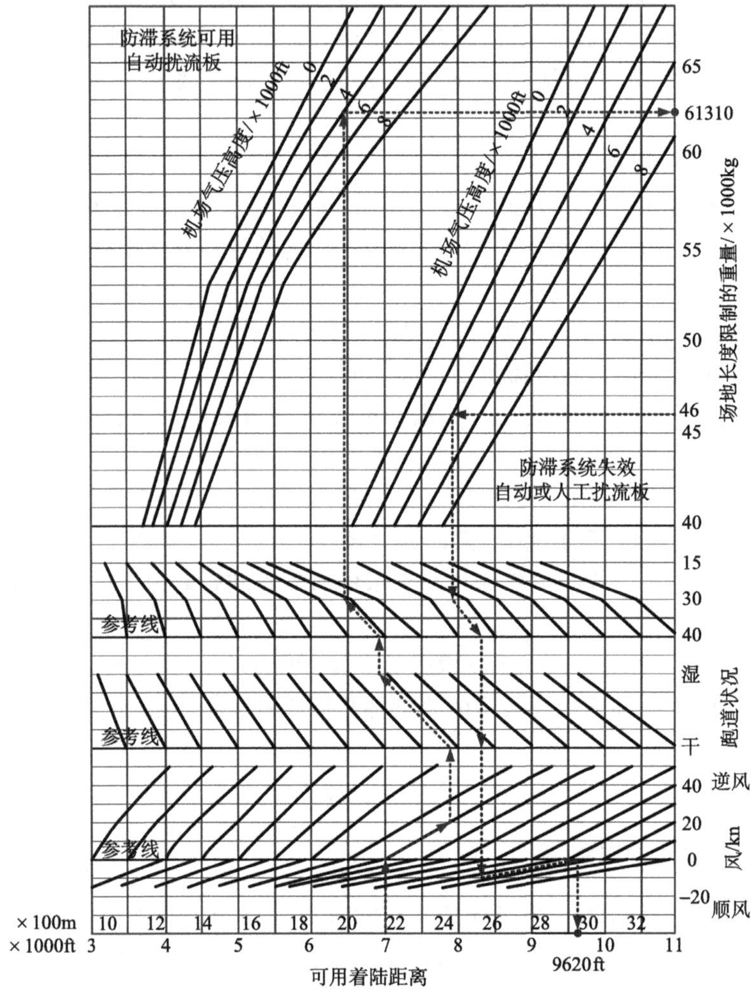

图 6.4 场地长度限制最大起飞重量

例 6-1 给定条件：飞机着陆襟翼 30；
防滞系统可用；
着陆机场气压高度 4000ft；
跑道长度（可用着陆距离 LDA）：7000ft；
跑道：湿；
逆风：20kn。
试根据上述着陆条件，使用图 6.4，确定场地长度限制的最大着陆重量。

解 参见图 6.4，由于已知中给定的防滞系统可用，因此用图中左上侧的一组高度曲线进行查找。

第一步：风修正。从机场跑道长度（可用着陆距离 LDA）7000ft，向上作垂线至风修正单元的参考线，沿辅助线作逆风 20kn 修正。从修正结果可见，逆风时可用着陆距离增加。

第二步：跑道状况修正。经风修正后继续向上作垂线，与跑道状况修正单元的辅助线相交，给定条件是湿跑道，沿辅助线修正至湿跑道。从本例的修正结果可见，湿跑道导致可用着陆距离减小。

第三步：襟翼位置修正。经跑道状况修正后继续向上作垂线，先与襟翼位置修正单元的辅助线相交，沿辅助线修正值至着陆襟翼 30。本例中，若使用襟翼 40 则不需修正，由此可见襟翼位置越小，使可用跑道长度越短。

第四步：查场长限制的最大着陆重量。经襟翼位置修正后，继续向上作垂线，至防滞系统可用的一组曲线，与气压高度 4000ft 得交点，由该交点向右做水平线，交于场长限制的最大着陆重量线，得到交点处坐标值是 61310kg，则该值即为本例所给条件下，场地长度限制的最大着陆重量。

同时在实际使用中，还可以利用飞机场地长度限重图（图 6.4），在已知着陆重量的条件下，确定所需着陆距离。

例 6-2　给定条件：最大着陆重量：46000kg；

飞机着陆襟翼：30；

防滞系统失效；

着陆机场气压高度：4000ft；

跑道：干；

顺风：10kn。

试在上述给定条件下，根据图 6.4 确定所需着陆距离。

解　参见图 6.4，由于已知中给定防滞系统失效，因此用图中右上侧的一组高度曲线进行查找。按图 6.4 中右侧虚线所示的指引，可知在给定条件下，飞机所需着陆距离为 9620ft。

2）复飞限制的最大着陆重量

为了保证进近着陆的飞行安全，根据规章要求复飞时包括进近复飞、着陆复飞，必须达到规定的最小爬升梯度。而爬升梯度是随重量的增加而减小的，因此最小的爬升梯度限制了最大的着陆重量。为便于使用，飞机的手册中通常会提供爬升梯度限制的最大着陆重量图表，如图 6.5 所示。其使用查找方法与前述相关表格类似，参见例 6-3 和例 6-4。

例 6-3　给定条件：机场气压高度 2000ft；

实际温度 33℃；

空调：自动；

试根据图6.5确定爬升梯度限制的最大起飞重量。

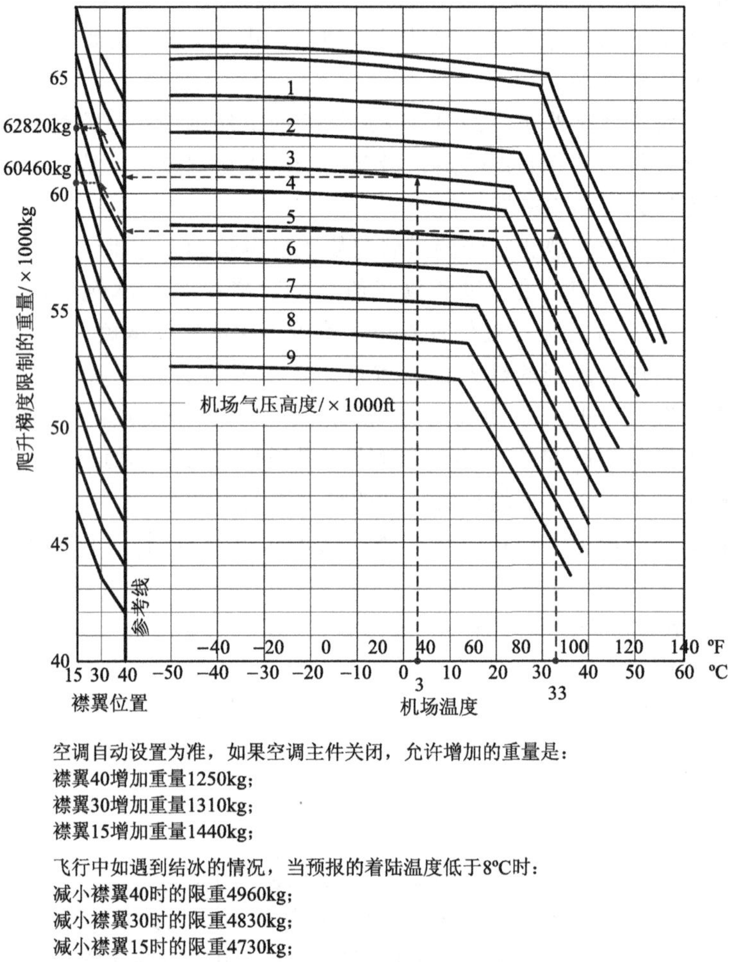

使用防冰时重量的减小值/kg		
襟翼	发动机	发动机和机翼
15	650	5800
30	600	5350
40	550	5250

通常在10°C以上的温度时不使用防冰

图6.5 复飞爬升梯度限制的最大着陆重量

解 根据给定条件，由实际温度33℃向上作垂线，与机场气压高度2000ft交于一点；由该点向右作垂线，与襟翼修正单元的参考线相交；修正着陆襟翼30，由上述交点沿襟翼辅助指引线，修正至襟翼30得一交点，再从此点向右作垂线，可得重量数值为60460kg。

实际温度 33℃不需考虑结冰的影响，不需修正；实际温度 33℃高于 10℃，因此不使用防冰，不需修正防冰；空调自动，因此也不需要修正。因此给定条件下爬升梯度限制的最大着陆重量为 60460kg。

例 6-4 给定着陆条件：机场气压高度 3000ft；

机场实际温度 3℃，发动机和机翼防冰打开；

着陆襟翼 30；

空调自动。

试根据图 6.5 确定爬升梯度限制的最大起飞重量。

解 根据给定条件，如例 6-3 同样的方法可以查得，在机场气压高度为 3000ft、机场实际温度 3℃、着陆襟翼 30 的情况下，爬升梯度限制的最大起飞重量是 62820kg。

在襟翼 30 时发动机和机翼防冰打开需要减小着陆重量，从图中可得需减小 5350kg；根据要求温度低于 8℃，在襟翼 30 时防止结冰需要减小重量 4830kg。因此爬升梯度限制的最大着陆重量经修正后应为 62820－5350－4830＝52640（kg）。

3）飞机结构限制的最大着陆重量

飞机在着陆时会受到较大的冲击载荷。为了满足在着陆时飞机结构强度的要求，特别需要保障起落架系统及其与机身连接的相关结构不受损伤，因此需要规定一个最大着陆机重，作为任何情况下着陆时都不能超过的重量，该重量即为飞机结构限制的最大着陆重量。通常制造商在飞机飞行手册和/或使用手册的使用限制中会给出该重量。

6.3.4 快速过站及其限制的最大着陆重量

1）刹车过热及预防措施

飞机着陆期间在跑道上减速滑跑，为了缩短飞机的着陆滑跑距离，保证安全地将飞机制动，作为飞机起降系统组成部分的刹车系统，起着极为重要的作用。同时在中断起飞时及操纵地面滑行方向和停机时都需要使用刹车。但刹车过程，本质上是刹车系统耗散并吸收飞机动能的过程，是动能转换为热能的过程。而刹车系统本身的散热过程往往是缓慢的，刹车温度变化的一个显著特点是升温快而冷却慢，图 6.6 所示为 B747 飞机在完成一次中断起飞（示例为中度刹车能量 30×10^6ft·lbf）后，作为刹车系统主要组成部分的中央固定子、刹车温度监控系统、保险塞（易熔塞）温度上升与冷却的变化过程。从中可以看出中央固定子几乎是瞬间达到了 1300°F（704°F），而散热冷却过程却非常缓慢，经 90min 后温度仍达 650°F（343°F）以上。而保险塞（易熔塞）温度上升虽然稍显缓慢，但其散热冷却也非常慢。一般吸收的能量越大散热冷却时间越长，越是频繁地使

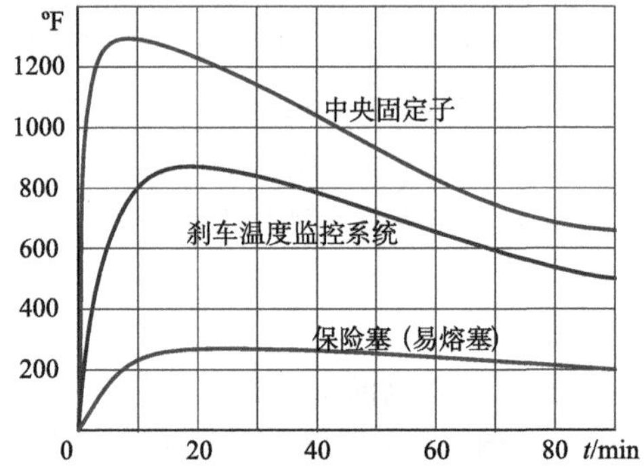

图 6.6 B747飞机刹车温度上升与冷却变化过程

用越容易产生热量累积，容易造成刹车过热。存留在机轮中的热能积累或导致过热，在使用时更容易使保险塞熔化，进而导致机轮泄压、爆胎甚至起火，从而危及飞机的安全。为防止刹车过热需要采取如下措施：

（1）按图 6.7 所示的飞机刹车冷却时间表做好检查。

（2）按操作程序，控制好接地点和接地速度，及时打开减速板，使用反推，正确使用刹车。

（3）利用空中气流冷却刹车。

（4）做好快速过站限制最大重量检查。按手册提供的如图 6.8 所示的快速过站限制最大着陆重量曲线检查，或表 6.2 所示的快速过站最大着陆重量限制表检查。

2）快速过站的冷却时间

快速过站飞行及中断起飞后，必须避免刹车热量的累积，保障起飞和着陆的安全。通常可以根据如图 6.7 所示的刹车冷却程序表进行操作和预防，该表是一种咨询资料，提供了避免刹车过热所必需的刹车冷却参考时间和相应的建议措施等信息，可以帮助操作者正确地使用刹车冷却程序。该表在用于中断起飞、着陆时，可以获得建议的参考停留时间及确保安全的相应措施。该表下方还给出了可用于估算刹车距离的数据信息。

（1）中断起飞的冷却时间和措施。

① 如图 6.7 中右侧虚线所示。从图左上侧中断起飞重量（示例为 140000lb）点作水平向右的直线，与中断起飞刹车时的速度（示例中为 120kn，该速度通常取“决断”速度 V_1 再做风修正，即减去 50％的逆风速度或加上 150％的顺风速度）相交于一点。

② 从①中得到的交点，作垂线先到气压高度参考线作机场气压高度修正（示例为机场气压高度 7000ft），再作垂直至外界大气温度参考线作温度修正（示例为机场温度 30℃）。

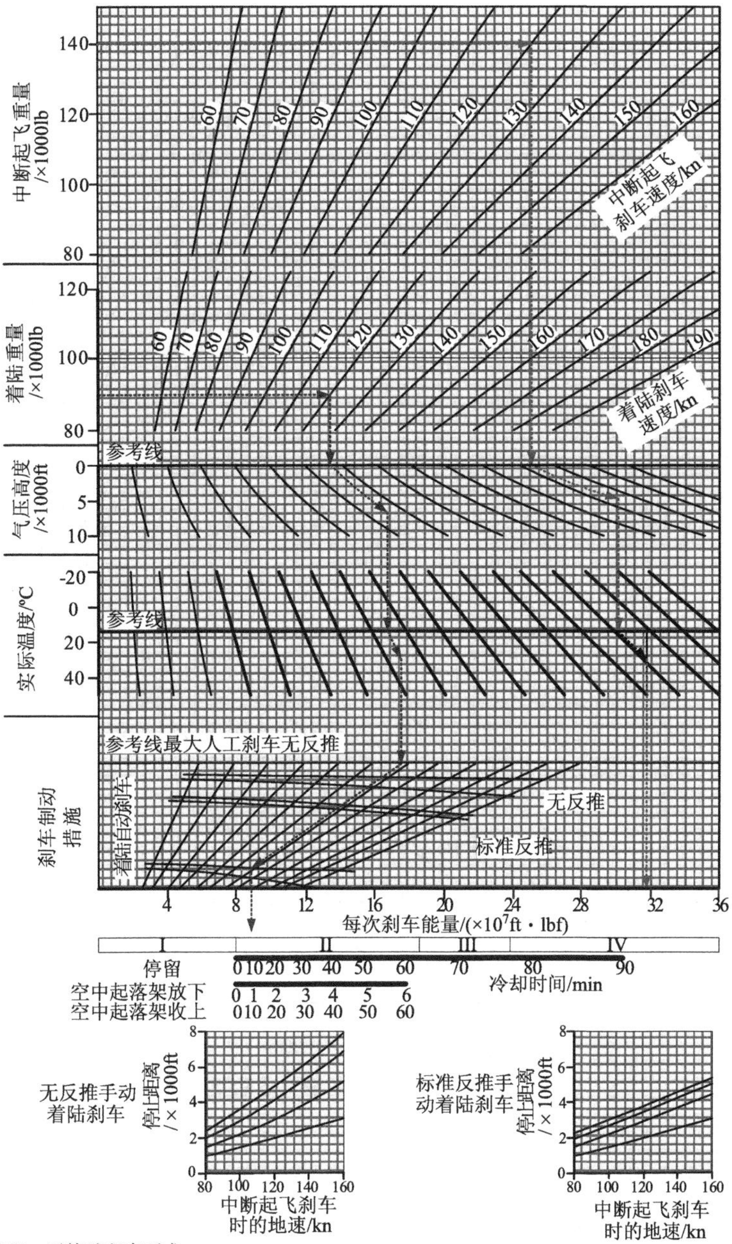

I 标准情况：无特殊程序要求；

II 冷却建议：在起飞之前实施既定的冷却程序；

III警告：剎车保险塞可能熔断，此时应终止起飞并于30min之后检查。在起飞之后，至少延伸传动装置7min；

IV保险丝熔断：在这一区域没有反向推力或者可用的制动装置，应立即清空跑道，不能设置停车制动，在规定的冷却时间之前，不要接近传动装置、不要尝试滑行、不要即刻起飞。注意火警装置。

图 6.7　飞机剎车冷却时间表

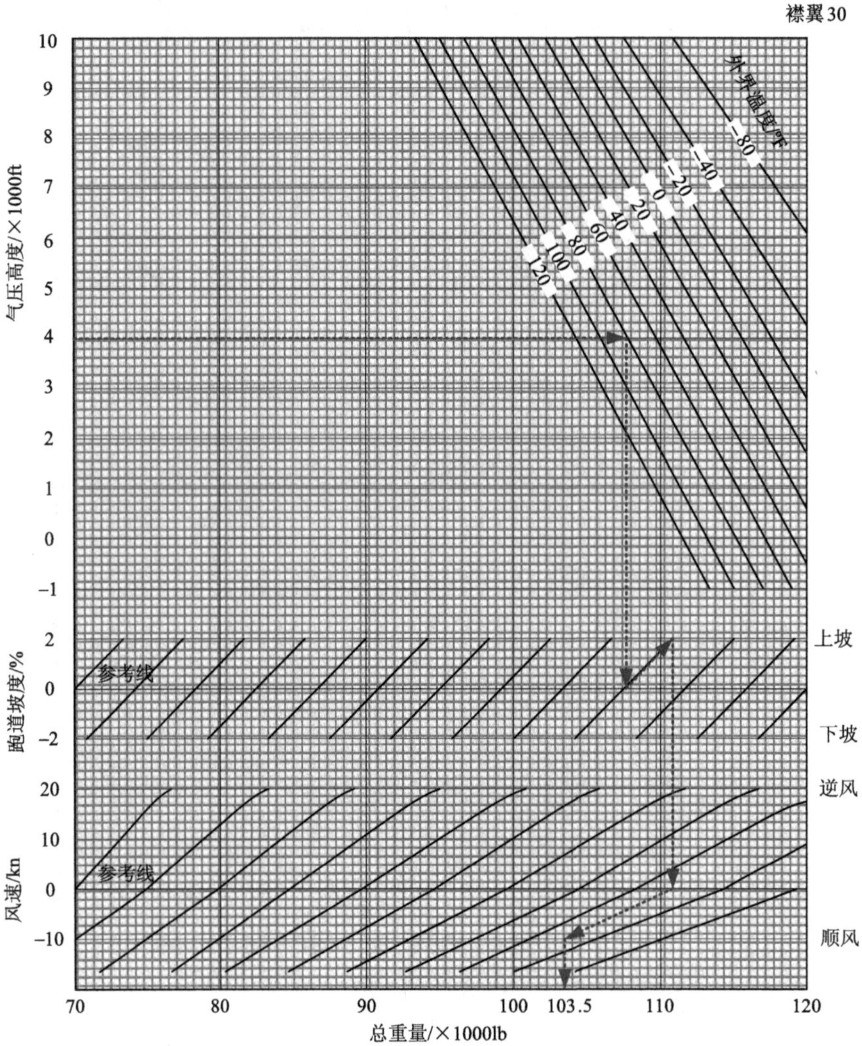

图 6.8　快速过站限制最大着陆重量曲线

③ 从②中得到的交点，继续向下作垂线，可得到本次刹车的能量值（示例为 31.7×10^{7} ft·lb）。

④ 根据③中得到的总能量值点，继续向下作垂线，可以获得建议的冷却时间（示例为 90min 以上），以及冷却的建议措施（示例为措施 IV）。

(2) 着陆的冷却时间和措施。

① 参见图 6.7 中左侧虚线所示。从着陆重量（示例为 90000lb）点向右作水平线，与着陆的刹车速度线相交（示例刹车速度 120kn，该速度通常是按照

$V_{REF}-3kn$并修正风速后获得，即减去 50%的逆风速度或加上 150%的顺风速度）。

② 由①中得到的交点，向下作垂线作机场气压高度修正（示例为 7000ft）和机场温度修正（示例为 30℃）。

③ 由②中得到的交点，继续向下作垂线到刹车制动配置参考线。

④ 由③中得到的交点，沿着网格线调整到选择的制动配置。

⑤ 由④中得到的交点，向下作垂线得到本次着陆时的刹车能量（示例为 $8.4\times10^7ft\cdot lbf$）。

⑥ 由⑤中得到的交点，继续向下作垂线，得到参考冷却时间（示例为约 10min）和冷却的建议措施（示例为措施 II）。

3）快速过站限制的最大起飞重量

通常飞机在经停或快速过站时必须有足够的停留时间，以便使刹车系统有效地散热冷却，同时为了保障快速过站飞行时的安全，满足刹车系统所能吸收的总能量要求，因此必须限制飞机快速过站的最大重量。通常可以根据快速过站最大着陆重量限制表（表 6.2）和快速过站限制最大着陆重量曲线（图 6.8）来确定。

例 6-5 已知飞机的快速过站重量检查表如表 6.2 所示，着陆时机场气压高度 3000ft，实际温度 20℃，下坡 1%，逆风 10kn，使用襟翼 30。

试确定在上述给定条件下，快速过站限制的最大着陆重量。

解 根据给定条件，机场气压高度 3000ft，实际温度 20℃，着陆襟翼 30，快速过站限制的最大着陆重量是 55000kg。而 1%下坡时需减小着陆重量 1150kg；10kn 逆风可以增加着陆重量 1100kg，因此快速过站限制的最大着陆重量为 55000−1150+1100=54950（kg）。

表 6.2 快速过站最大着陆重量限制表

襟翼 15

机场气压高度/ft	最大快速过站重量/×1000kg											
	机场实际温度											
	℉	−60	−40	−20	0	20	40	60	80	100	120	130
	℃	−51	−40	−29	−18	−7	4	16	27	38	49	54
−1000		59	57	56	54	53	52	51	50	49	49	48
0		58	56	55	54	52	51	50	49	49	48	47
1000		56	55	54	53	51	50	49	49	48	47	46
2000		55	54	53	52	50	49	49	48	47	46	
3000		54	53	52	51	49	49	48	47	46	45	
4000		54	52	51	50	49	48	47	46	45		

续表

机场气压高度/ft	最大快速过站重量/×1000kg										
	机场实际温度										
	℉	−60	−40	−20	0	20	40	60	80	100	120	130
	℃	−51	−40	−29	−18	−7	4	16	27	38	49	54
5000		53	51	50	49	48	47	46	45	44		
6000		51	50	49	48	47	46	45	44	44		
7000		50	49	48	47	46	45	44	44	43		
8000		49	49	47	46	45	44	44	43	42		
9000		49	48	46	45	44	44	43	42	41		

襟翼 30

机场气压高度/ft	最大快速过站重量/×1000kg										
	机场实际温度										
	℉	−60	−40	−20	0	20	40	60	80	100	120	130
	℃	−51	−40	−29	−18	−7	4	16	27	38	49	54
−1000		66	64	62	61	59	58	57	56	55	54	54
0		64	63	61	60	59	57	56	55	54	53	53
1000		63	62	60	59	58	56	55	54	53	52	52
2000		62	60	59	58	56	55	54	53	52	51	
3000		61	59	58	57	55	54	53	52	51	50	
4000		60	58	57	55	54	53	52	51	50		
5000		59	57	54	56	54	52	51	50	49		
6000		58	56	54	55	52	51	50	49	49		
7000		56	55	53	54	51	50	49	49	48		
8000		55	54	53	51	50	49	49	48	47		
9000		54	53	52	50	49	49	48	47	46		

襟翼 40

机场气压高度/ft	最大快速过站重量/×1000kg										
	机场实际温度										
	℉	−60	−40	−20	0	20	40	60	80	100	120	130
	℃	−51	−40	−29	−18	−7	4	16	27	38	49	54
−1000		68	67	65	64	62	60	59	58	57	56	55
0		67	65	64	62	61	59	58	57	56	55	54
1000		66	64	63	61	60	59	57	56	55	54	54

续表

机场气压高度/ft	最大快速过站重量/×1000kg										
	机场实际温度										
	℉	−60	−40	−20	0	20	40	60	80	100	120	130
	℃	−51	−40	−29	−18	−7	4	16	27	38	49	54
2000		64	63	61	60	59	57	56	55	54	53	
3000		64	62	60	59	58	56	55	54	53	52	
4000		62	60	59	58	56	55	54	53	52	51	
5000		61	59	58	57	55	54	53	52	51		
6000		60	58	57	55	54	53	52	51	50		
7000		59	57	56	54	53	52	51	50	49		
8000		58	56	54	54	52	51	50	49	49		
9000		56	55	54	53	51	50	49	49	48		

注：每 1%上坡时增加着陆重量 350kg；每 1%下坡时减小着陆重量 1150kg；
每 10kn 逆风增加着陆重量 1100kg；每 10kn 顺风减小着陆重量 7450kg。

例 6-6 已知飞机的快速过站重量曲线如图 6.8 所示，着陆时机场气压高度 4000ft，实际温度 80°F，跑道上坡 2%，顺风 10kn，使用襟翼 30。

试确定在上述给定条件下，快速过站限制的最大着陆重量。

解 参见图 6.8 中虚线的指引。由着陆机场高度 4000ft 作水平线，交于温度 80°F；由该点向下作垂线至跑道坡度参考线，修正上坡 2%，继续向下作垂线至风修正参考线，修正顺风 10kn，再向下作垂线得给定条件下的快速过站限制的最大着陆重量 103500lb。

第 7 章　飞机的载重与平衡

7.1　概　　述

按照规章的相关要求，科学合理地控制飞机的重量和平衡，是保障飞机安全飞行的一个关键环节。因此必须确保飞机合理的运行重量，并将重心配置和控制在规定的范围内。飞机的载重与平衡控制的核心是通过有效的手段控制飞机的重量和重心的位置，确保在飞机飞行过程中，其在允许的范围内，保障飞行安全。因此飞机的载重与平衡问题即是重量和重心的控制问题。

1）载重对飞行的影响

飞机的商载、燃油与航程的关系如图 7.1 所示。通常现代民航运输机，如果飞机的业载（乘员和货物等）、燃油全部加满，往往会受到最大起飞重量或航程的限制。从图 7.1 中可见，在第 I 航程范围内（小于经济航程），可以保障加满业载，随着航程的增加只需要增加燃油，并能满足起飞重量的要求；第 II 航程范围内（大于经济航程），随着航程的增加需要增加燃油，但是为了满足起飞重量的要求，必须减小业载；第 III 航程范围内（大于满足最大起飞重量并加满燃油能飞的最远航程），随着航程的增加需要加满燃油，并减小起飞重量，因此需要进一步减小业载。因此航班飞行时必须要综合考虑业载、燃油和航程的关系，如果发生超载，将不利于飞行安全，超载将导致如下问题发生。

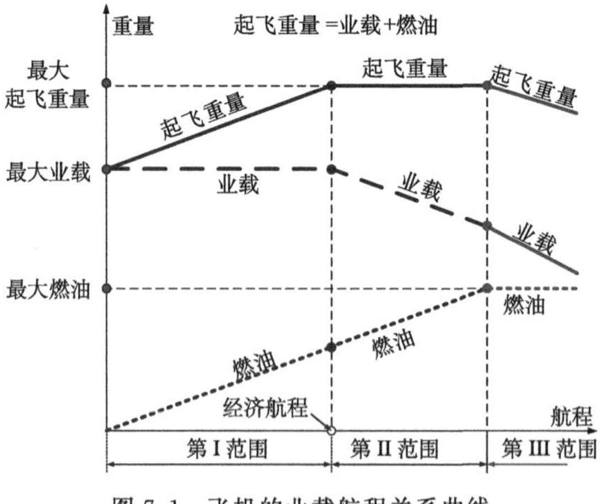

图 7.1　飞机的业载航程关系曲线

（1）起飞阶段，重量大则需要的起飞速度增大、起飞滑跑距离和起飞距离增大。

（2）爬升阶段，由于重量大而使爬升梯度和爬升率减小。

（3）巡航阶段，重量大会降低巡航高度和速度，使燃油里程降低，增大耗油量。

（4）进近着陆阶段，重量大则进近速度和接地速度都将增大，需要的着陆距离增大，结构上尤其是起落装置、刹车系统容易受损。

（5）重量大会降低飞机的机动能力，增加飞机的失速速度，导致操纵性变差。

（6）重量大时在飞行阶段也会导致飞机的结构载荷增加，易引起机体疲劳损伤。

2）飞机的平衡

飞机的平衡实质上是力矩平衡，而力矩的平衡取决于重心（center of gravity，CG）位置，重心是飞机上的一个点，理论上若在该点将飞机支撑或悬挂起来，那么飞机会处于平衡状态，即无任何方向的倾斜和转动，表明其各个方向的力矩之和为零。飞机的平衡一般分为纵向平衡（对横轴的俯仰力矩之和为零）、横向平衡（对纵轴的滚转力矩之和为零）和方向平衡（对立轴的方向力矩之和为零）。

3）重心位置对飞行的影响

飞机重心位置是决定其平衡状态的关键。重心位置决定了飞机平稳飞行的姿态，是决定飞机稳定性强弱的关键，进而也是影响飞机操纵性的关键因素。通常飞机的重心要位于其对称面内，其位置一般用平衡力臂或在平均空气动力弦（mean aerodynamic chord，MAC）上的相对位置给出。飞机的重心位置也是驾驶员操控飞机所必需的依据之一。飞机重心位置的限制是由制造商确立的，任何情况下的飞行都要保证飞机的重心不能超过这个限制范围，否则不能飞行。限制飞机的重心位置主要是基于以下考虑。

（1）为了保证飞机纵向稳定性，重心位置必须配置在焦点（空气动力重心）之前。重心与焦点之间的距离决定了飞机稳定性的强和弱，该距离越大即越靠近机头位置，飞机的稳定性越强，但操纵性会变得迟缓；反之该距离越短，则稳定性变弱但操纵性更灵敏。因此重心与焦点间的距离必须限制在一定的范围内。由设计制造者提出来的范围会在飞机的技术手册上给出。

（2）从配平飞机的纵向稳定飞行上看，若重心过于靠前，则升力产生的下俯力矩越大，需要俯仰舵提供的上仰力矩就越大，那么就需要俯仰舵偏转更大的角度，这样俯仰舵面上的阻力会增加，同时需要的飞行迎角会更大，导致总的阻力增大。特别当飞机低速飞行时，可能俯仰舵偏转最大时的配平抬头力矩也不足以克服升力的下俯力矩，这将危及飞行安全。同时阻力的增加会使飞行成本增大，降低航班飞行的经济效益。因此要限定飞机的重心位置在一定的范围之内。

7.2 重量及其限制

7.2.1 飞机重量的定义

实际航班飞行中，有关飞机重量的概念和定义如下，其关系如图7.2所示。

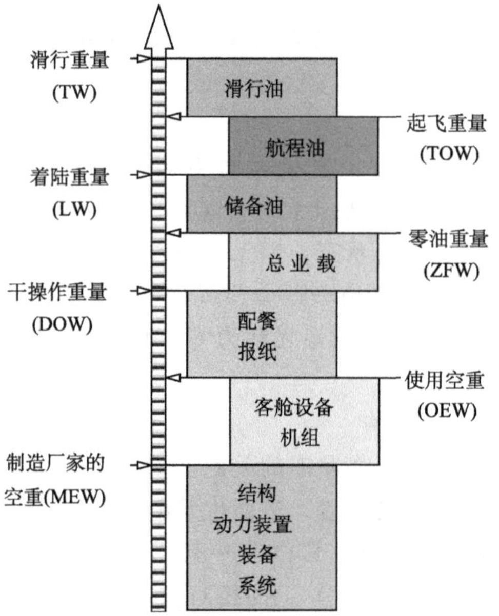

图7.2 飞机重量的概念及其关系

(1) 制造厂家的空重（manufacturer's empty weight，MEW）：是指包括飞机的结构部件、动力装置、装备、系统和其他被看作是飞机整体组成部分的设备重量之和。它实质上是个“干”重量，只包括封闭系统中的液体（如液压油）。

(2) 使用空机重量（operational empty weight，OEW）：是指制造厂家的空重加上营运人必备的标准设备项目，如飞行机组和乘务组及他们的行李、不可用的燃油、发动机滑油、应急设备、厕所化学洗液、厨房结构、配餐设备、座椅、资料等。

(3) 干使用重量（dry operating weight，DOW）：是指除可用的燃油和业载之外的总重量，即用空机重量加上航班飞行需要的配餐、报纸等。

(4) 零油重量（zero fuel weight，ZFW）：是总业载（包括货物、旅客及其行李）与干使用重量之和。

（5）着陆重量（landing weight，LW）：是指到目的地机场着陆时的重量。它等于零油重量加上储备油。

（6）起飞重量（take off weight，TOW）：是在出发机场起飞时的重量。它等于目的地的着陆重量加上航程油（航程所需的油）、或零油重量加上起飞油量（在松刹车点要求的油量，包括储备油）。

（7）滑行重量（taxi weight，TW）：是起飞重量与滑行燃油重量之和。

（8）停机坪重量（ramp weight，RW）：是指操纵飞机在地面滑行时的重量。

7.2.2　飞机重量的限制

1）最大结构起飞重量（MTOW）

飞机的起飞重量（TOW）一定不能超过最大结构起飞重量（maximum structural take off weight，MTOW）。MTOW是按照空中结构抗荷标准，垂直速度等于－1.83 m/s（－360 ft/min）着陆冲击时起落架和结构的抗荷标准确定的。

飞机的最大结构起飞重量是由飞机制造厂家规定的，在一定条件下适用的飞机在起飞滑跑时全部重量的最大限额。限定飞机最大起飞重量的主要因素包括：飞机的结构强度、发动机的功率、刹车效能限制及起落架轮胎的线速度要求等。

影响飞机的最大起飞重量的因素主要有：大气温度和机场标高；风向和风速；起飞跑道的情况，跑道长度越长，可供飞机起飞滑跑的距离越大，起飞重量可以越大，例如，当跑道长度达到3200m时，可以起飞B747-400飞机，其最大起飞重量为385.6t，当跑道长度只有1700m时，可以起飞B737-300飞机，其最大起飞重量为56.5t；机场的净空条件；航路上单发超越障碍的能力；是否使用喷水设备；受襟翼放下角度的影响；噪声的限制规定等。

2）最大结构着陆重量（MLW）

飞机的着陆重量（LW）必须不大于最大结构着陆重量（maximum structural landing weight，MLW）。MLW是按照空中结构抗荷标准，垂直速度等于－3.05m/s（－600ft/min）着陆冲击时的起落架和结构的抗荷标准确定的。因此飞机的着陆重量必须符合下面的关系式：

实际LW＝TOW－航程油≤MLW

实际TOW≤MLW＋航程油

飞机的最大结构着陆重量是在飞机设计和制造时确定的飞机着陆时全部重量的最大限额。限定飞机的最大着陆重量的原因主要包括：飞机的机体结构强度和起落架允许承受的冲击载荷；飞机的复飞爬升能力等。

影响飞机的最大结构着陆重量的因素主要有：大气温度和机场标高；风向和

风速；跑道的情况；机场的净空条件等。

3）最大结构零油重量（MZFW）

飞机飞行过程中，依靠左右机翼产生的升力之和克服重力。当机翼中的燃油量最小时，作用在翼根的弯矩最大（图 7.3）。在空中，机翼中的油量 W_F 不断减少。为了避免油箱中没有燃油时，升力对翼根弯矩过大，需要限制飞机此时的重量。通常称该限制值为最大结构零油重量（maximum structural zero fuel weight，MZFW）。

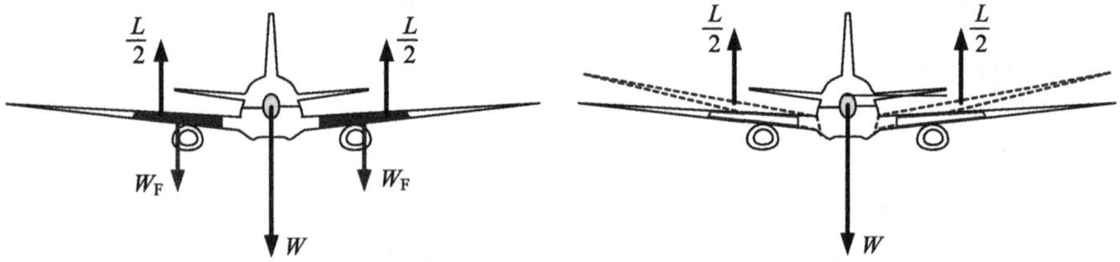

图 7.3　机翼油箱的燃油重量减小产生的机翼弯矩

按此限制的规定，需要满足

实际 ZFW≤MZFW

实际 TOW≤MZFW+起飞油

4）最大结构滑行重量（MTW）

最大结构滑行重量（maximum structural taxi weight，MTW）是指考虑到飞机地面滑行时受到减震器上应力，以及在地面转弯期间可能受到的弯矩限制的最大重量。通常最大结构滑行重量 MTW 是用最大结构起飞重量 MTOW 规定的，即

MTW ＞MTOW+滑行油

7.3　重心计算的原理和方法

7.3.1　重心计算的原理和位置表示方法

1）重心计算的原理

飞机的各组成部分都具有重力，这些所有重力的合力为整个飞机的重力，飞机重力的着力点即为飞机的重心。飞机的重心位置取决于各组成部分在飞机上的分布，并且飞机上任何部位载重量如果发生变化，都会引起飞机的重心位置发生移动，并且重心总是向载重量增大的方向移动。

重心计算的原理是依据合力矩定理，即一个平面力系的合力对任意一点的力矩等于各分力对同一点的力矩之和。假设系统包含 n 部分，每部分的质量为

$m_k(k=1, 2, \cdots, n)$，每部分距离系统中某参考点的距离为 $b_k(k=1,2,\cdots,n)$，则系统的重心位置距离基准点的距离 b_{CG} 为

$$b_{CG}=\frac{\sum_{k=1}^{n}W_k\cdot b_k}{\sum_{k=1}^{n}W_k}=\frac{\sum_{k=1}^{n}m_k g\cdot b_k}{\sum_{k=1}^{n}m_k g}=\frac{\sum_{k=1}^{n}m_k\cdot b_k}{\sum_{k=1}^{n}m_k} \tag{7.1}$$

利用合力矩定理计算重心的方法参见例 7-1。

例 7-1　已知由 3 个质量均匀的物体组成的一个系统，其质量及与基准点的位置如图 7.4 所示，试计算其重心位置。

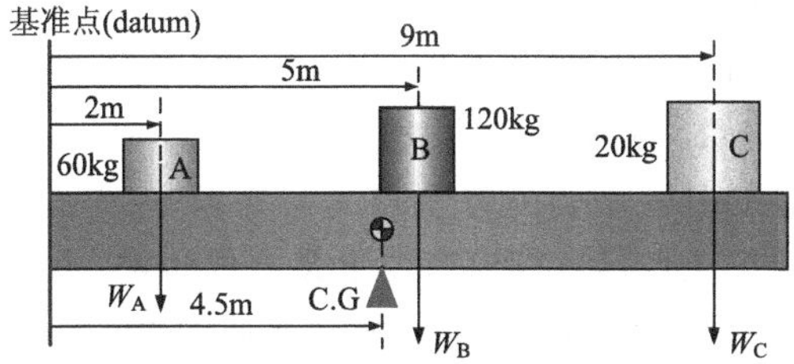

图 7.4　系统组成示意图

解　根据合力矩定理可得表 7.1 所示的结果。

表 7.1　根据合力矩定理计算重心结果

物体	质量 m/kg	力臂/m	力矩＝重力×力臂/(kgf·m)	重心＝合力矩÷总重/m
A	60	2	120	
B	120	5	600	
C	20	9	180	
求和	200		900	4.5

因此本例的重心位置距离给定参考点 4.5m。

需要说明的是，利用合力矩定理计算重心位置时，基准点的选择不影响计算的结果。

2) 重心位置表示方法

利用合力矩定理计算重心时，虽然无论基准点选在哪里都不会影响重心在飞机上的具体位置，但是相对于不同的基准点表示的数值是不一样的。常用的表示重心位置的方法有平衡力臂、站位、标准平均弦或平均空气动力弦。

(1) 平衡力臂。

当相对于飞机确定了一个基准点（datum）之后，用重心到该基准点的距离

来表示重心的位置，通常称之为平衡力臂（balance arm，BA）。常用的典型基准位置有机头、发动机防火墙、机翼前沿及距机头某一确定的距离等。基准点实质上是一个假想垂直平面或直线，是由飞机制造商确定的，飞机所有的力臂和重心位置的范围都是以该点为起点测量的。根据平衡力臂用代数的方法即可计算和表示重心的位置。

例 7-2 给定的是某单引擎飞机的装载限制（图 7.5）：

飞机空重 1340 lb，平衡力臂+37.0；

最大起飞重量 2300lb；

重心 CG 限制范围+35.6～+43.2；

前排 2 个座位平衡力臂+35；

后排 2 个座位平衡力臂+72；

油箱最大容积 40gal，平衡力臂+48；

行李箱最大重量 60lb，平衡力臂+92；

执行本次飞行时的条件是：前座座位上是一位体重 140lb 的飞行员和一位体重 115lb 的乘客，后排座位上有两名体重分别为 212lb 和 97lb 的乘客，同时有 50lb 重的行李，计划飞行最大航程，因此携带了最大值的航油。试确定重心位置，是否满足限制要求？若不满足重心限制，起飞前应该如何调整？

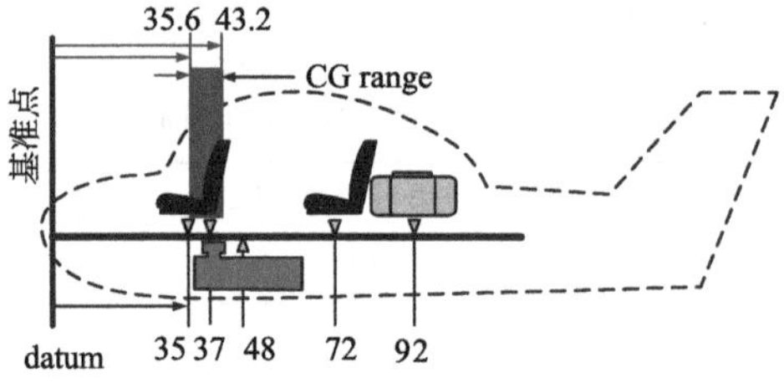

图 7.5 某单引擎飞机的装载限制

解 将给定条件填入表 7.2，最大值的燃油是 40gal 重量 240lb。

表 7.2 给定条件的装载重心计算表

项目	重量 2300 最大	力臂	力矩	重心+35.6～+43.2
飞机	1340	37	49580	
靠前的座位	255	35	8925	
靠后的座位	309	72	22248	
燃油	240	48	11520	
行李	50	92	4600	
合计	2194		96873	44.1

由表 7.2 的计算结果，重心位置为 CG＝44.1，超出了限制的重心范围 35.6～43.2，因此需要调整。因重心靠后了，可以试试把后排体重 212lb 的乘客与前排体重 115lb 的乘客调换，计算结果如表 7.3 所示。

表 7.3　调整后的装载重心计算表

项目	重量 2300 最大	力臂	力矩	重心＋35.6～＋43.2
飞机	1340	37	49580	
靠前的座位	352	35	12320	
靠后的座位	212	72	15264	
燃油	240	48	11520	
行李	50	92	4600	
合计	2194		93284	42.5

实际飞行运行过程中，飞机重心位置如果不符合限制要求时，需要根据超限情况进行调整。人员和货物等装载位置的调整及增减重量，都将使重心发生移动。可以根据合力矩定理推得如下常用公式：

① 飞机的总重量不变，但是货物或人员的装载位置移动，则有

移动的重量÷飞机的总重量＝重心的改变量÷重量移动的距离

如例 7-2 中，移动的重量＝212－115＝97lb，重量移动的距离＝72－35＝37，由上式可知

重心的改变量＝(移动的重量×重量移动的距离)÷飞机的总重量

＝97×37÷2194＝1.6

新的重心位置＝原重心位置－重心的改变量＝44.1－1.6＝42.5

与例 7-2 中的计算结果一致。

② 飞机的总重量有增加或减少，则重量改变引起的重心变化计算公式为

重量的改变量÷飞机新的总重量＝重心的改变量÷增减重量位置与原重心的距离

例 7-3　飞机原总重 6680lb，原重心位置 80in，准备在平衡力臂为 150in 的行李舱中增加行李 140lb。试确定新的重心位置。

解　根据重量改变引起的重心变化计算公式得

重心的改变量＝(增减重量位置与原重心的距离×重量的改变量)÷飞机新的总重量

＝[(150－80) ×140] ÷(6680＋140)＝1.4

新的重心位置＝原重心位置＋重心的改变量＝80＋1.4＝81.3

(2) 站位法。

站位 (station) 是用来表示飞机上任何一点的位置的一种度量单位。在设计、制造飞机时，厂家选定某一点为站位基准点，该点处定义为 0 站位（图

7.6)，而其他任何点相对于站位基准点的距离，则称为此任意点的站位。一般也取站位基准点右侧（飞机尾部方向）各点的站位为正值，左侧各点的站位为负值，这样只要确定了站位基准点（0站位）的位置，则飞机上任何一点的站位均可确定。飞机上各个装载项目所在站位数可以直接作为该项目的力臂值。实际上可以用作平衡力臂的站位是指纵向方向到0站位的距离，即指机身站位BS (body station)。

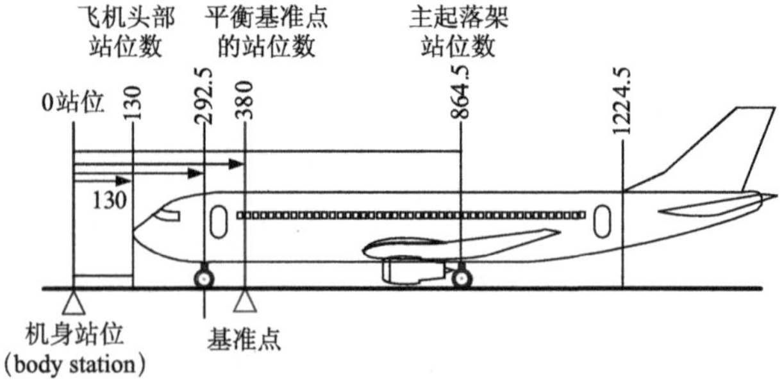

图7.6 站位与平衡基准点的关系

站位和平衡力臂都是沿飞机纵轴的坐标，飞机的站位和区域主要是用来确定组件在飞机上位置的一种工具，便于对飞机进行维修。若飞机的平衡力臂基准点就选在0站位上时，则平衡力臂与站位数值相同；但也有些机型还会另外选定一点作为平衡力臂计算的平衡基准点（或称力矩基准点），则其装载项目的力臂长度都以平衡基准点为准计算。因此，在装载配平计算中应该使用平衡力臂来计算力矩。这样当平衡基准点与机身0站位不重合时，就需要把各个装载项目的以站位基准点为准计算的力臂（即该项目的站位数）换算成以平衡基准点为准的力臂，换算方法如下：

装载项目相对于平衡基准点的力臂=装载项目的站位数−平衡基准点的站位数

按上式的平衡力臂计算得到的重心位置是相对于平衡基准点的位置，按下式也可以换算成重心的站位数：

重心的站位数=重心相对于平衡基准点的位置+平衡基准点的站位数

(3) 标准平均弦。

标准平均翼弦（standard mean chord，SMC）也称为几何平均弦长。是指一个面积等于给定机翼的面积、长度等于机翼翼展的矩形机翼的弦长；或是称长度等于机翼面积与翼展之比的翼弦为标准平均翼弦，可以视该弦长是在翼展范围内所有翼弦的平均值（图7.7)。显然标准平均弦的长度和位置取决于机翼的平面形状。

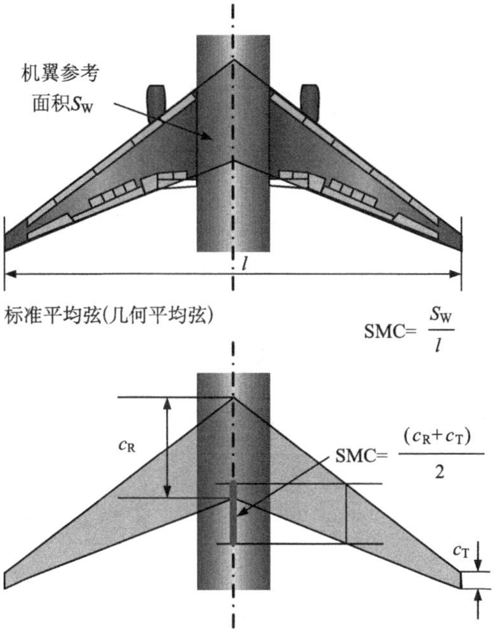

图 7.7　标准平均翼弦

(4) 平均空气动力弦。

平均空气动力弦长（mean aerodynamic chord，MAC）是一个假想矩形机翼的弦长，这一假想机翼的面积 S 和实际机翼的面积相等，它的气动力与（俯仰）力矩特性和实际机翼等价，该矩形翼的弦长即平均空气动力弦长，一般记作 c_{MAC}。平均空气动力弦的位置取决于机翼的平面形状。参见图 7.8，可以用几何方法确定平均空气动力弦的位置及长度 c_{MAC}。先取根弦和梢弦的中点 A 和 B，并连线；再把根弦向后延长和梢弦相等的长度得 C 点，把梢弦向前延长和根弦相等的长度得 D 点，并连接 C 和 D 两点；AB 和 CD 相交于 D 点，过 D 点作翼型剖面，得到的翼弦就是平均空气动力弦，其长度就等于 b_{MAC}。实际上机翼的平均空气动力弦正好是通过半个翼面的面积中心（相当于匀质的机翼翼面的重心）位置的翼弦，将其平移至飞机的对称面即得平均空气动力弦的长度和位置。因此只要实际机翼的平面形状及几何参数确定了，则 MAC 的长度及其纵向位置都被确定了。

任何机型的飞机其平均空气动力弦的长度和所在位置都是固定的，在飞机的技术说明书中都会标明。因此可以把飞机的重心投影到平均空气动力弦上，然后以重心投影点与平均空气动力弦的前缘之间的距离占平均空气动力弦长度的百分比表示重心的位置。参见图 7.9，记重心距离平均空气动力弦的距离为 x_{CG}，重

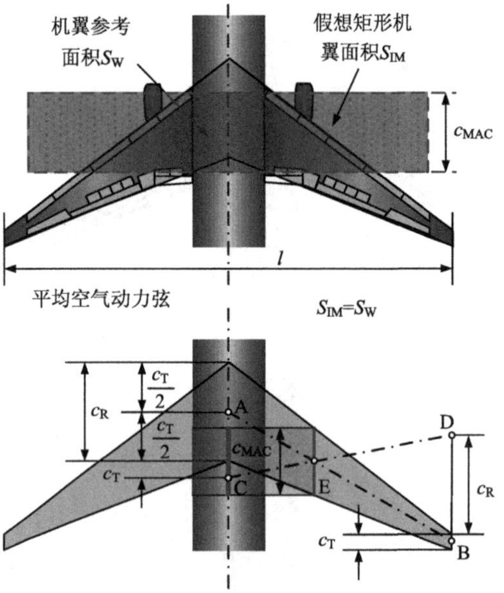

图 7.8 平均空气动力弦长及其位置

心相对于平均空气动力弦（MAC）的位置 $\bar{x}_{CG}$ 可以写为

$$\bar{x}_{CG}=\frac{x_{CG}}{b_{MAC}}\times 100\%(\mathrm{MAC})$$

由图 7.9 可见，用平衡力臂表示的重心位置和平均空气动力弦的百分数表示的重心位置是可以转换的。记 BA_{CG} 为重心的平衡力臂；BA_{LEMAC} 为平均空气动力弦前缘的平衡力臂，则重心位置由平衡力臂转换为平均空气动力弦（MAC）的百分数的公式是

$$\bar{x}_{CG}(\%\mathrm{MAC})=\frac{BA_{CG}-BA_{LEMAC}}{b_{MAC}}\times 100\%(\mathrm{MAC}) \tag{7.2}$$

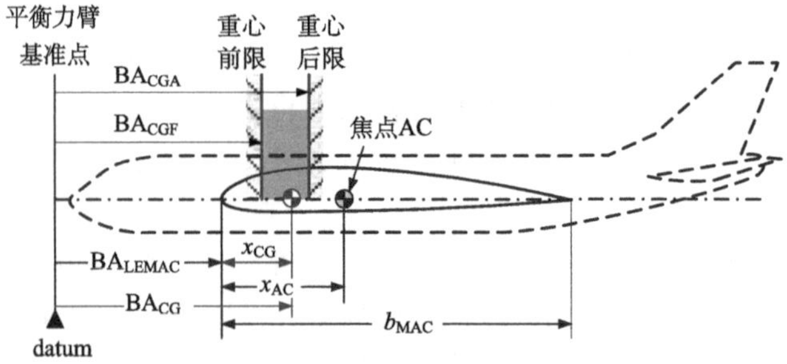

图 7.9 重心在平均空气动力弦上的位置

重心位置由平均空气动力弦（MAC）的百分数转换为平衡力臂的公式是

$$BA_{CG}=\frac{\bar{x}_{CG}(\%MAC)\cdot b_{MAC}}{100}+BA_{LEMAC} \tag{7.3}$$

例 7-4　已知重心（CG）的平衡力臂为 $BA_{CG}=648.5$in，飞机的平均空气动力弦长 $b_{MAC}=134.5$in，平均空气动力弦前缘的平衡力臂为 $BA_{LEMAC}=625.6$in。试计算用平均空气动力弦（MAC）的百分数表示的重心位置。

解　由平衡力臂转换为平均空气动力弦的百分数的公式（7.2）可得

$$\bar{x}_{CG}=\frac{BA_{CG}-BA_{LEMAC}}{b_{MAC}}\times 100\%=\frac{648.5-625.6}{134.5}\times 100\%=17\%MAC$$

例 7-5　给定某飞机的人员和货物装载如图 7.10 所示，具体的装载情况如表 7.4所示。

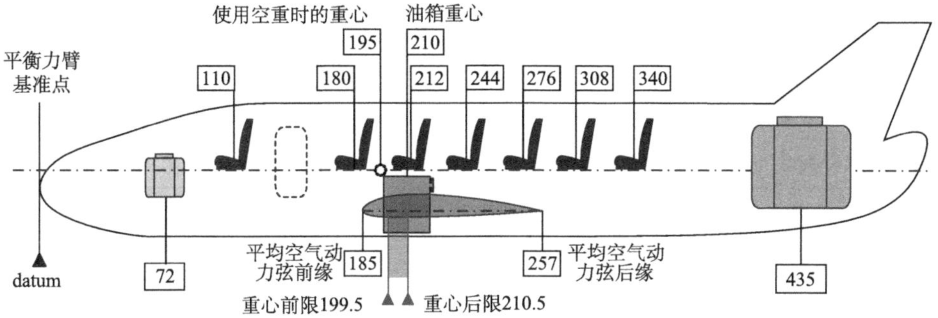

图 7.10　飞机装载的平衡力臂、平均空气动力弦和重心限制示意图

表 7.4　航班装载配平表

项目	重量/lb	平衡力臂/in	重心/(lb·in)
使用空机重量（empty acft）	200000	195	
飞行机组（flight crew）	350	110	
燃油（fuel）	2700	210	
一排座位（pax-row 1）	350	180	
二排座位（pax-row 2）	510	212	
三排座位（pax-row 3）	250	244	
四排座位（pax-row 4）	480	276	
五排座位（pax-row 5）	425	308	
六排座位（pax-row 6）	450	340	
前货舱（fwd cargo）	350	72	
后货舱（aft cargo）	525	435	

试给出本机用平均空气动力弦（MAC）表示的重心限制范围。确定重心位置是否满足限制要求？分别给出用平衡力臂和平均空气动力弦（MAC）表示的重心位置。

解 由图 7.10 给定的数据可知，空气动力弦的弦长 b_{MAC}=257－185=72（in）。

重心前限位置在平均空气动力弦(MAC)上的位置为(199.5－185)÷72=20.14%MAC。

重心后限位置在平均空气动力弦(MAC)上的位置为(210.5－185)÷72=35.42%MAC。

因此本机用平均空气动力弦(MAC)表示的重心限制范围为 20.14%MAC～35.42%MAC。

根据给定的装载情况，计算起飞重量和合力矩，结果如表 7.5 所示。

表 7.5 给定装载情况下的起飞重量和合力矩

项目	重量/lb	平衡力臂/in	重心/(lb·in)
使用空机重量（empty acft）	20000	195	3900000
飞行机组（flight crew）	350	110	38500
燃油（fuel）	2700	210	567000
一排座位（pax-row 1）	350	180	63000
二排座位（pax-row 2）	510	212	108120
三排座位（pax-row 3）	250	244	61000
四排座位（pax-row 4）	480	276	132480
五排座位（pax-row 5）	425	308	130900
六排座位（pax-row 6）	450	340	153000
前货舱（fwd cargo）	350	72	25200
后货舱（aft cargo）	525	435	228375
合计	26390		5407575

因此中心位置的平衡力臂 BA_{CG}=5407575÷26390=204.9（in）。重心位置符合（199.5～210.5）限制要求，位置是适合的。

用平均空气动力弦（MAC）表示的重心位置为(204.9－185)÷72=27.64%MAC，同样也满足重心限制范围（20.14%MAC～35.42%MAC）的要求。

7.3.2　指数及其应用

在应用合力矩定理计算飞机的重心时，常常会显现力矩值很大，这为准确地计算力矩值带来了不便。于是在实际中常利用指数（index）进行计算，通常使用的指数是建立在力矩基础之上的，即以力矩为基数，按照给定的规则——指数方程，把力矩转换为指数。使用指数的目的是简化力矩计算，力矩的加减运算转换为指数的加减计算，也便于编制相关的图表或曲线供实际使用。最简单的力矩指数（moment indexes）就是缩小了一定倍数的力矩。

1）小型飞机的力矩指数及其应用

对于正常类、实用类等小型飞机，其力矩指数就是缩小 100 或 1000 或其他整数倍的力矩。通常在飞行员操作手册（pilot's operating handbook，POH）或飞机飞行手册（airplane flight manual，AFM）中给出力矩指数计算曲线和相应的重心限制范围，以方便飞行员查找和使用，确保飞行过程的安全。如图 7.11 为典型的某小型飞机的载荷图（loading graph）——装载力矩指数曲线，图 7.12 为根据载重和力矩指数检查重心位置是否超限的曲线——重心力矩包线（moment envelope，CG）。

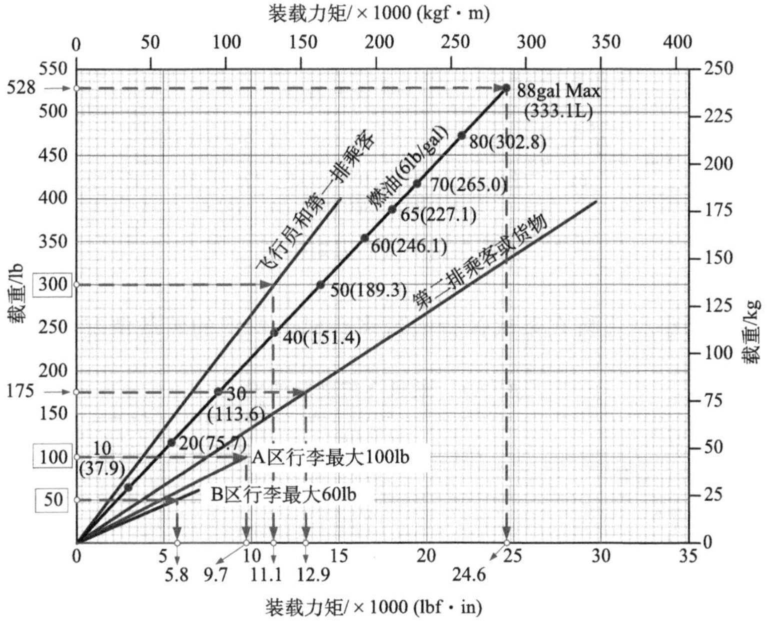

图 7.11　某小型飞机的装载力矩指数曲线-载荷图

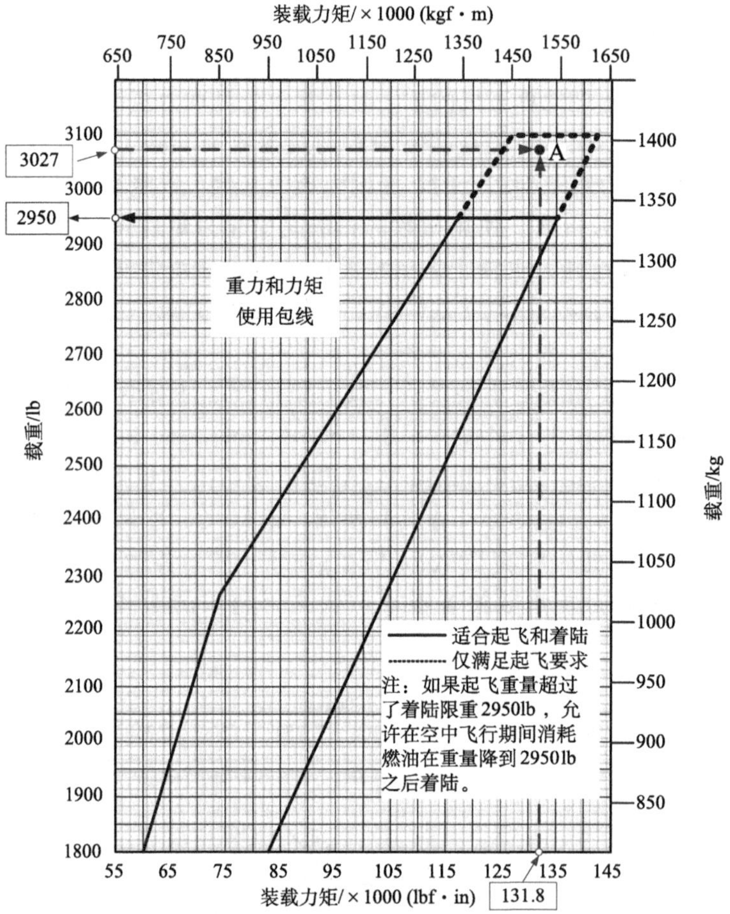

图 7.12　重心力矩包线

例 7-6　某小型飞机在某次执行航班飞行时，给定的装载情况如表 7.6 所示。

表 7.6　航班飞行装载情况

项目	重量/lb	重心/×1000 (lb · in)
飞机的使用重量	1874	67.7
前排座位	300	
后排座位	175	
燃油	528	
A 行李区	100	
B 行李区	50	
总计	3027	

试根据图 7.11，确定飞机本次飞行的重心位置，再利用图 7.12 检查重心是否在允许的范围内。

解　在该（某小型）飞机的载荷图（图 7.11）中，分别给出了在飞机的各个部位上，不同装载重量（纵坐标）时的力矩指数（横坐标）。根据给定装载条件前排座位 300lb、后排座位 175lb、燃油 528lb、A 行李区 100lb、B 行李区 50lb，可以查得（图 7.11 中虚线所示）对应的力矩指数（力矩/1000）分别为 11.1、12.9、24.6、9.7、5.8，把得到的数据填入表 7.6 中，结果如表 7.7 所示。

表 7.7　给定航班装载情况下的力矩指数

项目	重量/lb	重心/×1000 (lb·in)
飞机的使用重量	1874	67.7
前排座位	300	11.1
后排座位	175	12.9
燃油	528	24.6
A 行李区	100	9.7
B 行李区	50	5.8
总计	3027	131.8

由以上计算可得，在给定的起飞装载条件下，飞机的起飞总重是 3027lb，总的力矩指数是 131.8。

再利用图 7.12 检查重心是否超限，步骤如下。

① 根据起飞重量 3027lb，从重心力矩使用包线左侧载重为 3027lb 点向右作水平线，如图 7.12 中的虚线所示。

② 根据装载的力矩指数 131.8lb·in，从重心力矩使用包线下端力矩指数 131.8 点向上作铅垂线，如图 7.12 中的虚线所示。

③ 引自①和②的两条线相交于 A 点。

④ 由于 A 点落于虚线所示的区域内，根据图中给的说明可知，此时的装载是满足起飞限定要求的；但是不满足着陆的要求，因为从图中的飞行包线限制可以看出，该飞机的着陆最大重量是 2950lb，要保障着陆安全，飞行期间必须消耗 77lb（3027－2950＝77lb，略小于 13gal）以上的燃油之后才符合着陆限制要求。

2）大型客机的力矩指数

本质上指数就是缩小了一定倍数的力矩，在实际计算时，通过构造指数方程，把力矩计算的基准点设置到平均空气动力弦的某一点上，即所有的力矩计算的矩心取在平均空气动力弦的某一确定百分比处，把力矩转化为指数。不同的机型计算指数的方程不同。参见图 7.13，假如某飞机的空气动力弦前缘（leading edge of mean aerodynamic chord，LEMAC）的站位是 H_{LEMAC}（或平衡力臂），单位 in 或 m；选定的重心力矩计算基准点（CG datum）的站位是 $H_{CG \cdot D}$，单位 in 或 m，则通常指数方程可写作

$$\text{INDEX} = \frac{H_{ARM}(\text{in}) - H_{CG \cdot D}(\text{in})}{C} \times W(\text{lb}) + K \tag{7.4}$$

式中，H_{ARM}为任意装载项目的站位点（或平衡力臂），单位 in 或 m；W 为任意装载项目的重量，单位 lb 或 kg；C 为选定的使力矩标准化（无量纲化）的力矩常数，单位 lb · in；K 为选定的指数基础常数，目的在于防止计算的指数值出现负值。

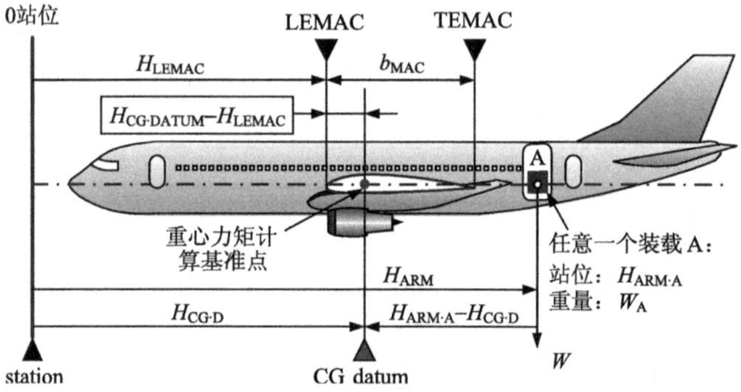

图 7.13 力矩指数计算示意图

若已知飞机的平均空气动力弦长为 b_{MAC}，则用 MAC 百分数表示的飞机重心计算参考点（CG datum）可以写作

$$\bar{x}_{CG \cdot D}(\%\text{MAC}) = \frac{H_{CG \cdot D} - H_{LEMAC}}{b_{MAC}} \times 100\%(\text{MAC}) \tag{7.5}$$

例 7-7 已知 B777F 飞机的平均空气动力弦的弦长为 $b_{MAC} = 278.5\text{in}$，空气动力弦前缘的站位为 $H_{LEMAC} = 1174.5\text{in}$，选定的重心力矩计算基准点的站位是 $H_{CG \cdot D} = 1258.0\text{in}$，力矩常数 $C = 500000\text{lb} \cdot \text{in}$，指数基础常数 $K = 50$。

试确定对于任意一个装载 A（重量为 W_A，站位点为 $H_{ARM \cdot A}$）的指数；用 MAC 百分数表示的重心力矩计算的基准点是多少。

解 根据式（7.4）可得，装载项目 A 的指数为

$$\text{INDEX}_A = \frac{H_{ARM \cdot A} - 1258.0}{500000} \times W_A + 50$$

根据式（7.5），所选的力矩计算基准点在 MAC 上的位置是

$$\bar{x}_{CG \cdot D}(\%MAC)=\frac{H_{CG \cdot D}-H_{LEMAC}}{b_{MAC}}\times 100\%(MAC)$$
$$=\frac{1258.0-1174.5}{278.5}\times 100\%=30\%MAC$$

7.4　重心包线与平衡图

7.4.1　重心包线

为了保障飞机在每个阶段的飞行安全，在 CCAR-25 部的第 25 和第 143 等条款中规定，需要考虑飞机的结构强度、稳定性和操纵性，以及机动能力等方面的限制要求，在每个重量下飞行时都有一个对应的重心前、后极限边界。通常把满足飞机在整个飞行阶段重心都不允许超出的极限边界称为飞机的重心包线。纵坐标代表重量，横坐标表示力矩。位于力矩计算参考点左侧（机头方向）的力矩为负，右侧为正。这样就可以在图上做力矩加减，利用图解法确定重心，得到的重心限制范围称为重心包线。飞行各阶段上重心包线的主要限制因素如表 7.8 所示。

表 7.8　飞行各阶段上重心包线的主要限制因素

飞行阶段	前重心极限位置	后重心极限位置
起飞	前轮强度 抬前轮（升降舵最大偏转） 机动能力	主起落架强度 飞机擦尾（升降舵最大偏转） 前轮转向控制 稳定性
空中	升降舵最大偏转的载荷 操纵性的要求 机动能力	稳定性要求 爬升限制 配平状态的失速速度限制 迎角保护
着陆	前轮强度 升降舵最大偏转的载荷 机动能力	主起落架强度 进近阶段的限制 复飞爬升 配平状态的失速速度限制 迎角保护

1) 起飞的重心包线

飞机起飞时重心包线如图 7.14 所示。

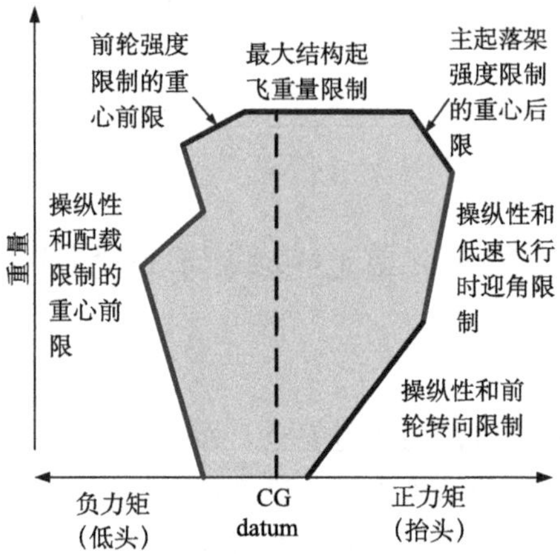

图 7.14 飞机起飞时重心包线

(1) 限制起飞的重心前限的因素有：

- 前轮强度；
- 抬前轮（升降舵最大偏转）；
- 机动能力；
- 操纵性要求；
- 配载要求。

(2) 限制起飞的重心后限的因素有：

- 主起落架强度；
- 前轮转向控制；
- 离地擦尾角限制；
- 爬升梯度；
- 稳定性、操纵性限制。

(3) 最大结构起飞重量限制。

2) 着陆的重心包线

飞机着陆时重心包线如图 7.15 所示。

(1) 限制着陆重心前限的因素。

一般满足起飞时重心前限的要求，通常都会符合着陆时重心前限的要求。

(2) 限制着陆重心后限的因素。

与起飞重心后限的限制因素类似，主要包括受到操纵性重量的限制、低速时迎角的限制及复飞要求的限制。另外考虑到主起落架的强度，最大结构着陆重量会限制重心的后限。

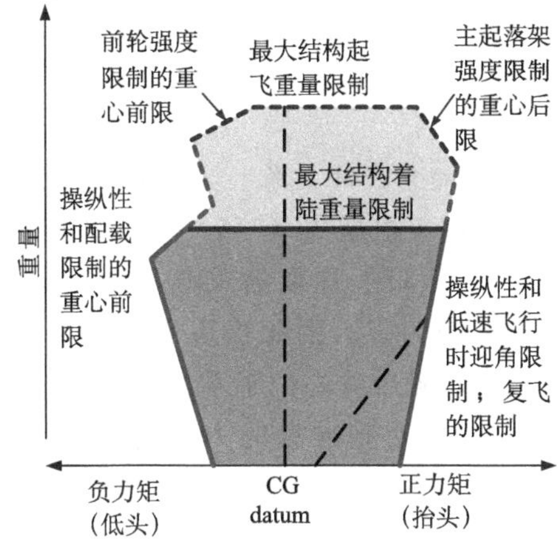

图 7.15　飞机着陆时重心包线

3) 空中的重心包线

空中飞行时，同样要考虑到结构强度、稳定性要求、舵面的操纵效率、机动性要求、爬升要求、失速速度、迎角及尽可能降低燃油消耗等因素，确定重心的前后限制边界，但是通常在空中飞行时，飞机所受到的限制要比起飞时少，因此考虑到实际情况，可以在起飞包线的基础上再适当地放宽 1%～2%，如图 7.16 所示。

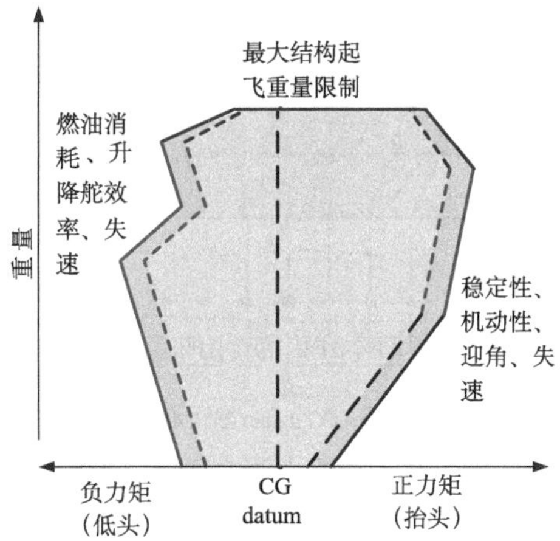

图 7.16　飞机空中飞行的重心包线

7.4.2　飞机的重心包线图

为了便于实际使用，把相对于力矩基准点计算的力矩值转换为平均空气动力弦（MAC）的百分数和指数方程计算出相应的指数，然后以指数和对应的平均空气动力弦百分数作为横坐标、重量为纵坐标，绘制出的重心包线，就是实际使用的重心包线。

1）平均空气动力弦与重心包线的关系

为了便于实际计算和使用，根据式（7.5）可以把相对基准点的重心位置转换成%MAC。参见图7.17，假设所选取的重心基准点位于25%MAC，则当重心恰好位于基准点时，其力矩为零，因此当重心位于该点时，力矩不随重量变化，是一条向上的直线；若装载后重心位于基准点之后（参见图7.17中假设在37%MAC处）时，则重量越重对基准点的力矩越大，这是因为在相同的弦线位置，虽然力臂不变但是重量越大则力矩越大，因此该位置处载重的力矩随重量的增加线性地增大，是一条向右倾斜的直线；同理在基准点之前的平均空气动力弦的百分比（%MAC）的位置上，载重越大则力矩值也越大，由于这时是负的（低头）力矩，因此力矩值在相同的%MAC处随重量的变化是向左倾斜的直线。

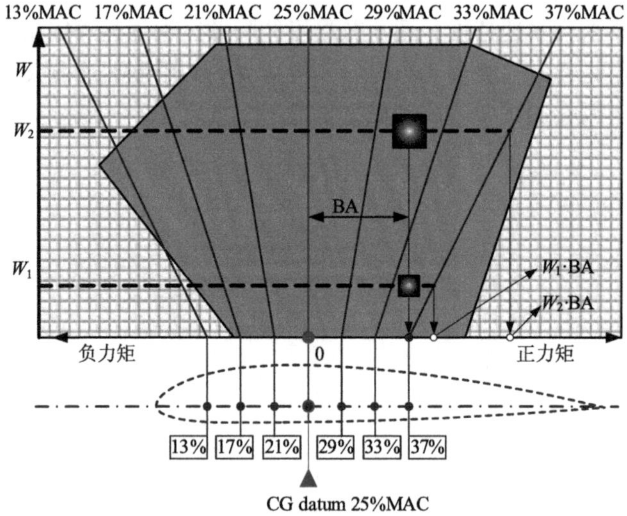

图7.17 MAC与重心包线的关系

2）指数与重心包线

由于力矩的数值很大，不便于使用，通常把力矩转换为指数，即以根据式（7.4）计算的指数替代力矩值作为横坐标，就可以得到如图7.18所示的实际使用的重心包线。

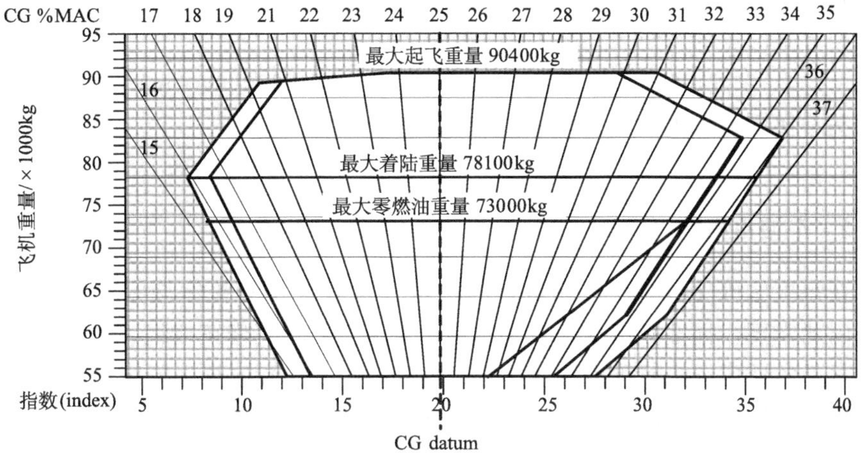

图 7.18　重心包线图

7.5　指数计算

7.5.1　基本使用指数

使用空机重量 OEW（operating empty weight）中包括机组、乘务组、配餐等重量，因此飞行时该重量会变化。按基本配备（标准机组、乘务组和标准配餐）时的使用空机重量称为基本使用重量（basic operating weight，BOW），基本使用指数（basic operating weight index，BOI）就是把按照基本使用重量计算的指数再加上一个正数（常数）得到的值。例如

A310-200　$BOI = W_{BOW} \times (H_{ARM} - 26.67)/2000(kg \cdot m) + 40$

式中，W_{BOW}为飞机的基本使用重量；H_{ARM}为飞机基本使用重量时的重心站位点（以下相同）。

B737-300　$BOI = W_{BOW} \times (H_{ARM} - 648.5)/29483(kg \cdot in) + 40$

B757-200　$BOI = W_{BOW} \times (H_{ARM} - 1037.8)/75000(kg \cdot in) + 50$

B777F　$BOI = W_{BOW} \times (H_{ARM} - 1258.0)/250000(kg \cdot in) + 50$

B747-400　$BOI = W_{BOW} \times (H_{ARM} - 1323.6)/286000(kg \cdot in) + 50$

例 7-7　已知 B777F 飞机的基本使用重量为 $W_{BOW} = 140000kg$，基本使用重量的重心站位为 $H_{ARM} = 1237.7in$，平均空气动力弦长为 $b_{MAC} = 278.5in$，空气动力弦前缘的站位为 $H_{LEMAC} = 1174.5in$，选定的重心力矩计算基准点的站位是 $H_{CG \cdot D} = 1258.0in$。试计算其 BOI，相对基准点的力矩，重心的%MAC。

解 BOI＝140000×(1237.7－1258.0)/250000＋50＝38.6

相对基准点的力矩为

$$140000\times(1237.7-1258.0)=-2842000(\text{kg}\cdot\text{in})$$

基本使用重量重心的%MAC位置为

$$(1237.7\ \text{in}-1174.5.0\ \text{in})/278.5=23\%\text{MAC}$$

7.5.2 干使用指数（DOI）

在每次航班飞行时，实际执行的机组、乘务组及配餐等与标准基本配置不同，因此需要根据实际情况，对基本使用重量做修正，修正机组、乘务组、配餐等重量后的使用空机重称为干使用重量（DOW）。实际航班飞行应对基本使用指数（BOI）做相应的修正，一般称修正后的BOI为干使用指数（dry operating weight index，DOI）。具体的修正值随机型而定。例如A310-200中给出的修正值是：

- 驾驶舱增加一名机组人员重量增加80kg：DOI＝BOI－1.3；
- 前厨房配餐增加100kg：DOI＝BOI－1.3；
- 后厨房配餐增加100kg：DOI＝BOI＋1.2。

由于飞机在大修之后其使用空机重量（OWE）及其重心位置可能会变化，因此其DOI（BOI）也会相应地变化，一般在飞机大修之后应重新称重并确定其DOI（BOI）。因此尽管机型相同的飞机，但是每一架的DOI（BOI）均可能是不同的。

7.5.3 燃油指数

燃油指数同样是使用给定机型的指数方程进行计算。燃油指数值取决于装载燃油的多少和油箱的位置。通常为了减小由于燃油消耗产生的重心变化量，飞机的油箱大都位于基准点附近，这样使得随着飞行过程燃油的减少，其指数也围绕在0附近一个小区间内变化。实际上燃油的密度、油箱的体积等也会引起重心和指数的变化。

通常情况下给油箱加油的顺序是翼尖油箱→翼根油箱→机身油箱。燃油指数的大小、正负取决于各个油箱相对基准点的位置和加油的顺序，当燃油的密度不同时，由于油箱的体积是不变的，因此也会影响重心位置，从而导致指数不同。如表7.9所示的是A330-200飞机按正常的加油顺序，装载不同密度的燃油时，加油量和指数的关系。

表 7.9　A330-200 加油量与燃油指数

W/kg	密度/(kg/L)														
	.760	.765	.770	.775	.780	.785	.790	.795	.800	.805	.810	.815	.820	.825	.830
000	−2	−2	−2	−2	−2	−2	−2	−2	−2	−2	−2	−2	−2	−2	−2
4000	−4	−4	−4	−4	−4	−4	−4	−4	−4	−4	−4	−4	−4	−4	−4
6000	−6	−6	−6	−6	−6	−6	−6	−6	−6	−6	−6	−6	−6	−6	−6
8000	−8	−8	−8	−8	−8	−8	−8	−8	−8	−8	−8	−8	−8	−8	−8
10000	−8	−8	−8	−8	−8	−8	−8	−8	−8	−8	−8	−8	−8	−8	−8
12000	−4	−4	−4	−4	−4	−4	−4	−4	−4	−4	−4	−4	−4	−4	−4
14000	+1	+1	+1	+1	+1	+1	+1	+1	+1	+1	+1	+1	+1	+1	+1
16000	+1	+1	+1	+2	+2	+2	+2	+2	+2	+2	+2	+2	+3	+3	+3
18000	−1	−1	−1	+0	+0	+0	+0	+0	+0	+0	+0	+0	+1	+1	+1
20000	−3	−3	−2	−2	−2	−2	−2	−2	−2	−2	−2	−2	−1	−1	−1
22000	−5	−4	−4	−4	−4	−4	−4	−4	−4	−4	−4	−3	−3	−3	−3
24000	−6	−6	−6	−6	−6	−6	−6	−6	−6	−6	−5	−5	−5	−5	−5
26000	−8	−8	−8	−8	−8	−8	−8	−8	−7	−7	−7	−7	−7	−7	−7
⋮	⋮	⋮	⋮	⋮	⋮	⋮	⋮	⋮	⋮	⋮	⋮	⋮	⋮	⋮	⋮
87000	+2	+2	+2	+2	+2	+2	+3	+3	+3	+3	+3	+3	+3	+4	+3
89000	+1	+1	+1	+1	+1	+2	+2	+2	+2	+2	+2	+2	+2	+3	+3
91000	+0	+0	+0	+0	+1	+1	+1	+1	+1	+1	+1	+1	+1	+2	+2
93000	−1	−1	−1	+0	+0	+0	+0	+0	+0	+0	+0	+0	+0	+1	+1
95000	−2	−2	−1	−1	−1	−1	−1	−1	−1	−1	−1	−1	−1	+0	+0
97000	−2	−2	−2	−2	−2	−2	−2	−2	−2	−2	−2	−2	−1	+0	−1
99000	−3	−3	−3	−3	−3	−3	−3	−3	−3	−3	−3	−2	−2	−1	−2
101000	−4	−4	−4	−4	−4	−4	−4	−4	−4	−4	−3	−3	−3	−2	−3
103000	−6	−6	−5	−5	−5	−5	−5	−5	−5	−4	−4	−4	−4	−3	−4
105000	−8	−7	−7	−6	−6	−6	−6	−6	−6	−5	−5	−5	−5	−4	−5
107000			−9	−8	−8	−7	−7	−7	−7	−6	−6	−6	−6	−5	−6
109000						−9	−9	−8	−8	−8	−8	−7	−7	−6	−7
111000									−10	−9	−9	−9	−8	−7	−8
113000												−10	−10	−8	−9
115000														−10	−11
FULL	−9	−9	−9	−9	−9	−9	−9	−9	−9	−10	−10	−10	−10	−10	−10

7.5.4 旅客和货物的指数

旅客及货物的指数，同样也取决于它们的重量和位置。其中旅客的重量往往是按平均值计算，不同的公司会有差别，常用的每位旅客平均重量是按 75kg 或 80kg 计算（旅客重 70kg 或 75kg，手提行李 5kg）；其他装载及旅客交运的行李按实际重量计。为了便于计算旅客产生的指数（即力矩），客舱一般分为若干段（区），货舱一般有前货舱、后货舱，大飞机可能有中货舱和散货舱。同样的重量在不同段或不同的货舱内产生的指数不同，对每个舱段或者说对每个区，要确定它的“平均位置”（假定该区的旅客或货物都集中在这个点上）和可能产生的力矩的最大误差。

7.5.5 对无燃油重心的限制

1）燃油消耗与人员移动对无燃油重心的限制

航班实际飞行时，必须要考虑到燃油消耗引起的重心改变量，尤其是当起飞重心靠近限制边界时，由于在飞行过程中随着燃油消耗会引起重心移动，从而会使飞机重心变化，因此有可能超出允许范围危及飞行安全。防止重心超限的主要方法是缩减零燃油重量的重心允许范围，保障燃油消耗引起的重心变化在允许的范围内，通常把燃油消耗可能引起的重心的最大变化量，作为零燃油重量的重心的缩小量。例如，最大燃油消耗量可能引起重心最大变量是前移 2%MAC 或后移 3%MAC，则把零燃油重量的重心限制范围相应地前限增加（后移）2%SMC，后限缩小（前移）3%SMC，如图 7.19 所示。

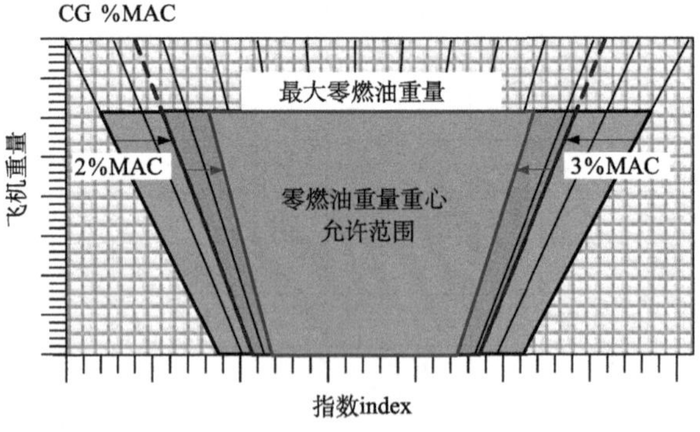

图 7.19 零燃油重量的重心限制范围

2）其他因素导致的对无燃油重心的限制

实际航班飞行时，还必须考虑到计算值的误差、人员移动及构型改变等因素对重心可能产生的影响，需要计算下述各因素造成的最大可能误差。

(1) 旅客实际重量与计算时采用的平均重量不同所造成的力矩误差。

(2) 旅客实际座位分布造成的力矩误差。

(3) 人员及服务车移动造成的力矩误差。

(4) 货物重心与货盘、集装箱几何重心不重合造成的力矩误差，在配平计算时，通常认为各货舱指定重量货物是在货盘或集装箱的重心上，但实际上会存在偏差。

(5) 飞机起飞、着陆加减速时油箱内燃油的涌动（SLOSH）造成的燃油重心的变化。

(6) 收放起落架造成的重心和力矩变化。

(7) 收放襟翼造成的重心和力矩变化。

(8) 燃油比重的差别造成力矩的变化。

通常是对造成重心向前、向后移动的各种随机误差，分别求出均方根值，再分别加上其他向前、向后的固定性的误差，从而算出由于上述误差使无油重量的重心可能向前和向后移动的数值，再把图 7.19 中的前、后限制边界线分别向右、左移动该数值，以抵消上述各种误差产生的影响，确保飞机重心在任何情况下不会超出允许范围。因此无油重心被限制在一个较小的范围内，安排客、货时必须确保无油重心落在此范围内。

第8章 飞行计划

8.1 概　　述

飞行计划是飞行员执行航班任务中最重要的飞行文件之一。为了保证航班飞行安全，提高运输的经济性并保障旅客的舒适性，执行航班任务之前要制定飞行计划（flight plan），即在每次航班飞行前要根据具体的气象条件和航行情报、机场和备降场的条件、领航和航行规则、飞机的载量和设备状况，按照飞机性能的限制、有关的运行限制和规章规定，确定实际的飞行剖面、计算并确定可携带的商载，确定本次航班飞行所需的燃油量和飞行时间。

8.1.1 飞行计划的主要内容

在制定飞行计划时，必须综合考虑飞机使用性能的限制、机场和航路的限制、实际的气象条件、航行情报等对飞机性能和飞行的影响，制定出科学的飞行计划，确保飞行安全；根据实际条件，制定合理的燃油装载计划，选择有利的飞行航线、确定最佳的速度和高度，以及采取二次放行的方法，利用燃油差价等，从而有效地降低运营成本，制定最经济的飞行计划，提高航班运输效益；通过制定合理的飞行计划，提前预测并实时掌握飞机的运行状况，实现对飞机进行及时、合理的调配，减少因飞机原因造成的航班延误，提高航班的正点率。要在充分做好航行通告、气象、航线、机场、飞机性能、机组等因素分析，并考虑其他限制和要求的基础上，制定出科学、经济、合理的飞行计划。飞行计划的主要内容包括如下。

(1) 确定最大起飞重量和最大着陆重量。这是确定商载的主要依据，也是制定燃油计划和飞行时间的必备数据。

(2) 根据需要选定飞行剖面中各段的速度和高度。根据飞机的性能和实际条件，确定各航段最佳的高度和速度剖面，力争实现成本最低。

(3) 燃油计划计算。计算各飞行阶段所需要的燃油量和时间，并由此得到该航班飞行所需的总燃油量和总时间。这是飞行计划的主要内容，也是本章介绍的主要内容。

(4) 给出有关航路资料。主要包括航路点的位置、经纬度、导航设备的电台频率、呼号、各航段的航路代号、各航段间的航向、距离等，以便于飞行员使用。

(5) 其他需要的数据。如特殊情况下的飞行要给出返航点、二次放行点等。

8.2 关于备降机场和加油量的规定

为了保障飞行安全，关于备降机场的选择和最低加油量要求，在相关的规章中给出了明确规定。

对在我国境内依法设立的航空运营人所实施的下列商业运输飞行，包括使用航空器（最大起飞全重不超过 5700kg 的多发飞机、单发飞机等）实施的定期载客运输飞行；使用航空器（旅客座位数量不超过 30 座，其中不包括机组座位，并且最大商载不超过 3400kg 的多发飞机或单发飞机等）实施的非定期载客运输飞行；使用航空器（最大商载不超过 3400kg 的多发飞机、单发飞机等）实施的全货机运输飞行。在 CCAR-135 部中给出了有关备降机场和法定加油量的要求。

对大型飞机公共航空运输承运人，在 CCAR-121 部中，对备降场和燃油提出了明确的规定。本节主要结合 CCAR-121 部的要求和规定进行说明。

8.2.1 关于备降机场的规定

按照 CCAR-121 部的规定，备降机场（alternate airport）是指当飞机不能或者不宜飞往预定着陆机场或者在该机场着陆时，可以飞往的另一个预先指定备用着陆的机场。备降机场包括起飞备降机场、航路备降机场和目的地备降机场。

1) 关于起飞备降机场的规定

起飞备降机场“是指当飞机在起飞后较短时间内需要着陆而又不能使用原起飞机场时，预先指定用以进行着陆的备降机场”。需要确定起飞备降机场的条件是，如果起飞机场的气象条件低于合格证持有人运行规范中为该机场规定的着陆最低标准，在签派或者放行飞机前应当按照下述规定选择起飞备降机场：

(1) 对于双发动机飞机，备降机场与起飞机场的距离不大于飞机使用一发失效的巡航速度，在静风条件下飞行 1h 的距离。

(2) 对于装有三台或者三台以上发动机的飞机，备降机场与起飞机场的距离不大于飞机使用一发失效时的巡航速度，在静风条件下飞行 2h 的距离。

需要注意的是仅当起飞机场只满足起飞标准而不满足着陆标准时，才需给起飞机场指定备降场，否则无需为其指定备降场（详见 CCAR-121 部第 121.637 条）。

2) 目的地备降机场的规定

按照 CCAR-121 部的规定，按照仪表飞行规则签派飞机飞行，选择国内定期载客运行的目的地备降机场分三种情况：

(1) 无需指定目的地备降场。

如果天气实况报告、预报或者两者的组合表明，在飞机预计到达目的地机场时刻前后至少1h的时间段内，该机场云底高度和能见度符合下列规定，并且在每架飞机与签派室之间建立了独立可靠的通信系统进行全程监控，则可以不选择目的地备降机场：

① 机场云底高度至少在公布的最低的仪表进近最低标准中的最低下降高度(或者决断高度)之上450m(1500ft)，或者在机场标高之上600m(2000ft)，取其中较高值。

② 机场能见度至少为4800m，或者高于目的地机场所用仪表进近程序最低的适用能见度最低标准3200m以上，取其中较大者。

(2) 指定一个目的地备降机场。

如不满足无需指定目的地备降场的规定，则按照仪表飞行规则签派飞机飞行前，应当在签派单上至少为每个目的地机场列出一个备降机场。

(3) 需要补充目的地备降机场(两个)。

当目的地机场和第一备降机场的天气条件预报处于边缘状态时，应当再指定至少一个备降机场。

3) 国际定期载客运行的目的地备降机场

按照仪表飞行规则签派飞机飞行前，国际定期载客运行的目的地备降机场的选择分为2种情况。

(1) 无需指定目的地备降场。

如果在每架飞机与签派室之间建立了独立可靠的通信系统进行全程监控，并满足如下条件，则可以不选择目的地备降机场：

① 当预定的飞行不超过6h，且相应的天气实况报告、预报或者两者的组合表明，在预计到达目的地机场时刻前后至少1h的时间内，目的地机场的天气条件符合下列规定：

(i) 机场云底高度符合下列两者之一：

· 如果该机场需要并准许盘旋进近，至少在最低的盘旋进近最低下降高度之上450m。

· 至少在公布的最低的仪表进近最低标准中的最低下降高度(或者决断高度)之上450m，或者机场标高之上600m，取其中较高者。

(ii) 机场能见度至少为4800m，或者高于目的地机场所用仪表进近程序最低的适用能见度最低标准3200m以上，取其中较大者。

② 该次飞行是在前往无可用备降机场的特定目的地机场的航路上进行的，而且飞机有足够的燃油来满足相关的规章要求。

(2) 指定一个目的地备降机场。

如不满足无需指定备降场的要求，则按照仪表飞行规则签派飞机飞行前，应当在签派单上为每个目的地机场至少列出一个备降机场。

8.2.2 关于燃油量的规定

1) 国内定期载客运行的燃油量要求

对于国内定期载客运行，签派飞机或者使飞机起飞时，该飞机应当装有能够完成下列飞行的足够燃油：

(1) 飞往被签派的目的地机场。

(2) 此后，按照规定需要备降机场的，飞往目的地机场的最远的备降机场并着陆。

(3) 完成上述飞行后，还能以正常巡航消耗率飞行 45min。

特别地，对于特殊情况下，无可用目的地备降场时，CCAR-121 部第 121.657 条 (b) 规定，“经局方批准，合格证持有人可以采用由预定点飞至备降机场的方法确定燃油：签派飞机起飞前，该飞机应当装有足够的油量，经预定点飞至备降机场，此后以正常巡航消耗率飞行 45min，但所载油量不得少于飞至所签派的目的地机场，此后以正常巡航消耗率飞行 2h 所需要的油量”。

2) 国际定期载客运行的燃油量要求。

现以除涡轮螺旋桨发动机飞机之外的涡轮发动机飞机为例，说明国际定期载客运行的燃油量要求。在 CCAR-121 部中规定，除了经局方在其运行规范中批准外，签派或者放行涡轮发动机飞机飞行，或者使其起飞时，应当在考虑到预计的风和其他天气条件后，飞机有足够的燃油完成下列飞行：

(1) 飞往目的地机场并在该机场着陆。

(2) 从起飞机场到目的地机场并着陆所需总飞行时间的 10%的一段时间的飞行。

(3) 此后，按照规定需要备降机场的，由目的地机场飞至签派或者放行单中指定的最远备降机场并着陆。

(4) 完成上述飞行后，还能以等待速度在备降机场，或者当不需要备降机场时在目的地机场上空 450m 高度上，在标准温度条件下飞行 30min。

特别，对于未规定备降机场的目的地机场时，或是无可用备降机场时，应当在考虑到预计的风和其他天气条件后，有足够的油量飞到该机场，然后以正常巡航消耗率至少飞行 2 小时。

3) 计算所需燃油应当考虑的其他因素

为了确保飞行安全，制定飞行计划时，所需燃油通常是指不可用燃油之外的燃油。计算所需燃油还应当考虑到以下因素：

(1) 风和其他天气条件预报。

(2) 预期的空中交通延误。

(3) 在目的地机场进行一次仪表进近和可能的复飞。

(4) 空中释压和航路上一台发动机失效的情况。

(5) 可能延误飞机着陆的任何其他条件。

8.3 飞行剖面

飞行剖面(flight profile)是指飞机在垂直平面内的飞行轨迹图,是制定航班飞行计划的依据和基础,分为国际和国内航线两类飞行剖面。

8.3.1 国际航线飞行剖面

国际航线飞行剖面参见图8.1,包括飞行任务和储备两部分,飞行任务部分用于计算飞行计划的飞行时间和所需的轮挡燃油,储备部分用于计算储备燃油和时间。

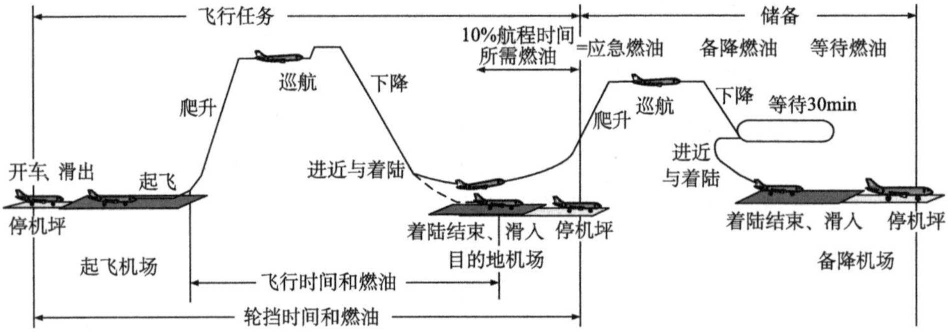

图8.1 国际航线飞行剖面

1) 飞行任务部分

(1) 滑出阶段:按选定的滑行时间计算耗油量,根据机场给定的进出路程计算滑行时间。

(2) 起飞阶段,包括起飞场道阶段(从松刹车在跑道加速滑跑到离道面35ft并达到安全速度V_2)和航道阶段(离道面35ft到爬升到1500ft并达到爬升速度和爬升构型)。

(3) 航路爬升阶段:通常选择成本最低或燃油最省的爬升方式,需要考虑风的影响。

(4) 巡航阶段:根据飞机的性能和实际飞行条件,选择合适的巡航高度和速度，并要考虑实际风的影响，通常选择阶梯巡航实现成本最低。

（5）下降阶段：与爬升相同，一般选择成本最低或燃油最省的下降方式，需要考虑风的影响。

（6）进近和着陆阶段：进近和着陆阶段的燃油消耗量，一般按手册提供的数据计算。

（7）滑入阶段：根据机场给定的进出路程计算滑行时间，据此滑行时间计算耗油量。

2）储备部分

（1）备降燃油或改航燃油（alternate fuel or diversion fuel，AF）：是指由目的地机场飞到备降机场所需的燃油。该部分燃油由复飞、爬升、巡航、下降、进近和着陆等阶段组成，计算方法与飞行任务部分相似。

（2）等待燃油（holding fuel）是指以等待速度在备降机场跑道上空 1500ft（或指定高度），在标准温度条件下飞行 30min 所需要的油量。当不需要备降机场时，则指在目的地机场上空 1500ft 以等待速度飞行 30min 消耗的油量。

（3）应急燃油（contingency fuel，CF）按照 CCAR-121 部第 121.661 条规定，应急燃油指完成从起飞机场到目的地机场并着陆所需总飞行时间 10%的一段时间内的飞行所需要的油量。应急燃油主要是考虑到远程飞行时可能出现预报误差或特殊情况，必须携带的燃油。通常根据飞机巡航结束时重量、按照相同的巡航高度以远程巡航速度计算。

8.3.2 国内航线飞行剖面

国内航线飞行剖面参见图 8.2，也同样包括飞行任务和储备两部分。并且飞行任务部分的组成与国际航线飞行剖面的飞行任务部分一样，用于计算飞行计划的飞行时间和所需的轮挡燃油；储备部分也是用于计算储备燃油和时间，但是其构成与国际航线不同。国内航线的储备燃油主要包括备降燃油和等待燃油两部分。

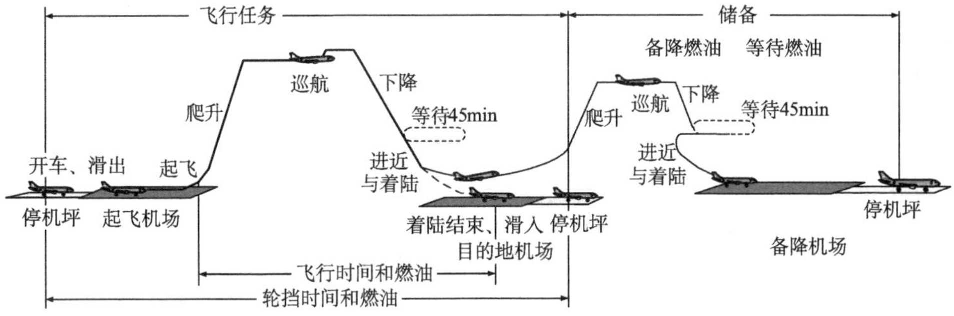

图 8.2 国内航线飞行剖面

(1) 备降燃油或改航燃油是指由目的地机场飞到最远的备降机场所需的燃油。其计算原则和方法与国际航线的备降燃油相同。

(2) 等待燃油是指以等待速度在备降机场跑道上空 1500ft（或指定高度），在标准温度条件下飞行 45min 所需要的油量。

8.4 简易航班飞行计划图表使用简介

为了便于实际飞行中使用，飞机的相关手册中会给出制作简易飞行计划的相关图表。常用的图表形式及其使用方法简介如下。

8.4.1 活塞式发动机飞机的简易飞行计划图表的使用

对于常用的活塞式发动机飞机制作飞行计划常用的相关图表及其使用方法，分别参见例 8-1 和例 8-2。

例 8-1 某单发活塞式发动机飞机，使用恒速螺旋桨，可收放式起落架。已知：

最大起飞重量 MTOM：3650lb；

最大着陆重量 MLM：3650lb；

最大燃油量：74gal（US）；

燃油密度：6lb/gal。

使用条件如下：

起飞机场气压高度：5653ft；

机场环境温度：15℃；

预计巡航气压高度：11500ft；

巡航高度环境温度：−5°C；

初始爬升重量：3650lb；

爬升速度 110kn。

试根据该飞机的爬升性能曲线（图 8.3）确定爬升时间、需要的燃油和飞过的水平距离。

解 第一步：根据巡航条件，确定需要的爬升时间、燃油和飞过的水平距离。

(1) 从图 8.3 中的左下栏，由给定的巡航高度的温度（−5℃），向上作铅垂线，与给定的预计巡航高度（11500ft）相交。

(2) 从（1）得到的交点向右作水平线，与初始爬升重量（3650lb）相交。

(3) 从（2）得到的交点，向下作铅垂线，便可得到爬升时间（18.0min）、需要的燃油（6.0gal）和飞过的水平距离（36.0n mile）。

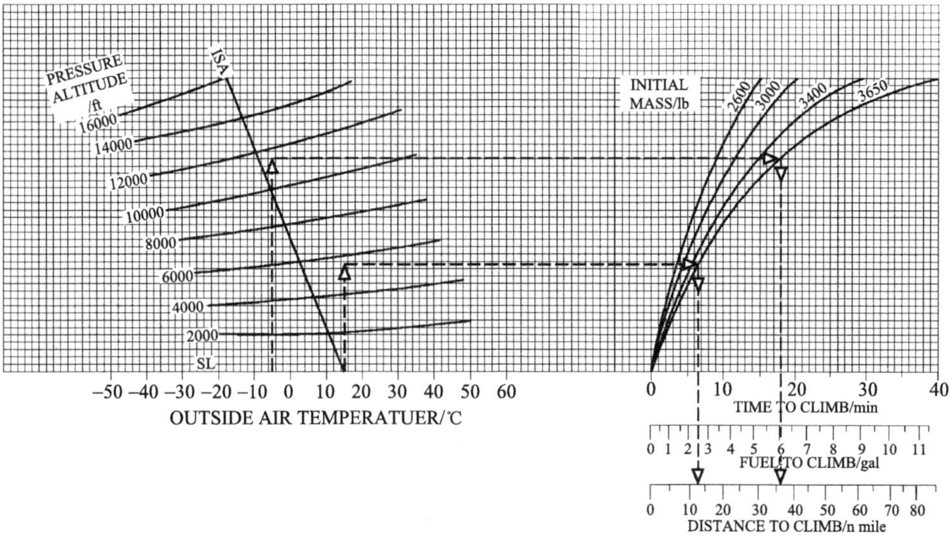

图 8.3 爬升需要的时间、燃油和距离

第二步：对起飞机场条件进行修正的数据。

(1) 从图 8.3 中的左下栏，由给定的起飞机场的温度（15°C），向上作铅垂线，与给定的起飞机场气压高度（5653ft）相交。

(2) 从（1）得到的交点向右作水平线，与初始爬升重量（3650lb）相交。

(3) 从（2）得到的交点，向下作铅垂线，便可得到需要修正的爬升时间（6.5min）、需要的燃油（2.5gal）和飞过的水平距离（12.5n mile）。

第三步：计算修正后的爬升时间、燃油消耗和水平距离。

爬升时间＝18.0－6.5＝11.5min

爬升需要的燃油＝ 6.0－2.5＝3.5gal

爬升飞过的水平距离＝36.0－12.5＝23.5n mile

例 8-2 某活塞式发动机飞机，双发恒速螺旋桨，可收放式起落架。已知：

最大起飞重量：4750lb；

最大零油重量：4470lb；

最大着陆重量：4513lb；

最大燃油载量：123gal（US）；

燃油密度：6lb/gal。

使用条件如下：

巡航高度：16500ft；

巡航高度温度：－13℃；

下降速度：指示空速 145kn（下降率 1000ft/min）；

着陆机场气压高度：3000ft；

温度：22℃。

试根据图 8.4 确定该飞机的下降时间、消耗燃油和下降期间飞过的水平距离。

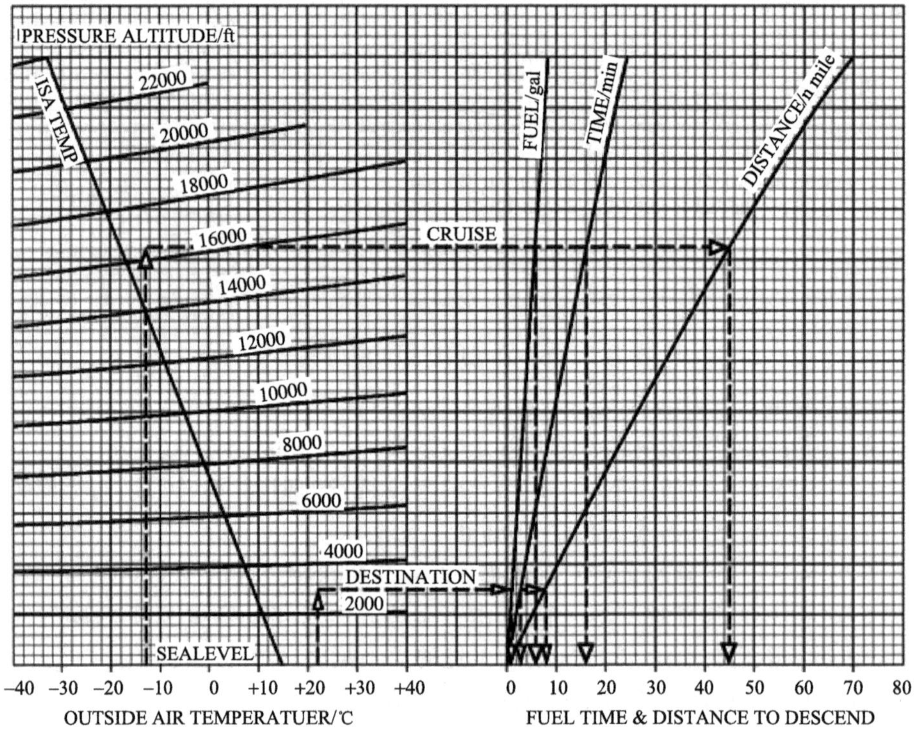

图 8.4 下降时间、消耗燃油和飞过的水平距离

解 第一步：根据巡航条件，确定需要的下降时间、燃油和飞过的水平距离。

(1) 从图 8-4 的左下栏，由给定的巡航高度的温度（−13℃），向上作铅垂线，与给定的巡航高度（16500ft）相交。

(2) 从（1）得到的交点向右作水平线，分别相交于燃油、时间和距离曲线。

(3) 从（2）得到的燃油、时间和距离曲线的交点，分别向下作铅垂线，便可得到需要的燃油（6.0gal）、下降时间（16.0min）和飞过的水平距离（45.0n mile）。

第二步：对着陆机场条件进行修正的数据。

(1) 从表中的左下栏，由给定的着陆机场的温度（22°C），向上作铅垂线，与给定的着陆机场气压高度（3000ft）相交。

(2) 从 (1) 得到的交点向右作水平线，分别相交于燃油、时间和距离曲线。

(3) 从 (2) 得到的燃油、时间和距离曲线的交点，分别向下作铅垂线，便可得到需要修正的燃油 (1.0gal)、下降时间 (3.0min) 和飞过的水平距离 (8.0n mile)。

第三步：计算修正后的下降所需燃油、时间和水平距离。

下降需要的燃油＝ 6.0－1.0＝5.0gal

下降时间＝16.0－3.0＝13.0min

下降飞过的水平距离＝45.0－8.0＝ 37.0n mile

8.4.2 干线运输飞机的简易飞行计划图表的使用

以示例说明常用的简易飞行计划图表的使用。

例 8-3 某型号飞机的简易飞行计划如图 8.5 所示。LRC 巡航方式，爬升方式 280/0.74，下降方式 0.74/250。其他条件为：

航程距离：350n mile；

巡航高度：29000ft；

预估着陆重量：30000kg；

平均风速：逆风 50kn；

温度偏差 ISA＋20℃；

试确定给定条件下需要的燃油和时间。

解 参见图 8.5 中虚线所示。

(1) 在表格最下端找出已知的航程距离 350n mile。

(2) 向上作垂线与风修正参考线相交，沿参考指引线做逆风 50kn 风修正。

(3) 从 (2) 得到的交点继续向上作垂线与给定的巡航气压高度 29000ft 交于一点。

(4) 从 (3) 得到的交点水平向右作平行线，与着陆重量参考线相交。

(5) 由 (4) 得到的交点做巡航气压高度修正，给定的是 29000ft 巡航，因此按实线指引线修正，与着陆重量 30000kg 交于一点。

(6) 由 (5) 得到的交点继续水平向右作水平线，得到燃油需求量 2300kg。

(7) 再从 (3) 得到的交点继续向上作垂线，与巡航气压高度线相交。

(8) 由 (7) 的交点向左作水平线，交于温度修正参考线。

(9) 从 (8) 得到的交点，沿温度修正指引线平行移动与温度偏差＋20℃相交。

(10) 从 (9) 得到的交点继续向左移动得到航程时间：1.05h。

从而得到本次航班飞行所需燃油 2300kg；飞行时间 1.05h。

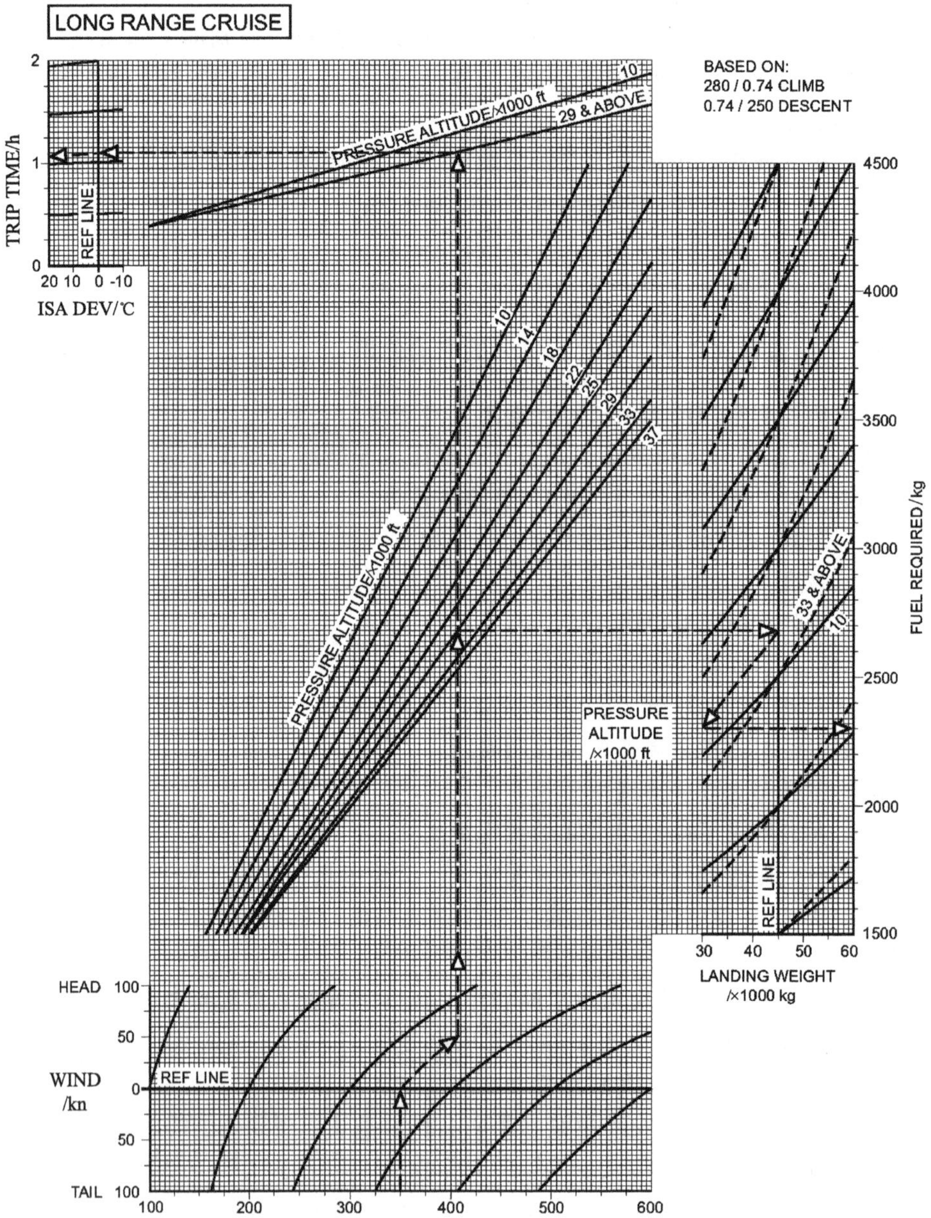

图 8.5　某型飞机的简易飞行计划图

例 8-4　已知某型号飞机航程执行航班任务，航程 2400n mile，逆风 50kn，LRC 巡航，巡航高度 30000ft，飞机起飞重量 220000lb，航路气温 ISA+20℃。

试利用给定的如图 8.6 所示的航程与燃油关系，确定本次航班所需的燃油。

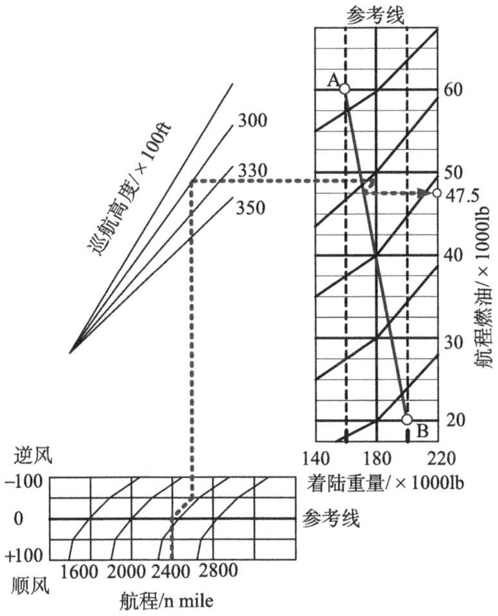

图 8.6 航程与燃油曲线图

解 本例中已知起飞重量，无法直接读出所需燃油，为此需要作辅助线求解。根据

起飞重量＝着陆重量＋消耗燃油重量

可以假设如果航程消耗了燃油 60000lb，则着陆重量将为 140000lb，得到 A 点；如果航程消耗了燃油 20000lb，则着陆重量将为 200000lb，得到 B 点；连接 AB 的辅助线。

与上例类似，由航程 2400n mile，作逆风 50kn 修正，交于巡航高度 30000ft，与着陆重量参考线相交，再修正至 AB 连线的辅助线，再向左作水平线得航程消耗燃油 47500lb。

8.4.3 积分航程表的使用

例 8-5 已知某飞机某航路巡航段长度为 840n mile，平均逆风 50kn，开始巡航重量是 119200lb，巡航高度 33000ft，巡航速度 0.8M（470kn），标准大气条件。

试根据表 8.1 所示的积分航程表，计算巡航所消耗的燃油和巡航时间。

表 8.1 积分航程表 *M*0.8，ISA

W/lb	0	200	400	600	800	1000	1200	1400	1600	1800
70000	0	20	40	60	80	100	120	140	160	180
72000	200	220	240	260	280	300	320	340	360	379
⋮	⋮	⋮	⋮	⋮	⋮	⋮	⋮	⋮	⋮	⋮
106000	3346	3363	3380	3397	3413	3430	3447	3464	3480	3497
108000	3514	3530	3547	3564	3580	3597	3613	3630	3646	3663
110000	3679	3696	3712	3728	3745	3761	3777	3794	3810	3826
112000	3843	3859	3875	3891	3907	3923	3939	3955	3972	3988
114000	4004	4020	4036	4052	4067	4083	4099	4115	4131	4147
116000	4163	4179	4194	4210	4226	4241	4257	4273	4289	4304
118000	4320	4335	4351	4366	4382	4397	4413	4428	4444	4459

解 根据已知条件，按如下步骤计算：

(1) 计算巡航段的空中距离（NAM）。

已知航程 840n mile，平均逆风 $V_W=50$kn，巡航速度 $V_{TAS}=470$kn，因此空中飞过的距离

$$\text{NAM}=\text{NGM}\times V_{TAS}/(V_{TAS}-V_W)=840\times470\div(470-50)=940\ (\text{n mile})$$

(2) 根据表 8.1 计算巡航所需燃油。

巡航起始航程能力：119200lb 时巡航能力 4413n mile；

巡航结束时航程能力：4413－940＝3473n mile；航程能力为 3473n mile 时对应的飞机重量，可以根据表 8.1 中给定数据插值计算求得。

巡航结束重量：

$$x=107600-\left(\frac{107600-107400}{3480-3464}\right)\times(3480-3473)=107512.5\ (\text{lb})$$

因此巡航段所需油量

$$119200-107512.5=11687.5\ (\text{lb})$$

(3) 计算巡航时间

$$t=\text{NGM}/(V_{TAS}-V_W)=840\div(470-50)=2(\text{h})$$

或

$$t=\text{NAM}/V_{TAS}=940\div470=2\ (\text{h})$$

8.5 二次放行简介

8.5.1 二次放行的原理和方法

按照CCAR-121部要求的国际航线航班法定加油量可以看出，其中第二项“从起飞机场到目的地机场并着陆所需总飞行时间的10%的一段时间的飞行燃油”，通常称之为应急燃油或机动油量。这部分油量主要是为应付领航和导航误差、航路天气预报误差、驾驶员的操纵误差和空中交通延误等情况而加的，而随着现代科学技术的发展，飞机的领航误差逐渐减小，天气预报的准确性不断提高，导航设施和空中交通服务系统日益完善，飞机的全程监控系统逐步建立，在实际飞行中需要使用应急燃油的情况越来越少，从而经常出现航班在目的地机场落地后，机上剩余油量较多的情况，因此导致“油载油、油耗油”的情况发生，使得运营成本增大。

通常执行国际航线航班飞行的飞机重量较大，国际航线的飞行时间较长，因此10%飞行时间需要的燃油量较大。所谓二次放行（redispatch）就是针对长距离国际航线飞行的一种特殊的放行方式。其基本思想是，想办法利用一般不会被消耗的10%飞行时间的应急燃油，进而可以提高商载能力，但是在整个飞行过程中又不违反规章的要求。即在实现安全飞行的前提下，提高航班的运输效益，航空公司可以合理运用国际航线燃油政策，通过实施航班二次放行以减少飞机加油量、增加可供业载和降低燃油消耗来提升远程航线效益。实现方法是在目的地机场之前选择一个初始目的地机场（也称初始放行机场），通常选在总航程的89%附近，按正常的国际航班燃油计划计算需要的油量；在接近初始目的地机场时设置二次放行点，在该点之前检查所剩燃油；如果剩余的燃油满足由二次放行点飞到目的地机场所要求的国际航班燃油量，则由该点直接飞往最终的目的地机场。这需要机组和签派员建立可靠的地空通讯联系，机组及时向签派管理人员提供必要的飞行信息，以获得最新飞行计划和放行许可。由此可见，在执行二次放行时，在每个航段飞行时都满足国际航班的燃油计划要求。二次放行的模型和计算方法参见例8-6。

例8-6 假设B747-200飞机执行某条国际航线飞行，如图8.7所示。正常航路起飞机场为A，最终目的地机场为B，航程5000n mile；目的地机场的备降机场为E，备降航程是200n mile。运用二次放行运行手段后，航空公司在B之前选择一个可用机场C作为该航班的初始目的地机场（C机场位于A、B航路上，与A机场的距离约为航路全长的89%即4450n mile），并为其选择备降场D，并假设备降航程也为200n mile。并设航路下降的水平距离均为100n mile，需要燃油3900lb。两种情况的起飞重量都为760000lb，基本使用空重为356000lb。

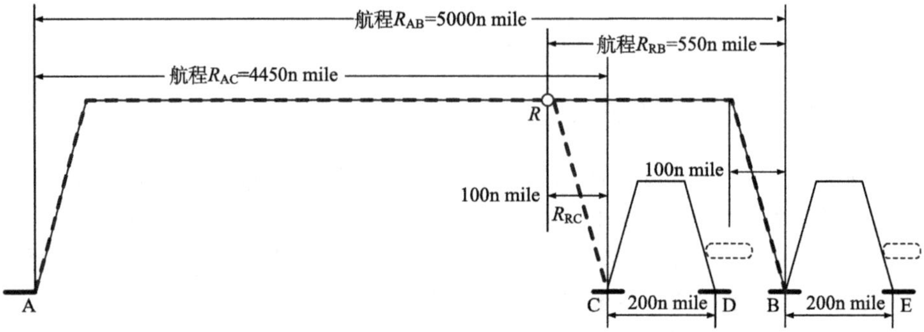

图 8.7　二次放行原理模型图

1）现在分析两种情况下的法定加油量

(1) 正常飞行的加油情况。

由 A 机场起飞，目的地机场 B，备降机场 E 时，法定油量为：

① 航程 R_{AB}所需燃油，记作 TF_{AB}＝274000lb；

② 由 A 机场到 B 机场飞行时间 t_{AB}的 10％飞行时间需要的燃油，记作 CF_{AB}＝23700lb；

③ 由 B 机场到 E 机场的备降燃油 AF_{BE}＝15000lb；

④ 在 E 机场上空等待 30min 的燃油 HF_E＝9900lb；

因此正常航班需要的加油量为

$$W_{FN}=TF_{AB}+CF_{AB}+AF_{BE}+HF_E=322600\text{lb} \tag{8.1}$$

(2) 二次放行的加油情况。

由 A 机场起飞，目的地机场 C，备降机场 D 时，法定油量为：

① 航程 R_{AC}所需燃油，记作 TF_{AC}＝254900lb；

② 由 A 机场到 C 机场飞行时间 t_{AC}的 10％飞行时间需要的燃油，记作 CF_{AC}＝21800lb；

③ 由 C 机场到 D 机场的备降燃油 AF_{CD}＝15300lb；

④ 在 D 机场上空等待 30min 的燃油 HF_D＝10200lb；

因此二次放行时需要的加油量为

$$W_{FR}=TF_{AC}+CF_{AC}+AF_{CD}+HF_D=302200\text{lb} \tag{8.2}$$

2）是否使用二次放行商载能力比较

不使用二次放行时的商载为

起飞重量－基本使用空重－燃油＝760000－356000－322600＝81400lb

使用二次放行时的商载为

起飞重量－基本使用空重－燃油＝760000－356000－302200＝101800lb

因此使用二次放行可以提高商载 101800－81400＝20400lb。

3) 飞机由二次放行点 R 到最终目的地机场 B 所需燃油

① 航程 R_{RB}所需燃油，记作 $TF_{RB}=23000$lb；

② 由 R 机场到 B 机场飞行时间 t_{RB}的 10％飞行时间需要的燃油，记作 $CF_{RB}=2700$lb；

③ 由 B 机场到 E 机场的备降燃油 $AF_{BE}=15300$lb；

④ 在 E 机场上空等待 30min 的燃油 $HF_E=10200$lb；

因此由二次放行点 R 到最终目的地机场 B 按正常航班需要的加油量为

$$
\begin{aligned}
W_{FRB} &= TF_{RB}+CF_{RB}+AF_{BE}+HF_E \\
&= 23000+2700+15300+10200=51200\text{lb}
\end{aligned}
\tag{8.3}
$$

4) 航班正常飞行到二次放行点 R 剩余的燃油量

如航班正常飞行，则由起飞机场 A 到二次放行点剩余的燃油量 W_{FR}为

$$
\begin{aligned}
W_{FR} &= W_{FRC}+CF_{AC}+AF_{CD}+HF_D \\
&= 3900+21800+15300+10200=51200\text{lb}
\end{aligned}
\tag{8.4}
$$

式中，W_{FRC}是由二次放行点 R 飞到初始目的地机场 C 所需的燃油。

结论 因为在二次放行点飞机的剩余燃油等于由二次放行点到最终目的地机场所需的燃油，因此满足法定燃油量要求，可以放行。

特别地，如果计算的结果是 R 到最终目的地机场 B 所需燃油大于航班正常由 A 飞行到二次放行点 R 剩余的燃油量，则需要在 C 机场着陆，补充燃油后再飞到真正的目的地 B。由于 A 到 C 的距离小于 A 到 B 的距离（设两个备降场距离相差不大），所以采用二次放行的方法起飞油量可以减少，这就可以增加业载或减少起飞重量，至于能增加多少业载和其经济效益则取决于 C 与 R 的位置，也与两个备降场的远近等有关。

8.5.2 二次放行点的选择

由以上分析和算例可看出，二次放行点的选择至关重要。若二次放行点选择的靠近最终目的地机场，通常更容易满足规章的要求，即在二次放行点所剩余的燃油，满足由二次放行点到达最终目的地机场所需的燃油。但是这时燃油的减少量不明显，对商载的提高不多；反之若太远，则很可能出现所剩燃油太少，不能满足从二次放行点到最终目的地所需燃油的要求。

根据例 8-6 中的模型，比较式（8.3）和式（8.4），为了简化分析，认为所飞航路上有足够多合适的机场可供选择，不妨如例 8-6 中的假设一样，由最终目的地机场 B 到为其选定的备降机场 E 的距离，等于从初始目的地机场 C 到其备降机场 D 的距离，则有 $AF_{BE}=AF_{CD}$，$HF_E=HF_D$。而最理想的二次放行点 R，

应该使得飞到R点所剩余燃油恰好等于由二次放行点R飞到最终目的地机场所需的燃油，即满足 $W_{FRB}=W_{FR}$，比较式（8.3）和式（8.4）可得

$$TF_{RB}+CF_{RB}=W_{FRC}+CF_{AC} \tag{8.5}$$

同时在估算时，认为航程消耗的燃油与距离和时间是成正比的，则由式（8.5)可得

$$R_{RB}+10\%R_{RB}=R_{RC}+10\%R_{AC} \tag{8.6}$$

式中，R_{RB}是二次放行点R到最终目的地机场的航程；R_{RC}是二次放行点R到初始目的地机场的距离；R_{AC}是起飞机场A到初始目的地机场C的距离（图8.7)。

由图8.7可知，$R_{RB}=R_{AB}-R_{AC}+R_{RC}$，带入式（8.6）中得

$$1.1R_{AB}=1.2-0.1R_{RC} \tag{8.7}$$

对式（8.7）分两种情况考虑：

(1) R_{RC}认为很小，即二次放行点R与初始目的地机场位于同一处，则二次放行点R即初始机场位置C，由式（8.7）得

$$R_{AC}=1.1/1.2R_{AB}=91.67\%\ R_{AB}$$

(2) 若R_{RC}的距离需要计算在内，通常长航程飞机下降期间约占总航程的2%～3%。即有 $R_{RC}=2\%\sim3\%R_{AC}$，则由式（8.7）可得

$$R_{AC}=1.1/1.225R_{AB}\approx90\%R_{AB}$$

由此可知，二次放行点R选在总航程的89%附近。详细的二次放行点的选取可以参考相关的专业文献。

8.6 双发飞机延程飞行简介

8.6.1 双发飞机延程飞行的相关概念

为了保障飞行安全，在1936年FAA就规定，要求所有的飞机在飞行航线上任意一点，都要在距离一个合格的机场100mile以内的区域中飞行。1953年FAA针对当时活塞式发动机的可靠性限制，制定了FAR121.161条款的“60min法则”，即双发飞机一发故障后必须在60min内能飞到一个备降场着陆。随着科学技术的进步，动力装置可靠性的大幅提高，于20世纪80年代初ICAO建立了一个双发飞机延程飞行（extended range twin-engine operations）即ETOPS研究组，确定了以涡轮为动力的双发飞机，在一发故障后允许飞行时间超过60min限制的安全性标准。1985年FAA发布了咨询通告AC-121-42，确定了可以做120min延程飞行的标准，若可以进一步满足专门的标准，允许再增加15%即138min的延程飞行。1985年B767飞机首个获得了ETOPS许可，允许执行90min延程飞行，随后又获得了120min改航飞行时间。

在 CCAR-121.157 条也制定了飞机的航路类型限制要求，“除按照本规则 W 章规定得到局方的双发飞机延伸航程运行批准外，任何合格证持有人不得在包含有一点至可用机场的飞行时间超过 1h（以一台发动机停车在静止大气中正常巡航速度飞行）的航路上使用双发涡轮飞机运行”。在 CCAR-121R4 版中的 W 章给出了改航时间延程运行（ETOPS）的批准条件，并对延长航程运行的改航时间最多延长到 240min 甚至更长。同时于 2012 年 12 月下发了咨询通告 AC-121-FS-2012-009R1，为批准和实施延程运行提供指导。

延长航程飞行的意义在于更可能开辟直达航线或开辟过去无法飞的航线；有更多的备降机场可供选择；可以选择飞行时间最短的航路飞行；可以选择更有利风向的航路飞行；使飞行员和签派员有更大的灵活性选择航线。

开展 ETOPS 工作时，相关的术语定义如下：

(1) 延程运行：是指在飞机计划运行的航路上，至少存在一点到任一延程运行可选备降机场的距离，超过飞机在标准条件下静止大气中，以经批准的一台发动机不工作时的巡航速度，飞行 60min 对应的飞行距离（以两台涡轮发动机为动力的飞机）或超过 180min 对应的飞行距离（以多于两台涡轮发动机为动力的载客飞机）的运行。延程运行（extended range operations，ETOPS）和延伸航程运行（extended diversion time operations，EDTO）含义相同。

(2) 经批准的一台发动机不工作的巡航速度：是指合格证持有人选定且经局方批准的在飞机使用限制范围内的一个速度，用于：

① 计算一台发动机不工作时所需燃油。

② 确定在延程运行中飞机能否在批准的最大改航时间内，飞抵延程运行指定备降机场。

(3) 延程运行可选备降机场（suitable ETOPS alternate）：也称为合适机场，对于特定延程运行航线，不考虑当时的临时状况，列入合格证持有人运行规范的可选的航路备降机场。这些机场必须满足规定的着陆限制要求。它可能是下列两种机场之一：

① 经审定适合大型飞机公共航空运输承运人所用飞机运行的，或等效于其运行所需安全要求的机场，但不包括只能为飞机提供救援和消防服务的机场。

② 对民用开放的可用的军用机场。

(4) 延程运行指定备降机场（designated ETOPS alternate）：也称为延程运行备降机场，是指列入了合格证持有人的运行规范，并且考虑到当时的状况，在签派或飞行放行时预计可以供延程运行改航备降使用的，在签派或飞行放行中指定的航路备降机场。这一定义适用于飞行计划，并不限制机长在最终改航备降决策时根据实际情况选择其他的备降机场。

(5) 延程运行区域（ETOPS area）：延程运行区域是指下列区域之一：

① 对于以两台涡轮发动机为动力的飞机，延程运行区域是指在标准条件下静止大气中以经批准的一台发动机不工作的巡航速度飞行时间超过 60min 才能抵达一个延程运行可选备降机场的区域。

② 对于以多于两台涡轮发动机为动力的载客飞机，延程运行区域是指在标准条件下静止大气中以经批准的一台发动机不工作的巡航速度飞行超过 180min 才能抵达一个延程运行可选备降机场的区域。

(6) 延程运行航线（ETOPS route）：是指计划航路上，包括灵活航路，至少有一点处在延程运行区域中的航线。在这样的航线上实施延程运行需要获得局方的批准，并在运行规范中列明。特定的延程运行航线是通过起飞机场和目的地机场及两者之间的航路来确定的。

(7) 延程运行航段（ETOPS segment）：是指计划航路上处在延程运行区域中的部分。一条延程运行航线上可能存在多段延程运行航段。每一段延程运行航段都是由前后两个延程运行指定备降机场来确定的。

(8) 延程运行进入点（ETOPS entry point，EEP）：是指延程运行航路上进入第一段延程运行航段的进入点。

(9) 延程运行等时点（ETOPS equal-time point，ETP）：延程运行航路中的一点，考虑到预计飞行高度和预报风的影响，自该点以经批准的一台发动机不工作的巡航速度飞向相邻两个延程运行指定备降机场的计划飞行时间是相等的。

(10) 延程运行退出点（ETOPS exit point，EXP）：是指延程运行航路上退出最后一段延程运行航段的退出点。

(11) 批准的最大改航时间（maximum authorized diversion time）：为了延程运行航路计划之用，经局方批准在合格证持有人运行规范中列明的延程运行可使用的最大改航时间。在计算最大改航时间所对应的飞行距离时，假设飞机在标准条件下静止大气中以经批准的一台发动机不工作的巡航速度飞行。对于某特定机身发动机组合，批准的最大改航时间对应的是经局方批准的最大改航距离。

(12) 最早预计到达时刻（earliest ETA）：对于每一延程运行指定备降机场，假设飞机飞抵前一个相关等时点，然后以经批准的一台发动机不工作的巡航速度直线飞抵该机场的时刻。

(13) 最晚预计到达时刻（latest ETA）：对于每一延程运行指定备降机场，假设飞机飞抵下一个相关等时点，然后以经批准的一台发动机不工作的巡航速度直线飞抵该机场的时刻。

(14) 指定备降机场的改航备降关注时间段：是指从最早预计到达时刻之前一个小时开始，至最晚预计到达时刻之后一个小时之间的时间范围。

(15) 燃油关键点（fuel critical point）：延程运行航线各等时点中，所需临界燃油量大于根据正常备份油量计算出的飞行计划中在该点的预计剩余燃油量且差值最大；或者，所需临界燃油量等于或小于根据正常备份油量计算出的飞行计划中在该点的预计剩余燃油量且差值最小，该点被称为燃油关键点。

(16) 临界燃油量 (critical fuel)：假设飞机在燃油关键点一台发动机失效，按照合格证持有人延程运行临界燃油量的相关要求，飞抵延程运行指定备降机场所需的最少燃油量。

(17) 空中停车 (in-flight shut-down，IFSD)：是指飞机在空中，发动机因其自身原因诱发、飞行机组引起或外部因素导致的失去推力并停车。

(18) 延程运行合格人员：是指圆满完成了合格证持有人的延程运行培训，为合格证持有人从事延程运行相关工作的人员。

(19) 延程运行关键系统 (ETOPS significant system)：是指包括发动机在内的飞机系统，其失效或发生故障时会危及延程运行安全，或危及飞机在延程运行改航备降时飞行和着陆的安全。延程运行关键系统被分为一类和二类延程运行关键系统。

一类延程运行关键系统 (ETOPS group 1 significant system) 为：

① 对飞机发动机数量所提供的安全冗余度产生直接影响的，具有"失效后安全"特征的系统。

② 在发生故障或失效时可能导致空中停车、推力控制丧失或其他动力丧失的系统。

③ 能在一台发动机失效时提供额外的安全冗余度，进而显著提高延程运行改航备降过程中安全水平的系统。

④ 在一台飞机发动机不工作的飞行高度上保持长时间运行必不可少的系统。

二类延程运行关键系统 (ETOPS group 2 significant system) 是除一类延程运行关键系统之外的延程运行关键系统。二类延程运行关键系统的失效不会导致航空器飞行性能的丧失或客舱环境问题，但可能导致航空器返航或改航备降。

8.6.2 获得ETOPS飞行的条件

为了能在保障安全的条件下，充分发挥双发飞机的能力，满足持续适航的相关要求，ETOPS资格需要适航当局批准。通常要具有以下几方面的条件。

1) 飞机应具有延长航程飞行的能力

航空公司在申请ETOPS时，执行航班的机型必须是已被有关适航部门批准具备ETOPS能力的飞机。

2) 航空公司应具备延长航程飞行的能力

飞机具有ETOPS的能力，证明其可靠性和安全性符合进行ETOPS飞行，但是运营该飞机的航空公司也必须具备执行ETOPS航班的能力。

为确保安全，适航部门一般还要对运营该机型的航空公司进行一段时间的审核，以确保该航空公司有足够的保障能力和ETOPS运营经验，经过这些程序之后，才会批准其执行ETOPS航班运营。相关机构会持续性地监督检查ETOPS航班的运营情况，如果航空公司在运行ETOPS航班中保障不力，或经常发生不安全隐患，也会被取消执行ETOPS航班的资格。航空公司获得延程运行的条件详见咨询通告“延程运行和极地运行（AC-121-FS-2012-009R1）”，其中对包括延程运行的维修及其培训、飞行运行及其培训等内容提出了明确的要求。航空公司必须充分证明其能在延伸航程的情况下安全实施运行，且其维修能力可以使飞机在批准的构型下保持高水平的可靠性，并具备全部符合要求的延程运行合格人员。

一般申请的延长航程时间等级越高（时间越长），则相应的要求也越高，如表8.2所示。

表8.2 获得ETOPS批准等级与要求

批准等级	最低要求
75min	(1) 机身发动机组合无需具备延程运行型号设计批准。 (2) 局方评估机身发动机组合，确保没有影响安全运行的因素。 (3) 机身发动机组合具备局方认可的足够的可靠的运行经历。 (4) 根据CCAR-121.725条的要求，合格证持有人必须确保飞机最严格的时限系统可以满足75+15min的要求。 (5) 除改航备降后再次起飞离场时不要求完成延程运行放行前维护检查工作的情况以外，合格证持有人必须按照CCAR-121.719条维修方案的要求完成放行前维护检查工作。 (6) 合格证持有人必须满足CCAR-121部和本咨询通告中关于飞行运行的要求。 (7) 合格证持有人无需满足主最低设备清单MMEL（master minumum equipment list）中关于120min延程运行的规定。 (8) 合格证持有人必须按照其运行规范中批准的延程运行要求实施运行
180min	(1) 机身发动机组合必须具备180min或以上延程运行型号设计批准。 (2) 机身发动机组合具备近期连续12个日历月的120min延程运行经历。局方可以对这一要求进行增加或缩减，也可以决定哪些经历可以代替120min延程运行经历，如合格证持有人具备其他机身发动机组合的120min或以上的延程运行批准，并能够证明所申请的机身发动机组合具备相同的可靠性水平，运行经历要求可缩减至6个月；如其具备其他机身发动机组合的180min或以上的延程运行批准，运行经历要求可缩减至3个月；如其具备相似或同系列机身发动机组合的180min或以上的延程运行批准，可免除该机身发动机组合的运行经历要求。 (3) 合格证持有人必须满足CCAR-121部和本咨询通告中关于飞行运行和维修的要求。 (4) 合格证持有人必须满足MMEL中关于180min延程运行的规定。 (5) 合格证持有人必须按照其运行规范中批准的延程运行要求实施运行

在制定延程飞行的飞行计划时，还需要特别计算临界燃油量，这主要是为了保证在改航飞行时有足够的油量飞到航路中预定的备降场。并考虑全发、一发故障两种情况分别计算，以最大的油量为准。

参 考 文 献

陈治怀，古润平，刘俊杰. 2006. 飞机性能工程［M］. 北京：兵器工业出版社.

丁兴国，陈昌荣. 2012. 民航运输机飞行性能与计划［M］. 北京：清华大学出版社.

傅职忠. 2003. 飞行计划与装载配平［M］. 北京：中国三峡出版社.

黄太平. 2005. 飞机性能工程. 北京：科学出版社.

金长江，范立钦，周士林. 1983. 飞行动力学——飞机飞行性能计算［M］. 北京：国防工业出版社.

刘晓明，苏彬，孙宏. 2003. 飞行性能与计划［M］. 成都：西南交通大学出版社.

万青. 2004. 飞机载重平衡［M］. 北京：中国民航出版社.

王小宛，张永顺，邢万红. 2005. 航线飞行工程学［M］. 北京：北京航空航天大学出版社.

中国民用航空局. 2004. CCAR-23-R3. 正常类、实用类、特技类和通勤类飞机适航规定［S］.

中国民用航空局. 2010. CCAR-121-R4. 大型飞机公共航空运输承运人运行合格审定规则［S］.

中国民用航空局. 2011. CCAR-25-R4. 运输类飞机适航标准［S］.

Airbus. 2002. Flight Operations Support & Line Assistance，Getting to Grips with Weight and Balance [R].

Airbus. 2002. Flight Operations Support & Line Assistance，Getting to Grips with Aircraft Performance [R].

Jeppesen Sanderson Inc. 2007. JAA ATPL training. Flight Planning (JAR Ref 033) [M].

Jeppesen Sanderson Inc. 2007. JAA ATPL training. Mass & Balance (JAR Ref 031) [M].

Jeppesen Sanderson Inc. 2007. JAA ATPL training. Performance (JAR Ref 032) [M].

The Technical Publications Department Rolls-Royce plc. 1996. The Jet Engine [R]. 15th .

U. S. Department of Transportation Federal Aviation Administration Flight Standards Service. 2007. FAA-H-8083-1A. Aircraft Weight and Balance Handbook [R].